I0883995

Lo que afirman algunos de...

El hallazgo de la verdad

«Nancy Pearcey invita a sus lectores a "examinarlo todo", ya que su camino en busca de respuestas (como el mío) revela que las cuestiones más profundas del corazón y la mente no desaparecen, sino deben ser abordadas. Ya sea uno piadoso o irreligioso, todos tenemos una concepción del mundo. *El hallazgo de la verdad* ilustra cómo los sistemas de pensamiento rivales toman prestado conceptos del cristianismo, aunque lo rechacen, y proporciona instrumentos útiles para evaluar críticamente la coherencia y la aptitud de la propia cosmovisión. Es un recurso inmensamente práctico y penetrante».
Ravi Zacharias, autor y conferenciante

Nancy Pearcey en su mejor forma —absolutamente profunda, persuasiva y, al mismo tiempo, práctica. Léalo con un marcador a mano.
Lee Strobel, autor de éxito por el New York Times

«Maravilloso libro. Las cosmovisiones seculares han venido a ser la comida rápida intelectual de nuestro tiempo —de sabor agradable, pero sin nutrimento—. Nancy Pearcey resplandece con luz brillante sobre cosmovisiones que compiten con el cristianismo; nos advierte de lo que en ellas falla —casi todo—. Crean ídolos falsos. Conducen a la desesperanza, el despotismo y el absurdo. Expulsan a Dios y reducen al hombre a un saco de proteínas. No encajan con la experiencia de lo que significa ser humano. El libro de Pearcey debería figurar en el kit de supervivencia de todo estudiante que ingresa en la universidad. ¡Ojalá lo hubiera yo leído en 1962!».
John R. Erickson, ranchero, autor de la serie Hank, El perro vaquero

«Este libro es fantástico. Vivimos en una cultura acosada por los dragones gemelos del modernismo y el posmodernismo. Bajo la inspiración de Romanos 1, Nancy Pearcey blande la espada y corta sus cabezas. He hallado esta obra de apologética de primerísima categoría, y además, perfectamente legible para toda clase de lector».
Doug TenNapel, autor de Tommysaurus Rex, creador de Earthworm Jim (el terrícola Jim)

«Verdaderamente un gran libro... Por varias décadas, Nancy Pearcey ha sido para la iglesia lo que Francis Schaeffer fue para los creyentes de su tiempo: un intelectual de la cultura que proporciona críticas esmeradas, reflexivas, bien documentadas, y confronta las diversas cosmovisiones e ideologías que compiten con el cristianismo. *El hallazgo de la verdad* bien puede ser la mejor oferta de Pearcey hasta la fecha. Proponiéndose ayudar a los cristianos a pensar críticamente en las teorías específicas con que se topan en la cultura occidental, Pearcey entresaca cinco principios de Romanos 1 que aprovecha para analizar varias cosmovisiones actuales. Mi principio favorito es «la identificación del reduccionismo de los ídolos». Cualquiera que tenga idea de las cosmovisiones contemporáneas reconocerá que el reduccionismo se encuentra en el núcleo mismo de los rivales del cristianismo. Recomiendo encarecidamente este libro delicioso y le deseo una amplia circulación».
J. P. Moreland, distinguido profesor de filosofía de la Universidad de Biola

«Nancy Pearcey ha producido otro campeón. Una vez más hallamos lo que ya esperábamos de ella: legibilidad, pensamiento claro, un olfato por citas notables, una alta estima a la autoridad bíblica y una pasión por el compromiso cultural».
Albert M. Wolters, autor de La creación recuperada

EL HALLAZGO DE LA VERDAD

5 PRINCIPIOS PARA DESENMASCARAR EL ATEÍSMO, EL LAICISMO Y OTROS SUSTITUTOS DE DIOS

NANCY PEARCY

AUTORA DEL BEST-SELLER *VERDAD TOTAL*

EDITORIAL JUCUM

P.O. BOX 1138 TYLER, TX 75710-1138

Editorial JUCUM forma parte de Juventud con una Misión, una organización de carácter internacional. Si desea recibir gratuitamente un catálogo de libros y materiales contáctese con:

Editorial JUCUM
P.O. Box 1138 Tyler, Texas 75710
(903) 882–4725 ó (800) 922–2143
www.editorialjucum.com

El hallazgo de la verdad

Publicado por Editorial JUCUM
P.O. Box 1138, Tyler, TX 75710-1138 U.S.A

Versión española: Antonio Pérez
Edición: Miguel Peñaloza
Diseño de tapa: Joshua Hernández
Cuadro «El astrónomo», del pintor Johannes Vermeer

Originalmente publicado en ingles con el título *Finding Truth: 5 Principles for Unmasking Atheism, Secularism, and Other God Substitutes.* Copyright © 2015 por Nancy R. Pearcey. Publicado por David C. Cook, 4050 Lee Vance View, Colorado Springs, CO 80918, Estados Unidos.
Ilustrador: Joshua Hernández

ISBN 978-1-57658-821-5

Primera edición 2017

Impreso en los Estados Unidos

ÍNDICE

«Casi todo lo que llamamos historia de la humanidad. . . es la larga y terrible historia del hombre tratando de encontrar un sustituto de Dios que le haga feliz».

C.S. Lewis, Mero Cristianismo

PRÓLOGO

No todos los días se ponen de acuerdo un ateo declarado y un devoto autor de himnos.

Primero, según el famoso ateo Richard Dawkins: «La fe es la gran excusa para evadir la necesidad de pensar y evaluar la evidencia. La fe es creer a pesar de, o quizás, a causa de, la falta de evidencia».

Segundo, estas palabras del compositor de un precioso himno: «¿Me preguntas por qué sé que Él vive? Él vive en mi corazón». Al pastor y músico Alfred Ackley, autor del himno «Él vive», le desafiaron con la pregunta: ¿Por qué tengo que adorar a un judío muerto? Él respondió que Jesús no está muerto, sino que es el Mesías resucitado. ¿Cómo lo sabe Ackley? «Él vive en mi corazón».

Lo que Dawkins condena, Ackley aprueba. Pero fíjese en esto: tanto el ateo como el autor de himnos declaran que su «fe» es una cuestión de realidades internas.

A diferencia de esta definición internalizada de la fe está la llamada liberadora a «examinarlo todo» que infunde la cosmovisión cristiana, a esto nos anima *El hallazgo de la verdad*. Según esta mentalidad estimulante, se espera de la gente que piense por sí misma, se cuestione la autoridad, examine la evidencia y obtenga respuestas que dan sentido al mundo.

La expresión «examinadlo todo», se encuentra en la epístola de Pablo a la joven iglesia de Tesalónica, ciudad portuaria y cosmopolita de la Grecia antigua (1 Te. 5:21). Pablo insta a los cristianos a mantener una distancia crítica frente a las proclamaciones que pretenden hablar proféticamente en nombre de Dios. Al fin y al cabo, cualquiera puede proclamar «Dios me dio una visión», pero una cosa es el dicho y otra el hecho.

La postura humana y la postura bíblica alegan que los individuos no tienen la obligación de afirmar que es verdadero algo que no han examinado adecuadamente. Más aún, si después de un examen meticuloso, una proclamación es falsificada por la evidencia, debe ser rechazada.

No hay afirmaciones privilegiadas de la verdad detrás de esta movilización teísta de la mente, incluida una afirmación tan esencial para el cristianismo como la resurrección de Jesús de Nazaret en el espacio y en el tiempo. «Si Cristo no resucitó, vuestra fe es vana; aún estáis en vuestros pecados», declara 1 Corintios 15:17. Algunas personas se resisten a la relación entre hecho y compromiso, pero la cosmovisión dinámica que resulta de los datos bíblicos acoge tal conexión.

Por ejemplo, cuando el escéptico discípulo Tomás rehusó a creer, a no ser por la evidencia empírica, que Jesús había físicamente resucitado de entre los muertos, le fue precisamente presentada esa clase de información (Juan 20:24-28). Tomás no se persuadió mirando introspectivamente en su corazón, sino evaluando la evidencia en el mundo exterior. Entonces hizo un compromiso apoyado en hechos relevantes, no en ausencia de ellos y, ciertamente, no contra ellos.

El mismo realismo inflexible es evidente a través del registro bíblico. Por ejemplo, el Antiguo Testamento informa que en el éxodo de Egipto el pueblo hebreo fue conducido por «una columna de nube de día y por «una columna de fuego» de noche (Ex. 13:21-22). Estos fueron fenómenos públicos, observables a simple vista.

Cuando los hebreos alcanzaron el mar Rojo, lo cruzaron por un punto geográfico concreto, sobre tierra seca que poco antes estaba totalmente cubierta por las aguas. Fue un acontecimiento milagroso que todo el pueblo de Israel contempló y vivió. El retorno del agua que anegó a las tropas egipcias perseguidoras fue asimismo un acontecimiento abierto a la observación (Ex. 14).

En el monte Sinaí, el pueblo de Israel vio los grandes relámpagos y oyó los temibles truenos. Vieron fuego y oyeron su crepitar. Vieron el humo y lo olieron. Sintieron el temblor del monte, temblor que podría haber medido un sismógrafo moderno. Este es el contexto empírico en el que los hebreos oyeron la voz de Dios cuando Él comunicó los Diez Mandamientos a Moisés (Ex. 19; De. 4:9-13).

Pasando al Nuevo Testamento, los pastores de Belén comprobaron por sí mismos la verdad objetiva que los ángeles les habían anunciado acerca del nacimiento de un niño no lejos de allí —no meramente una visión subjetiva, sino un niño de carne y hueso en una cuna de verdad—. «Pasemos, pues, hasta Belén, y veamos esto que ha sucedido», dijeron. Después los pastores volvieron a su tierra «glorificando y alabando a Dios». ¿Por qué? Porque todo había sucedido «como se les había dicho» (Lucas 2:15-20).

Cuando Juan el Bautista estaba en la cárcel amenazado de pena de muerte, envió a sus seguidores a preguntar si Jesús era realmente el Mesías. Jesús respondió aduciendo milagros públicamente observables que concordaban con los indicadores bíblicos previamente anunciados para identificar al Mesías venidero. «Id, y haced saber a Juan las cosas que oís y veis», les dijo, «Los ciegos ven, los cojos andan, los leprosos son limpiados, los sordos oyen, los muertos son resucitados, y a los pobres es anunciado el evangelio» (Mt. 11:2-5). Puesto que esos eventos fueron públicos, la calidad de los hechos pudo ser confirmada tanto por amigos como por enemigos.

Cuando los líderes religiosos judíos se indignaron al oír a Jesús afirmar que podía perdonar los pecados, Él no apeló al «corazón» ni se limitó a pedírselo a la divinidad. En lugar de ello proporcionó evidencia: «Pues para que sepan que el Hijo del hombre tiene autoridad en la tierra para perdonar pecados —se dirigió entonces al paralítico—: A ti te digo, levántate, toma tu camilla y vete a tu casa. Él se levantó, tomó su camilla en seguida» (Mt. 2:10-12, NVI).

Tales respuestas vigorosas son típicas de Jesús. Su ministerio fue una obra pública de preguntas y respuestas, de dar y tomar. Expuso proposiciones que se pueden analizar y debatir, e invitó a la gente a observar los milagros públicos que confirmaban sus alegatos aquí y ahora.

Es cierto que no muchas personas contemporáneas de Jesús presenciaron todos los milagros que Él ejecutó, ni oyeron todos los sermones que predicó, ni tuvieron un encuentro con el Jesús de Nazaret resucitado. Sin embargo, ya en su tiempo, ya en el nuestro, la totalidad de sus hechos y sus comunicados revela una actitud transparente, abierta a examen, para que las personas inquisitivas los pudieran explorar e investigar.

En este contexto histórico, Pablo asegura que los hechos que fundamentan la cosmovisión cristiana no fueron llevados a cabo «en algún rincón» (He. 26:25-26). Pastores, reyes, médicos y recaudadores de impuestos pudieron comprobar los hechos fundamentales del mensaje cristiano. Lo que se les comunicó fue una descripción precisa de la realidad, no un sistema de creencias al respecto.

Esta orientación a la realidad es el clima intelectual positivo en el que viven y respiran las proposiciones y los hechos esenciales del evangelio. Es una mentalidad por la que la gente es liberada por una verdad verificable para desafiar a la tradición, cuestionarse el poder, y luchar por la vida y la sanidad contra la muerte y la decadencia.

A pesar de esta prometedora herencia, muchos de nuestros contemporáneos hallan consuelo en lo que Francis Schaeffer describe como «escape de la razón». Aceptan la rebajada redefinición de la fe de una sociedad cortés y respetuosa como algo completamente privado —es decir, un compromiso tan privado y tan personal que la evaluación y la evidencia son irrelevantes.

Esto queda muy lejos de respeto holístico a la información que caracteriza a una cosmovisión bíblica. La Escritura no alienta en ninguna parte la idea de que la «fe» equivale a un compromiso alejado de la evidencia o separado de la mente —la «voluntad de evitar conocer lo que es verdadero»—, como dice Friedrich Nietzsche en su obra El *anticristo*.

Para reflejar con exactitud el énfasis bíblico, hemos de reconocer que una «fe» falsificada bien puede llamarse una fe descartada. Es una fe fútil y por tanto no vale la pena conservar. Pero este desafío cortante también incide de manera positiva.

Porque debemos también decir que una fe confirmada, mejor dicho, una confianza bien fundada, merece la pena ser aceptada por toda la persona De hecho, la palabra «confianza», más que las palabras actualmente privatizadas «fe» o «creencia», capta mejor la idea de compromiso expuesta en la Biblia. El vocablo griego que usa el Nuevo Testamento, normalmente traducido por «creer», significa más exactamente «confianza» (de la palabra pistis, «confianza» cuya raíz es peitho, «me persuado»). La actitud bíblica es la persuasión, la voluntad de verificar y conocer lo verdadero y responder en consecuencia.

Mark Twain definió una vez la fe como «creer lo que uno sabe que no es así». Pero esa definición de fe «no es así», al menos para los que atienden a la insistencia bíblica de vivir una vida bajo escrutinio. Este enfoque expresa un profundo respeto por el ser humano como persona creada a imagen de un Dios cognoscible que afirma que la mente es buena y abraza este mundo como escenario legítimo para valorar pretensiones de la verdad.

En este contexto llega *El hallazgo de la verdad*, un llamamiento oportuno, estratégico, de principios, para trascender la mera creencia y la «fe» privada, e identificar la verdad que merece confianza. Usted puede ser estudiante o trabajador, profesor u oficinista, artista o científico —todos los que lean este libro hallarán estímulo para pensar compasiva y críticamente en posibles respuestas a cuestiones últimas—. Se le invita a considerar cómo el cristianismo histórico, verificable, responde incisiva y acertadamente a las grandes cuestiones de la vida, «supera todas las cosmovisiones rivales», y «satisface las más nobles esperanzas e ideales de la humanidad», como declara Nancy Pearcey en este libro.

El hallazgo de la verdad articula un conjunto de principios estratégicos fundamentales para evaluar la autenticidad de cualquier cosmovisión, ya confrontada en el aula, ya en la oficina, la prensa, o la calle. Este libro le capacitará para examinar críticamente el secularismo y otros ídolos de nuestro tiempo disfrazados bajo un ropaje de política, ciencia, entretenimiento o religión.

También verá someter a prueba doctrinas ateas o materialistas para determinar si se sostienen ante el pensamiento crítico y explorará creencias como el relativismo y el posmodernismo para considerar si merecen la confianza fundada del ser humano.

Las vidas de las personas están en juego. *El hallazgo de la verdad* argumenta que ninguna cosmovisión secular explica sobradamente el fenómeno del hombre y el cosmos —lo que sabemos de la naturaleza humana y la naturaleza física—, ya que estas cosmovisiones sólo abarcan una parcela de la realidad y después tratan de dirigir a los seres humanos a medirse a sí mismos con la pauta de esa estrecha parcela para que vivan consecuentemente. De este modo los materialistas niegan la realidad de la mente (mientras la usan para contribuir al avance del materialismo), los deterministas niegan la realidad de la elección humana (mientras escogen el determinismo), y los relativistas niegan la realidad del bien y del mal (mientras le juzgan si usted no lo acepta).

Estas teorías lamentables perjudican mucho y no benefician nada. Socavan el pensamiento y la razón, la elección y la libertad, la verdad y los ideales morales. Es pues, inevitable que las personas que ponen su confianza en tales soluciones organicen sus vidas conforme a patrones deshumanizados. Del mismo modo, las culturas dominadas por cosmovisiones inadecuadas construyen sociedades deshumanizadas. Los ideólogos pueden promover sus ídolos bajo estandartes políticamente correctos de tolerancia, diversidad e imparcialidad, pero su impacto real es retroceso, no progreso; fragmentación, no plenitud. La gente es aplastada. El ser humano se rebela inevitablemente contra los dioses que le fallan.

Para muchos que caminan por el siglo XXI, perder la «fe» y decir adiós a respuestas vacías pueden ser factores clave para descubrir soluciones aptas para responder a las grandes cuestiones de la vida. *El hallazgo de la verdad* articula una justificación y una estrategia para evaluar críticamente las posibles respuestas a las grandes cuestiones de la vida y buscar soluciones que vuelvan a conectar nuestros anhelos más profundos con nuestras más nobles aspiraciones. Aquí se ofrece una cohesión humanizada de hecho y de sentido que las personas con mentalidad abierta pueden considerar y debatir, probar y examinar, y después, realizar, integrando la vida en su totalidad. Es un adiós a la religión privada y un saludo a un Dios cognoscible y verificable. Esta es una confianza holística o integral fundada en la realidad de las cosas.

El viajero prudente que se desvía del camino desanda sus pasos para recuperar la buena senda. Así pues, no quepa ninguna duda a los ateos, compositores de himnos y otros viajeros que transitan por la jornada de la vida: ser humano implica escribir, componer, crear y soñar, pensar, poner a prueba y conocer por qué. En *El hallazgo de la verdad* usted hallará una guía que le mostrará el camino.

J. Richard Pearcey, director y editor, The Pearcey Report, www.pearceyreport.com

PRIMERA PARTE

«PERDÍ MI FE EN UNA UNIVERSIDAD EVANGÉLICA»

Una vez fui invitada a disertar en el Capitolio sobre cómo aplicar principios de cosmovisión cristiana en la vida pública. En el intervalo de preguntas, la audiencia guardó silencio, sorprendida, cuando un jefe de personal del Congreso se levantó y anunció: «Yo perdí mi fe en una universidad evangélica».

No en una universidad laica, ni en batallas políticas dirimidas en el Congreso, sino en una respetable universidad evangélica.

¿Cómo pudo suceder? Me acerqué después a aquel hombre para conocer su caso. Bill Wichterman me explicó que los profesores de la universidad enseñaban las teorías prevalecientes en sus disciplinas —en su mayor parte laicas, y a veces explícitamente anticristianas—, pero escasamente ofrecían la perspectiva bíblica sobre la materia.

Bill se entrevistó con varios profesores fuera del aula y les planteó la misma pregunta: «¿Cómo compatibiliza su fe con su disciplina académica, con lo que enseña en el aula?». Trágicamente, ninguno le pudo responder.

Finalmente, Bill concluyó que el cristianismo no ofrecía respuestas y decidió abandonarlo. «Lamenté tener que abandonar mi fe cristiana», me confesó, pero «al parecer, carecía de fundamento intelectual».

El caso de Bill refleja un patrón actual demasiado común. Cuando los jóvenes se van de casa, suelen dejar atrás su educación religiosa. Anteriormente, muchos retornaban al cristianismo después de casarse y tener hijos. Pero en la actualidad un número creciente se aleja para siempre.[1]

¿Hay esperanza? ¿Puede una cosmovisión bíblica proporcionar recursos para encarar el reto, invertir esta tendencia y explicar confiadamente nuestra causa en la vida pública?

La respuesta es un rotundo sí. *El hallazgo de la verdad* ofrece una estrategia nueva y natural para responder a las preguntas suscitadas por los jóvenes —y buscadores de todas las edades—. Desglosa cinco principios bíblicos vigorosos que inciden en el núcleo de cualquier cosmovisión o religión. Subraya las verdades vivificadoras que todo el mundo desea pero sólo el cristianismo puede dar.

Examine su camino para regresar a Dios

¿Cómo acaba el caso de Bill? Después de graduarse en la universidad, descubrió el campo de la apologética, que respalda las afirmaciones del cristianismo con la lógica y la razón. Leyó libros de C. S. Lewis, Francis Schaeffer, Alvin Plantinga, William Lane Craig y muchos otros. Al final se persuadió de que el cristianismo cuenta con recursos intelectuales para responder con éxito a concepciones rivales del mundo.

Me dijo: «Examiné mi camino para regresar a Dios».

Mi caso personal es similar al de Bill. Aunque me eduqué en el seno de una familia luterana, no pude obtener respuestas a las preguntas que hervían en mi mente adolescente. En plena escuela secundaria abandoné por completo mi educación religiosa. Años después, en un ministerio llamado L'Abri, escondido en una aldea de los Alpes suizos, conocí por fin gente capaz de responder a mis preguntas. (Cuento mi experiencia en el Principio #5.)

Mis años de búsqueda y refriega como agnóstica me marcaron con la intensa convicción de que los cristianos tienen que tomarse las preguntas en serio. Tienen que prepararse para ayudar a la gente a «hallar su camino de regreso a Dios».

La tarea puede parecer desalentadora. A cada paso —desde la clase al puesto de trabajo o el internet— una legión de ideas contrarias al cristianismo reclama nuestra lealtad. Aprender a responder reflexivamente a todas las concepciones rivales exigiría toda una vida de estudio. ¿Qué sucede entonces cuando aparece una idea nueva? ¿Es preciso elaborar un nuevo argumento en cada ocasión?

¿O es posible hallar una sola línea de investigación y aplicarla universalmente a todas las ideas?

Lidié con esta pregunta por años después de hacerme cristiana. Descubrí que la Biblia ofrece una estrategia sólida para sustentar el pensamiento crítico: cinco principios que apuntan al núcleo de cualquier cosmovisión. Si usted domina estos principios, estará equipado para responder a cualquier desafío y, al mismo tiempo, podrá defender el cristianismo de una manera convincente y atractiva.

Deme evidencia

El pasaje clave es el primer capítulo de la epístola a los Romanos. Puesto que el apóstol Pablo escribió a una congregación que nunca le había oído hablar, les presentó el mensaje cristiano de un modo comprensible, como correspondía a una audiencia que lo escuchaba por primera vez. En efecto, podemos imaginar que Romanos 1 es el manual de instrucción apologética de Pablo. Describe la dramática interacción entre Dios y la humanidad, fuente de toda cosmovisión, desde los tiempos antiguos hasta la actualidad. (Si no está familiarizado con Romanos 1, puede echar una ojeada al apéndice y leerlo antes de comenzar.)

¿Cómo comienza Pablo su manual de instrucción? Su primer punto principal es que todas las personas —en todo lugar y en todo tiempo— tienen acceso a la evidencia de la existencia de Dios. ¿De qué manera? Por el orden creado: «Por medio de las cosas hechas». Esto pertenece al orden de la revelación general porque es evidencia accesible a cualquiera, incluso a los que carecen de Escrituras en forma escrita (revelación especial). Como dice el salmista: «Los cielos cuentan la gloria de Dios, y el firmamento anuncia la obra de sus manos» (Sal. 19:1-2). Comencemos con versículos en los que Pablo explica el concepto de revelación general.

Todos tenemos acceso a la evidencia de Dios en la creación.

Romanos 1:19 — Porque lo que de Dios se conoce les es manifiesto, pues Dios se lo manifestó.
Romanos 1:20 — Porque las cosas invisibles de él, su eterno poder y deidad, se hacen claramente visibles desde la creación del mundo, siendo entendidas por medio de las cosas hechas.

El alegato de Pablo consiste en verificar que tanto la naturaleza física como la humana ofrecen evidencia del Creador. «Toda la creación de Dios predica», como dice Jonathan Edwards.[2] ¿De qué manera la naturaleza física proporciona evidencia de Dios? Porque la existencia del universo no puede ser explicada únicamente como producto de causas naturales. Esto es tan cierto para nosotros como para los lectores de Pablo del primer siglo. Repasemos brevemente algunos de los aspectos más relevantes de la investigación científica: el origen del universo y el origen de la vida.

El origen del universo ha dado lugar a un rompecabezas conocido como el problema del ajuste. Las constantes físicas fundamentales del universo están exquisitamente equilibradas, como el filo de una navaja, para sostener la vida. Cosas como la fuerza de la gravedad, la fuerza nuclear fuerte, la fuerza nuclear débil, la fuerza electromagnética, la relación de la masa del protón y el electrón y muchos otros factores, alcanzan justo el valor necesario para hacer posible la vida. Si alguno de esos números críticos cambiara ligeramente, el universo no podría sostener ninguna forma de vida. Por ejemplo, si la fuerza de la gravedad fuera menor o mayor de su valor actual una sola parte de 10^{60} (1 seguido de 60 ceros), el universo sería inhabitable.[3]

Los cosmólogos llaman a esto el dilema de Goldilocks (Ricitos de Oro): ¿Por qué estos valores numéricos, tan precisamente calibrados, no son ni demasiado altos ni demasiado bajos, sino los exactos para sustentar la vida? Un artículo del New York Times afirma: «Estos números misteriosos... son como los botones de la consola del control divino, parecen milagrosamente afinados para permitir la vida».[4]

Lo que hace que el problema del afinamiento parezca tan enigmático es que no hay causa física que lo explique. «Nada en el universo de la física explica por qué sus principios fundamentales deben conformarse con tal precisión a las exigencias de la vida», dice el astrónomo George Greenstein. En efecto, interactúan de manera compleja y coordinada para cumplir un plan o propósito —que es el sello distintivo del designio—. Como dice el astrofísico Paul Davies: «Da la impresión que el Gran Diseñador lo ha ordenado todo».[5]

La evidencia de la vida

El origen de la vida es asimismo difícil de explicar desde un escenario naturalista. Cada célula de nuestro cuerpo contiene un complejo mensaje codificado. El origen de la vida es hoy reformulado como el origen de la información biológica.

El papel primordial de la información explica por qué los científicos han fracasado en «crear vida en el laboratorio de química», afirma Paul Davies. «La química tiene que ver con las sustancias y cómo reaccionan, mientras que la biología apela a conceptos como la información» —que no es, evidentemente, química—. La información genética sólo se puede definir usando terminología prestada del mundo mental del lenguaje y la comunicación: el ADN es «un "banco genético de datos" que contiene "instrucciones" sobre cómo construir un organismo. El "código" genético tiene que ser "transcrito" y "traducido" para poder actuar».

La analogía favorita que usan los biólogos para el ADN es la computadora: la propia molécula (cadena física de elementos químicos) es el «disco duro» (hardware). El ADN (información codificada) es el software. La investigación acerca del origen de la vida enfatiza la construcción del disco duro. «Los intentos de síntesis química se centran exclusivamente en el disco duro, el sustrato químico de la vida», dice Davies; «ignoran el software, el aspecto informativo».[6] No obstante, cualquier muchacho de doce años con un computador portátil sabe que la fabricación de un aparato electrónico con cobre, plástico y silicona no tiene nada que ver con la escritura de un código para crear un programa de software.

La sorprendente implicación es que aunque los científicos consiguieran los ingredientes químicos necesarios para enlazar y formar una molécula de ADN en un tubo de ensayo, ello no aportaría nada para explicar de dónde procede la información genética codificada.

En toda experiencia humana (y se supone que la ciencia se basa en la experiencia), la fuente de la información codificada es un agente inteligente. Por lo tanto, es razonable inferir que un agente inteligente fue necesario en el origen de la vida.[7]

Pero no necesitamos los últimos hallazgos de la ciencia para reconocer que es necesaria una mente para explicar el universo. En todas las épocas, las gentes se han dado cuenta de que un universo inteligible debe ser producto de una inteligencia. En la antigua Roma, los filósofos estoicos ofrecieron un argumento del designio que suena muy familiar en oídos modernos. Un siglo antes de Cristo, el gran orador romano Cicerón, escribió: «Cuando vemos algo que se mueve gracias a un ingenio o maquinaria, como un planetario o un reloj o muchas otras cosas por el estilo, no dudamos que estos artilugios son obra de la razón». Entonces extrajo la conclusión lógica: «Por consiguiente, al contemplar al ritmo todo del cielo, moviéndose en rotaciones de sorprendente velocidad, y... con exacta regularidad... ¿cómo podemos dudar de que todo esto es realizado no solamente por una razón, sino por una razón trascendente y divina?».

Usando un lenguaje con acento bíblico, Cicerón escribió: «Aún no se ve la Deidad, sin embargo... al contemplar sus obras uno se ve obligado a reconocer un Dios».[8]

Es evidente que los habitantes del mundo antiguo fueron capaces de «leer» el mensaje de la revelación general en la naturaleza. El tema inicial de Romanos 1 es que cualquiera puede inferir que el orden creado es producto de un ser inteligente. Las cosas creadas hablan de Dios: «Por toda la tierra salió su voz, y hasta el extremo del mundo sus palabras» (Sal. 19:4).

La evidencia de la personalidad

No obstante, cuando habla de la evidencia de la creación, Pablo no se refiere sólo a la naturaleza física. Alude también a la naturaleza humana. Los seres humanos forman parte de «las cosas creadas» (Ro. 1:20). Puesto que he escrito en otros libros de la evidencia de Dios en la naturaleza física,[9] en lo que resta de éste me centraré en la naturaleza humana.

¿Cómo es que los seres humanos son prueba evidente de la existencia de Dios? Porque son agentes personales. En terminología filosófica, personal no significa cordial y amable. Un ser personal es un agente consciente con capacidad de pensar, sentir, escoger y actuar, a diferencia de un principio o sustancia inconsciente que actúa a través de fuerzas ciegas, automáticas (como las fuerzas de la naturaleza).[10] La existencia de seres personales prueba que fueron creados por un Dios personal, no por una causa impersonal.

Comentaremos los detalles de este argumento en capítulos posteriores, pero lo esencial queda claro: Dado que los seres humanos son capaces de conocer, la causa primera que les hizo debe tener una mente. Dado que los seres humanos son capaces de escoger, la causa primera debe tener voluntad. Y así sucesivamente. El filósofo Étienne Gilson capta el argumento nítidamente: dado que el ser humano es alguien, no algo, la fuente de la vida humana debe ser también Alguien.[11]

Muchos autores bíblicos recurren al mismo razonamiento cuando protestan contra la idolatría. Su argumento implícito es que a pesar de las apariencias externas, un ídolo es algo, no alguien. «Tienen boca, mas no hablan; tienen ojos, mas no ven; orejas tienen, mas no oyen» (Sal. 115:5-6). Por tanto, los ídolos no pueden originar seres que hablan, ven y oyen. El profeta Jeremías se mofa de ellos: «Dicen a un leño: Mi padre eres tú; y a una piedra: Tú me has engendrado» (Je. 2:27). Es el colmo de la falta de lógica pensar que los seres humanos se originaron a partir de algo con menor operatividad que ellos mismos —de algo en vez de Alguien.

Se dice a veces que una mente capaz de formar un argumento contra la existencia de Dios es prueba evidente de su existencia. Es decir, un ser consciente con capacidad de razonar, sopesar la evidencia y argumentar lógicamente debe provenir de una fuente que tiene al menos el mismo nivel de capacidad cognitiva. «El que hizo el oído, ¿no oirá? El que formó el ojo, ¿no verá?» (Sal. 94:9). La causa debe ser capaz de producir el efecto. El agua no supera el nivel de su fuente.

Los hijos ateos y su Dios

La revelación general pertenece a la categoría de la gracia común, es una de las bendiciones que Dios concede a todas las gentes con independencia de su condición espiritual (a diferencia de la gracia especial, las bendiciones de la salvación). El concepto de gracia común deriva de las palabras de Jesús cuando afirma que Dios: «hace salir su sol sobre malos y buenos, y hace llover sobre justos e injustos» (Mt. 5:45). La gracia común funciona como un testimonio constante de la bondad de Dios. Cuando Pablo predicó a una audiencia gentil en una región que hoy forma parte de Turquía, empleó el argumento de la gracia común: Dios «no se dejó a sí mismo sin testimonio, haciendo bien, dándonos lluvias del cielo y tiempos fructíferos, llenando de sustento y de alegría nuestros corazones» (Hechos 14:17). La regularidad del orden natural permite a los hombres cultivar alimentos, criar familias, inventar tecnología y mantener un cierto nivel de orden cultural y cívico. Todas las empresas humanas dependen de la común gracia de Dios.

En consecuencia, los humanos estamos rodeados de la evidencia de Dios sencillamente porque fuimos creados a su imagen, vivimos en su universo y somos sustentados por su gracia común. «Porque de él, y por él, y para él, son todas las cosas» (Ro. 11:36).

Esto puede explicar por qué los niños pequeños, en todas las culturas, tienen una idea de Dios. El psicólogo Paul Bloom, de la Universidad de Yale, reporta que «cuando se pregunta directamente a los niños acerca del origen de los animales y las personas, tienden a preferir explicaciones que implican un creador intencional, aunque los adultos que les criaron no lo acepten».[12] Es decir, los niños tienden a aferrarse a la idea de Dios, aunque sus padres sean ateos.

El psicólogo Justin Barrett, de la Universidad de Oxford, notifica hallazgos similares. La evidencia científica ha mostrado que «en el desarrollo natural de las mentes de los niños esta incorporada una predisposición a ver el mundo natural con un designio y un propósito y que una especie de ser inteligente está detrás de dicho propósito». Aunque un grupo de niños fueran llevados «a una isla y se criaran a sí mismos», añade Barrett, «pienso que creerían en Dios».[13] Da la impresión de que la escuela y los medios de comunicación laicos se dedican a apartarnos del conocimiento de Dios.

Supresión de la evidencia

Estos hallazgos de la psicología arrojan más luz sobre lo que Jesús quiso decir cuando instó a sus seguidores a «hacerse como niños» para entrar en el reino de los cielos (Mt. 18:3). Calvino enseñó que todas las personas tienen un sentido innato de lo divino (*sensus divinitatis*). No obstante, si la revelación general incide sobre toda conciencia humana, ¿por qué no todas las personas reconocen a Dios? ¿Qué responde Pablo? Dice que «suprimimos la verdad» que enseña la revelación general. Entresaquemos los versículos que describen la nueva fase del drama cósmico:

Todos sofocamos los indicios de la evidencia de Dios en la creación.

Romanos 1:18 — Detienen la verdad
Romanos 1:21 — Pues habiendo conocido a Dios, no le glorificaron como a Dios, ni le dieron gracias.
Romanos 1:28 — No aprobaron tener en cuenta a Dios.

¿Por qué suprime la gente la evidencia de Dios? El Dios que describe la Biblia se opone a la noción popular actual de espiritualidad. Muchas personas se muestran receptivas a la idea de una fuerza espiritual impersonal con la que pueden conectar. Estarían dispuestas a considerar una gran reserva panteísta de espiritualidad de la que forman parte. Pero se sienten mucho menos cómodas con la idea de un Dios vivo, activo, personal, que las conoce, quiere interactuar con ellas y tiene su propio punto de vista sobre lo que están haciendo con sus vidas.

Un encuentro con este Dios puede ser como tropezar en la oscuridad contra algo cálido y abultado, y descubrir que uno ha chocado contra otra persona que no sabía que estaba ahí. Uno puede sorprenderse, o quizá asustarse. C. S. Lewis lo expresa pintorescamente: «Llega un momento en que los niños que han estado a jugando policías y ladrones de pronto se detienen y se preguntan: ¿Proceden esas pisadas del vestíbulo? Llega un momento en el que la gente que coquetea con la religión —"¡el hombre en busca de Dios!"— se detiene de repente y exclama: ¿Y si le encontramos?... Peor aún, supongamos que es Él quien nos encuentra».[14]

Suponga que lo que usted pensó que era una fuerza espiritual impersonal, que podía considerarse tranquilamente como un objeto inanimado, resulta ser, en cambio, una Persona trascendente —con una reivindicación moral legítima sobre su vida. ¿Qué hace la gente cuando oye los pasos del Dios verdadero?

Su primera reacción, dice Pablo, es temor y negación. «Obstruyen la verdad» (Ro. 1:18).

Se suele afirmar que el concepto de negación o supresión es uno de los descubrimientos más inconfundibles de la psicología moderna. La investigación ha descubierto que los seres humanos tienden a suprimir pensamientos dolorosos, inquietantes, traumáticos. Hoy se usa casualmente la expresión de la psicología popular «negar la evidencia», dando a entender que alguien se niega a admitir un problema o a afrontar un hecho desagradable.[15]

Pero la idea de que la gente suele reprimir o suprimir lo que conoce no es nada nuevo. La Biblia lo enseñó mucho antes del auge de la psicología moderna. Romanos 1 afirma que los seres caídos y pecaminosos manifiestan una marcada tendencia a negar lo que saben de Dios —o lo que deberían saber.

Tira y afloja

Puede parecer raro afirmar que hay cosas acerca de Dios que «deberíamos» saber, como si fuese una exigencia moral. No obstante, en muchas situaciones somos moralmente responsables de lo que sabemos. Si usted es testigo ante un tribunal, debe jurar solemnemente manifestar la verdad que conoce —«toda la verdad»— sobre el crimen. Si oculta algo, puede ser acusado del mismo delito (por obstrucción de la justicia).[16] O si es arrestado, no puede alegar que no conocía la ley. Los tribunales actúan basados en el principio de que ignorar la ley no sirve de excusa. Si intenta evitar su responsabilidad cerrando los ojos a los hechos puede ser acusado de «ceguera voluntaria». Por ejemplo, hay personas arrestadas por transportar drogas ilegales que aseguran que ellas no sabían lo que había en la bolsa. Los tribunales dictaminan que el acusado debería saberlo y es responsable de averiguarlo.[17]

Aplicamos el mismo principio fuera de los tribunales. Si un estudiante afirma que él no sabía que una tarea debía ser entregada para el martes como muy tarde, no tiene excusa. Era responsabilidad suya conocer la fecha de vencimiento.

La epistemología es la rama de la filosofía que se ocupa de la naturaleza del conocimiento. Tenemos el deber epistemológico de reconocer lo que sabemos y adecuar nuestra vida como corresponde. Si no cumplimos con esa obligación cometemos un «pecado epistemológico».

Tres ejemplos clarifican lo que dice Pablo en Romanos 1. Podemos asegurar que en el fondo el ser humano comete un pecado epistemológico: rehúsa saber lo que puede saber de Dios y se niega a responder adecuadamente: «Pues habiendo conocido a Dios, no le glorificaron como a Dios, ni le dieron gracias» (Ro. 1:21). Incurre en ceguera voluntaria.

El gran drama de la historia es el forcejeo entre Dios y la humanidad. Por una parte, Dios se acerca a la humanidad para darse a conocer. Por otra, los seres humanos tratan desesperadamente de evitar conocerle. En palabras del teólogo Thomas K. Johnson, cabría «escoger el relato de Adán y Eva, cuando se esconden de

Dios en el Edén, detrás de unos arbustos, como metáfora de la historia de la humanidad».[18]

Cómo se esconden los seres humanos

¿Cómo intentan los seres humanos esconderse de Dios? ¿Qué otro punto de las motivaciones humanas analiza Pablo? Evitan a Dios creando ídolos. Los que rechazan al Creador intentan buscar un sustituto de Dios en la creación. Pablo enfatiza la dinámica subyacente usando la palabra cambiaron:

Todos creamos ídolos que ocupen el lugar de Dios.

> Romanos 1:23 — cambiaron la gloria del Dios incorruptible en semejanza de imagen de hombre corruptible, de aves, de cuadrúpedos y de reptiles.
> Romanos 1:25 — cambiaron la verdad de Dios por la mentira, honrando y dando culto a las criaturas antes que al Creador.

La decisión más importante que todos afrontamos en el curso de nuestra vida es reconocer la realidad última, la fuente no causada y causa de nuestra existencia. Los demás detalles de nuestra cosmovisión dependen de esa decisión inicial. La Biblia habla de esta elección fundamental en términos de a quién o qué adoramos. Todos debemos asumir el reto que Josué lanzó a los israelitas cuando se disponían a entrar en la Tierra Prometida: «Escogeos hoy a quién sirváis» (Jo. 24:15).

Del mismo modo, los Diez Mandamientos comienzan tratando la cuestión de la adoración: «No tendrás dioses ajenos delante de mí» (Ex. 20:3). ¿Por qué es este el primer mandamiento? Porque todos los demás dependen de él. Explican lo que significa adorar al Dios de la Biblia, vivir su verdad a lo largo de toda la vida. Los mandamientos deletrean la clase de personas que llegamos a ser cuando mantenemos una relación con Dios.

Un profesor ateo me dijo una vez que la Biblia enseña politeísmo porque el primer mandamiento habla de «otros dioses»;

que el Dios bíblico sólo quería ser el primero de una serie de deidades. Pero la expresión hebrea delante de mí significa realmente en mi presencia o a mis ojos. Dios ordena: «Quita tus ídolos de mi vista. ¡No traigas tus dioses falsos delante de mí! ».

El primer mandamiento puede parecer anticuado si pensamos que los ídolos son estatuas de madera o de piedra. Pero la Biblia trata el tema de la idolatría de forma mucho más sutil. Un ídolo es cualquier cosa que deseamos más que a Dios, cualquier cosa en la que confiamos más que en Dios, cualquier cosa en la que buscamos más satisfacción que en Dios. La idolatría es, pues, el pecado oculto que conduce a todos los demás pecados.

Por ejemplo, ¿por qué mentimos? Porque tememos la desaprobación de la gente más de lo que deseamos la aprobación de Dios. O porque valoramos nuestra reputación más que nuestra relación con Dios. O intentamos manipular a alguien para que nos dé algo que creemos que necesitamos más que a Dios. El pecado más visible (la mentira) es propulsado por un giro del corazón hacia algo que no es Dios como fuente última de seguridad y de felicidad.

Esto explica por qué, como señala el psicólogo David Powlison, la idolatría es, con diferencia, el problema más comentado en las Escrituras.[19] En el Antiguo Testamento, el profeta Habacuc hace referencia a gentes cuyo ídolo es el poder militar: «su pecado es hacer de su fuerza un dios (NVI)». Describe una vívida imagen de la fuerza militar del enemigo comparándolo con una red de arrastre que barre sociedades enteras: «ofrece sacrificios a sus redes y quema incienso a sus mallas (NVI)» (Ha. 1:11, 16).

En el Nuevo Testamento, Pablo aborda la idolatría con la misma intuición psicológica profunda. Escribe a los miembros de la iglesia de Éfeso y les insta a huir de la inmoralidad sexual, la impureza o la codicia, y después añade una cosa que puede parecer sorprendente: «Ningún fornicario, o inmundo, o avaro, que es idólatra, tiene herencia en el reino de Cristo y de Dios» (Ef. 5:5). El pecado oculto, subyacente, es la tendencia a hacer ídolos de «las cosas de este mundo». Pecamos porque deseamos algo del mundo creado más que a Dios.[20]

Dones buenos que son dioses falsos

Tendemos a equiparar los ídolos con cosas prohibidas o intrínsecamente malas. Pero las cosas intrínsecamente buenas pueden también llegar a ser ídolos —si permitimos que cumplan alguna función divina en nuestra vida—. «La confianza y la fe del corazón pueden entronizar por sí solos a Dios o al ídolo», dijo Martin Lutero. «Es decir, aquello que pongas en tu corazón, aquello en lo que confíes, eso será propiamente tu Dios».[21]

Una vez fui invitada a disertar ante un grupo de artistas cristianos sobre cómo las artes han funcionado a menudo como sustitutas de la religión. Arthur Symons, poeta del siglo XIX, observó que «la literatura misma había venido a ser una especie de religión, con todas las obligaciones y responsabilidades de un ritual sagrado».[22] Las artes son un buen regalo de Dios, pero, como cualquier cosa buena, pueden ser usadas para sustituirle.

Los artistas que asistieron a la conferencia se atrevieron a revelar sus ídolos personales. Uno dijo: «Reconozco que mi familia era mi ídolo. Siempre nos decíamos unos a otros que la "familia lo era todo"». Otra confesó: «Para mí era el matrimonio; mi relación con mi marido se había convertido en la cosa más importante de mi vida». El matrimonio y la familia son buenos; forman parte de la creación original de Dios, pero siguen demasiado limitados como para dar sentido y propósito a la vida.

Para algunas personas, la mayor fuente de seguridad y de autoestima puede radicar en su realización profesional, atracción sexual, o placer físico. Escribiendo a la iglesia de los filipenses, Pablo hace referencia a las personas cuyas mentes «sólo piensan en lo terrenal», cuyo «dios es el vientre» (Fi. 3:19). Se mueven por puro apetito físico, aun cuando encubran sus ansias bajo un barniz de sofisticación.

Juan Calvino definió la idolatría como adoración de «los dones en lugar de adorar al dador».[23] La manera de descubrir ídolos en su vida es preguntarse si algún don ha venido a ser para usted más importante que el Dador.

Los ídolos tienen consecuencias

Este es, pues, el diagnóstico que hace Pablo de la condición humana: Dios está constantemente acercándose a la gente con pruebas evidentes de su existencia por la revelación general. Pero los seres humanos suprimen constantemente la verdad creando ídolos.

Este patrón de supresión engendra una aguda tensión interna. Por una parte, la gente es consciente de la evidencia del Dios bíblico, que se hace evidente en la revelación general. Por otra, siguen creando dioses sustitutivos en un intento desesperado de ahogar la evidencia. Tomando prestado un término de la psicología, los seres humanos están atrapados en la disonancia cognitiva, la tensión mental que surge al elaborar ideas contradictorias.

¿Cómo nos saca Dios de la trampa? Responde de una manera que no esperamos: aumenta la tensión. Nos permite vivir las consecuencias que originan nuestros ídolos para intensificar la disonancia cognitiva —en última instancia nos aprieta hasta el punto de obligarnos a tomar una decisión—. En palabras de Pablo, Dios «nos entrega» para hacernos experimentar las consecuencias de nuestras propias elecciones:

Dios nos entrega a las consecuencias que engendran nuestros ídolos — a mentes reprobadas o degradadas.

> Romanos 1:21 — Pues habiendo conocido a Dios, no le glorificaron como a Dios, ni le dieron gracias, sino que se envanecieron en sus razonamientos.
> Romanos 1:28 — Y como ellos no aprobaron tener en cuenta a Dios, Dios los entregó a una mente reprobada, para hacer cosas que no convienen.

¿Qué consecuencias acarrea el servir a los ídolos? La respuesta de Pablo comienza con la vida interior: «Se envanecieron en sus razonamientos». «Dios los entregó a una mente reprobada» (Ro. 1:21, 28). La palabra griega nous, una de cuyas acepciones es «mente», encierra un significado mucho más profundo. Se puede traducir por razón, entendimiento, o intuición intelectual. (De la misma raíz proviene la palabra griega metanoia, arrepentimiento, que significa cambiar de nous —no sólo la mente, sino una transformación total de la persona—.) Los padres de la iglesia solían traducir nous como la facultad de evaluar y dirigir el curso de la propia vida: «el ojo del alma». De manera que sin ir muy lejos podemos traducir esta palabra por visión del mundo, es decir, las convicciones que guían nuestra existencia.

La palabra degradación encierra hoy principalmente un sentido moral, significa envilecimiento o degeneración. Pero en el griego original la palabra significaba dinero falso. De manera que una cosmovisión degradada ofrece un dios falso. Hace falsas promesas. Da respuestas engañosas a las cuestiones de la vida.[24]

En el lenguaje original, este versículo (Ro. 1:28) contiene un juego de palabras fascinante. La expresión valer la pena, en la primera cláusula, deriva de la misma raíz que la palabra degradación. El paralelismo podría expresarse como sigue: del mismo modo que la gente estimó que no valía la pena conocer a Dios, Él también les entregó a una visión del mundo vana. Y su cosmovisión no sólo conforma su vida de pensamiento, sino también sus hechos. «Se fueron tras lo que nada vale, y en nada se convirtieron» (Je. 2:5, NVI). He aquí cómo expresa Pablo la relación:

Dios nos entrega a las consecuencias que engendran nuestros ídolos — una conducta deshonrosa o depravada.

Romanos 1:24 — También Dios los entregó a la inmundicia, en las concupiscencias de sus corazones, de modo que deshonraron entre sí sus propios cuerpos.
Romanos 1:26 — Por esto Dios los entregó a pasiones vergonzosas.
Romanos 1:28 — Dios los entregó a una mente reprobada, para hacer cosas que no convienen.

Una vez más, la palabra cambiaron capta esta relación. En primer lugar, Pablo afirma que la gente cambió «la gloria del Dios inmortal por imágenes» de cosas creadas (Ro. 1:23; véase también Ro. 1:25).[25] A continuación Pablo muestra las consecuencias que acarrea este intercambio para la conducta humana: «Las mujeres cambiaron las relaciones naturales por las que van contra la naturaleza», y los hombres hicieron lo mismo (Ro. 1:26-27). En los tiempos en que escribió Pablo, tanto en la cultura greco-romana, como en la judeo-helénica, «contra natura» era una expresión común que hacía referencia a la conducta homosexual.[26]

Por aquel tiempo, el término naturaleza no se usaba como se usa hoy para aludir a la conducta observada en el mundo natural. Naturaleza significaba más bien conducta normal de la naturaleza humana; conducta que encaja con la manera en que los seres humanos fueron al principio creados, en consonancia con el propósito de Dios para la humanidad, que corresponde con la norma ideal de lo que significa ser plenamente humano.

En este sentido del término, todo pecado es contrario a la naturaleza humana, y Pablo sigue detallando una muestra representativa: «Se han llenado de toda clase de maldad, perversidad, avaricia y depravación. Están repletos de envidia, homicidios, disensiones, engaño y malicia. Son chismosos, calumniadores, enemigos de Dios, insolentes, soberbios y arrogantes; se ingenian maldades; se rebelan contra sus padres; son insensatos, desleales, insensibles, despiadados» (Ro. 1:29-31, NVI). Todos estos comportamientos —y otros— son contrarios a lo que significa ser plenamente humano.

En este capítulo Pablo despliega un análisis muy sensible de la relación entre la mente y la conducta. Esboza una progresión clara y calamitosa: En primer lugar, «no le glorificaron como a Dios» (Ro. 1:21). «Por lo cual también Dios los entregó a la inmundicia… de modo que deshonraron entre sí sus propios cuerpos» (Ro. 1:24). «Dios los entregó a pasiones vergonzosas» (Ro. 1:26). El principio es que los que deshonran a Dios inevitablemente se deshonran a sí mismos y a los demás. Resumiendo, los ídolos acarrean consecuencias.

Cinco principios estratégicos

En el capítulo 1 de la epístola a los Romanos, Pablo despliega una serie de actos —el drama de la interacción divina-humana— cuya trama proporciona la justificación subyacente de la apologética bíblica. De él podemos extraer cinco principios estratégicos. Traducidos a términos modernos, estos principios nos permiten identificar los elementos básicos de cualquier cosmovisión —incluidas las ideas vanguardistas de nuestro tiempo— y después elaborar una defensa convincente del cristianismo. Conozcamos cuáles son esos cinco principios para explorarlos más a fondo en el resto del libro.

Principio #1
Identificación del ídolo

Puesto que todo aquel que rechaza a Dios erige un ídolo, este es el punto estratégico para comenzar. Un ídolo es cualquier cosa del orden creado que se erige en lugar de Dios. Esta definición nos proporciona herramientas para identificar los ídolos personales y también discernimiento en el mundo de las ideas. Las filosofías y las cosmovisiones pueden funcionar también como dioses falsos.

Piénselo de la siguiente manera: como una cuestión de pura lógica, toda explicación de la vida debe contar con un punto de partida. Debe retrotraer el universo a algo que funciona como realidad primera, la causa auto-existente de todas las demás cosas. Como dice Pablo en Romanos, si uno rechaza al Dios bíblico, deificará algo del orden creado. Los que no honran al Dios trascendente deben erigir una divinidad de algún poder o principio inmanente dentro del cosmos.

¿Qué decir de la materia? ¿Forma parte la materia del orden creado? Claro que sí. Por tanto, la filosofía del materialismo puede considerarse un ídolo. Proclama que la materia es la realidad última —la causa primera, increada, de todo lo demás—. Niega la existencia de todo lo que no sea el mundo material, como el alma, el espíritu, la mente o Dios. Nos insta a fijar la mente en «las cosas terrenales», no en las cosas de arriba (Col. 3:2). A los nuevos ateos les gusta pensar que son no creyentes, pero creen con devoción en la materia (o la naturaleza) como sustituto de la religión.

¿Qué decir de la razón? ¿Puede ser un ídolo? Ciertamente. La filosofía del racionalismo coloca a la razón humana en lugar de Dios como fuente y norma de toda verdad. Albert Einstein se definió una vez a sí mismo como un «racionalista creyente». Resumió su credo diciendo: «Yo creo en el Dios de Spinoza», aludiendo al filósofo que usó la palabra Dios para referirse meramente al principio del orden racional en el universo.[27] El racionalismo rehúsa aceptar toda fuente de verdad que no sea la razón humana, tal como la información comunicada por el Creador. Es dogmático, adora al ídolo de la razón humana «sin ayuda», o «autónoma».

Esto explica por qué la Biblia no compara el cristianismo con el ateísmo, sino con la idolatría. Los «autores bíblicos siempre se dirigen a sus lectores como creyentes en Dios o en un Dios sustituto», señala el filósofo Roy Clouser.[28] Los seres humanos tienden a buscar algún poder o principio o persona para interpretar la vida y darle sentido. Y eso constituye su religión de facto, usen o no lenguaje teológico.

Principio #2
Identificación del reduccionismo de los ídolos

Romanos 1 asegura que la idolatría conduce a una cosmovisión «degradada», que abre la puerta a la opresión, la injusticia y todas las maldades mencionadas al final del capítulo. ¿Qué conexión hay entre los ídolos y la conducta inmoral? El vínculo consiste en que los ídolos siempre conducen a una concepción inferior de la vida humana. La Biblia enseña que los seres humanos han sido creados a imagen de Dios. Cuando una cosmovisión cambia al Creador por algo creado, cambiará también una visión superior de los seres humanos, hechos a imagen de Dios, por una visión inferior, a imagen de algo creado.

Es posible afirmar que toda idea de humanidad se concibe a imagen de algún dios.

Para traducir el argumento paulino al lenguaje moderno hemos de dominar un término filosófico: el reduccionismo. Significa reducir un fenómeno de un nivel superior o más complejo de realidad, a otro inferior, más simple, menos complejo —normalmente para echar por tierra o desacreditar aquél.

Por ejemplo, probablemente habrá oído a la gente decir que el cristianismo no es más que una muleta emocional. O que las ideas no son nada más que el producto de elementos químicos que reaccionan en el cerebro. O que la vida y los seres vivos se pueden explicar exclusivamente con la física y la química.[29]

Hay muchas clases de reduccionismo.

Afirmar que los ídolos conducen siempre al reduccionismo, es pues, otra manera de decir que conducen a una forma inferior de vida humana. Es posible imaginarse el reduccionismo como alguien que intenta meter todo el universo en una caja. Cuando una parte de la creación es absolutizada, todo es redefinido según sus términos. Los seres humanos son refundidos a su imagen.[30]

Recuerde que el ídolo del materialismo es la materia. Todo lo demás es reducido a objetos materiales producidos por fuerzas materiales. Todo lo que no quepa en la caja materialista es desechado como ilusión, incluso el espíritu, el alma, la voluntad y la conciencia. El reduccionismo es una estrategia para sofocar la verdad: Ya que si podemos reducir los seres humanos a máquinas que operan impulsadas por fuerzas naturales, podremos explicar su origen simplemente por fuerzas naturales.

Por el contrario, una cosmovisión bíblica comienza con un Dios trascendente, por tanto, no reduccionista. No intenta meterlo todo en una caja definida por una parte de la creación. El cristianismo ofrece más bien una elevada perspectiva de la persona humana, creada a imagen de una Persona trascendente. Afirma todas las características que hacen posible la auténtica humanidad.

Principio #3

Póngalo a prueba: ¿Contradice lo que sabemos del mundo?

Una vez identificado el ídolo y su reduccionismo, estamos preparados para hacernos la pregunta más importante: ¿Es esta cosmovisión verdadera? ¿Se corresponde con lo que conocemos del mundo?

Romanos 1 enseña que algunas cosas son cognoscibles para todo el mundo —las verdades de la revelación general—. De donde se sigue que toda afirmación de la verdad debe estar conforme con la revelación general. Podemos afirmar que el propósito de una cosmovisión es explicar lo que conocemos del mundo. Si contradice lo que conocemos del mismo gracias a la revelación general, entonces no sirve.

Y podemos estar seguros de que toda cosmovisión basada en ídolos fallará. ¿Por qué? Precisamente porque conduce al reduccionismo. Si el reduccionismo es como intentar meter todo el universo en una caja, podemos asegurar que algo, inevitablemente, sobresaldrá. Una caja que deifica una parte de la creación siempre será demasiado pequeña para explicar la totalidad. Todo lo que no quepa en la caja será denigrado, devaluado o desestimado como irreal.

Recuperemos el ejemplo del materialismo, ya que es la concepción dominante en el mundo académico actual. Cuando reduce a los seres humanos a complejas máquinas bioquímicas, ¿qué es lo que no cabe en la caja? El libre albedrío. La facultad de elegir. La capacidad de tomar decisiones. Todo ello es desechado como ilusorio. Pero en la práctica no podemos vivir sin tomar decisiones desde que nos despertamos por la mañana. La libertad de elección constituye una parte innegable, ineludible, de la experiencia humana, lo que significa que forma parte de la revelación general. Por tanto, la concepción materialista de la humanidad no encaja con la realidad tal como la experimentamos.

Los propios materialistas a veces reconocen el problema. John Horgan, periodista científico que escribe en el New York Times, reporta que muchos neurólogos rechazan conceptos tales como la libertad de elección por considerarlos mitos. Pero sorprendentemente, Horgan concluye: «No importa lo que mi intelecto decida, me veo obligado a creer en el libre albedrío».[31]

No importa lo que proponga la cosmovisión de un individuo, todos nos vemos «obligados a creer» las verdades de la revelación general.

Otro ejemplo es el del filósofo John Searle, que abraza el materialismo y sin embargo admite que no podemos vivir según sus principios. En una entrevista explica que el materialismo concibe el universo como una inmensa máquina en la que toda acción humana está determinada; sin embargo, la experiencia demuestra que somos agentes capaces de tomar decisiones. «Podemos decir, bueno, yo creo en el determinismo», dice Searle, pero «la convicción de la libertad está incrustada en nuestras experiencias; no podemos renunciar a ella. Si lo intentáramos, no podríamos aceptarlo». Termina diciendo «no podemos renunciar a la convicción de nuestra propia libertad, aunque no haya ninguna base para ello».[32]

Es decir, ninguna base en la filosofía materialista de Searle. Reconoce que la caja de su cosmovisión es demasiado pequeña para dar cuenta de la realidad tal como él la experimenta. No «puede renunciar» a su convicción de libertad. No «puede aceptar» su propia filosofía.

Searle está atrapado en la disonancia cognitiva —lo que su cosmovisión le dicta contradice lo que conoce por la revelación general.

¿Qué hacen los materialistas cuando se dan cuenta de que la caja de su cosmovisión es demasiado pequeña para dar cabida a la evidencia? La suprimen, como dice Pablo en Romanos 1. No pueden negar que la idea del libre albedrío está programada en el pensamiento humano. No obstante, lo que pueden hacer es reducir ese concepto a una ilusión. Una ficción útil.

Cabe pensar que el reduccionismo es una estrategia de supresión. Si un materialista tuviera que admitir la realidad de la libertad de elección, quedaría en evidencia el que los humanos son seres personales cuyo origen es un Ser personal. Por lo tanto los materialistas se ven obligados a eliminar la evidencia de la revelación general. De otro modo, falsificaría su cosmovisión.

En algún momento, toda cosmovisión basada en ídolos contradice la realidad. Esto crea una oportunidad para argumentar en favor del cristianismo. Porque éste no es reduccionista, no desestima partes importantes de la experiencia humana como ilusiones. No contradice lo que conocemos por la revelación general ni conduce a la disonancia cognitiva, sino que el cristianismo es verdad total —constante, coherente y completa—. Se puede practicar dentro de una cosmovisión real sin contravenir la experiencia humana más básica.

Principio #4
Ponga a prueba el ídolo: ¿Se contradice a sí mismo?

Las cosmovisiones centradas en ídolos no sólo no se corresponden con el mundo exterior, también colapsan internamente. Se refutan a sí mismas. Por usar una expresión técnica, son autorreferencialmente absurdas, lo que quiere decir que proponen una norma para la verdad que ellas mismas no cumplen.

Por ejemplo, una persona puede proponer un relativismo cultural que asevera que no hay verdad universal. Pero esta misma declaración es una afirmación universal. Así pues, se contradice a sí misma.

El argumento de la absurdidad autorreferencial es un instrumento estándar en la caja de herramientas de todo apologeta. Pero ¿por qué funciona? De nuevo, la clave es el reduccionismo. Una cosmovisión reduccionista conduce a una visión inferior de la humanidad —y asimismo de la mente humana—. Reduce la razón humana a algo inferior a la razón. Pero la única manera en que una cosmovisión puede defender su caso es apoyándose en la razón. Si la descalifica, socava su propio caso. Es contraproducente.

Para ilustrar cómo funciona el argumento usemos una vez más el ejemplo del materialismo. El materialismo reduce el pensamiento a procesos químicos en el cerebro, de manera análoga a las reacciones químicas de la digestión. Pero la digestión no es verdadera ni falsa. Sólo es un hecho biológico. Si se reduce el pensamiento a procesos cerebrales, entonces las ideas tampoco son ni verdaderas ni falsas. Pero en ese caso, ¿cómo puede saber el materialista que el materialismo es verdadero? Esta filosofía se refuta a sí misma.

Una vez más, el cristianismo ofrece una mejor respuesta. Puesto que los seres humanos han sido creados a imagen de Dios, la razón humana porta la alta dignidad que refleja la razón divina. El cristianismo afirma, pues, la fiabilidad de las capacidades cognitivas humanas (sin ser racionalistas, ni erigir la razón en un dios). No se refuta a sí mismo.

Resulta irónico que los adeptos a cosmovisiones reduccionistas tengan que ignorar su propio reduccionismo —al menos mientras defienden su caso—. Tienen que tomar prestado del cristianismo su alta estima de la razón para dar cuenta de su propio punto de vista.

Principio #5

Reemplace el ídolo: promocione el cristianismo

El último paso es proponer una alternativa bíblica a las cosmovisiones paganas y seculares. Para definir un enfoque relevante para nuestro tiempo, debemos seguir precisamente la pista de los puntos que fallan en otras cosmovisiones. Recuerde el Principio #3, en el que vimos que hay materialistas que admiten abiertamente que «no pueden vivir» con las consecuencias de su propia cosmovisión, que se ven «obligados a creer» en la libertad de elección. Recuerde el Principio #4, en el que vimos que los adeptos a cosmovisiones reduccionistas ni siquiera pueden afirmar sus propias aseveraciones a menos que tomen prestada la noble concepción cristiana de la mente humana.

¡Qué imagen tan peculiar refleja la gente atrapada en la disonancia cognitiva tratando de aferrarse a verdades que desmontan sus propias cosmovisiones! —verdades que solamente la cosmovisión bíblica sostiene lógicamente.

En el Principio #5 exploraremos varios ejemplos tomados del mundo real, de pensadores laicos que «usurpan» lo que más les conviene del cristianismo. Descubren que la cosmovisión bíblica es tan atractiva que siguen tomando prestado de ella (de manera consciente o inconsciente). Al admitir que no pueden vivir según su propia cosmovisión, demuestran que tienen hambre de respuestas más satisfactorias que las que les ofrecen sus ídolos. Y al aprovecharse del cristianismo, prueban que necesitan lo que solo el cristianismo puede ofrecerles.

Los cinco principios extraídos de Romanos 1 prueban con solidez que las cosmovisiones basadas en ídolos no logran proporcionar respuestas adecuadas a las cuestiones básicas que todas las personas necesitan contestar. Al mismo tiempo, los cinco principios demuestran que el cristianismo proporciona mejores respuestas —respuestas que encajan con el mundo real y son internamente coherentes—. Puesto que una cosmovisión bíblica comienza con un Creador trascendente, no deifica parte alguna de la creación. Por tanto, no necesita embutirlo todo en un conjunto limitado de categorías derivadas de una parte del orden cósmico. El cristianismo nos libera de cualquier reduccionismo contrario a la vida, que deshonra y degrada a la humanidad. Afirma la excelsa dignidad de los seres humanos como personas plenas creadas a imagen de un Dios personal.

No es de extrañar que Pablo proclame que él «no se avergüenza» del evangelio (Ro. 1:16). El cristianismo encierra una potencia explicativa mayor que cualquier otra cosmovisión o religión. Encaja mejor con los datos de la revelación general. Y conduce a una concepción más humana y liberadora de la persona.

En el aula, en el trabajo

Los cinco principios del manual de instrucción apologética paulino se pueden aplicar en el aula, en el puesto de trabajo, o en conversaciones con vecinos junto a la valla del patio. Para que le sirva de práctica, en el resto de *El hallazgo de la verdad* aplicaremos tales principios a las filosofías actuales más extendidas. Por ejemplo, el materialismo no es tanto una filosofía única como una familia de teorías interrelacionadas. Considere cómo impregna un solo campo: la psicología. Pensadores punteros, como Ivan Pavlov, Sigmund Freud, B. F. Skinner, Erich Fromm y Albert Ellis propusieron teorías muy distintas. Sin embargo, todos ellos abrazaron el materialismo y el ateísmo. Así pues, cuando se ponen de manifiesto defectos del materialismo, no sólo se desacredita una filosofía, sino toda una familia de teorías materialistas.

Dado que las filosofías se arraciman en familias, aprender a analizarlas es más fácil de lo que usted pudiera creer antes de escoger *El hallazgo de la verdad*.

Algunas familias están tan extendidas que las examinaremos más de una vez. A primera vista, esto pudiera parecer repetitivo. No obstante, iremos avanzando hacia un nuevo principio estratégico. Como dijo una vez uno de mis alumnos: «Este libro es diferente a los demás libros de apologética que he leído. La mayoría de ellos enseñan sobre cosmovisiones, las examinan una por una. Este libro enseña a hacer apologética», usando elementos de cosmovisiones únicamente para ilustrar cada fase.

Mentes liberadas

Aprender a reflexionar críticamente no sólo es importante para hablar con la gente fuera del templo, sino también para educarla dentro, pues las personas suelen absorber ideas que flotan en el ambiente cultural, por eso necesitan ayuda para liberar sus mentes de supuestos seculares.

En el pasillo de una universidad cristiana en la que enseñé vi que un alumno estaba leyendo un libro sobre posmodernismo. «¿Qué está usted aprendiendo?», le pregunté.

«Me está mostrando cómo soy», dijo el alumno. «Por fin entiendo por qué pienso como pienso».[33] Había absorbido elementos del posmodernismo sin darse cuenta.

Una mujer me envió un email para contarme que se había educado en un hogar en el que regía la norma de que los cristianos nunca deben exponerse a formas de pensamiento no bíblicas. «Pero cuando leí su libro *Verdad Total*», decía, «descubrí que había absorbido inconscientemente ideas de pensadores seculares como Rousseau y Kant». Y como ella no había estudiado sus ideas, no contaba con una criba crítica para reconocerlas y rechazarlas.

La lección que se desprende de esto es que los cristianos nunca deben asumir que el analizar ídolos es cuestión de abordar exclusivamente la mentalidad de otras personas. La Biblia no permite ese lujo. En el griego original no hay división de capítulos; el primer capítulo de Romanos fluye ininterrumpidamente en el segundo, en cuyo discurso Pablo se encara al lector —la persona que tiene delante la revelación divina escrita— y le dice: «Por lo cual eres inexcusable, oh hombre, quienquiera que seas tú que juzgas; pues en lo que juzgas a otro, te condenas a ti mismo; porque tú que juzgas haces lo mismo» (Ro. 2:1).

Parece que en todo el capítulo de Romanos 1 Pablo dirige su enseñanza a los adoradores de ídolos paganos. Pero, haciendo alarde de una jugada sorprendente, pone a sus lectores al mismo nivel que los paganos. E incluso repite la misma frase que en 1:20: «sin excusa».

Por medio de este vínculo verbal, Pablo implica a todos, les hace culpables de suplantar la verdad y erigir dioses falsos. Los cristianos no son inmunes. La Escritura se dirige a los cristianos en versículos como «huid de la idolatría» y «guardaos de los ídolos» (1 Co. 10:14; 1 Juan 5:21). Debemos comprometernos a apartarnos de los ídolos y volvernos a Dios como fuente última de la verdad en todas las esferas de la vida. Para evitar «amoldarnos al mundo», debemos «transformarnos por medio de la renovación de nuestra mente» (Ro. 12:2).

El objetivo último del aprendizaje de una estrategia apologética bíblica es amar a Dios «con toda tu mente» (Lu. 10:27). Ya sea usted cristiano o esté empezando a oír hablar de Dios, podrá ser sorprendido por la alegría cuando descubra que la verdad bíblica es lámpara resplandeciente e inagotable para sus pies, lumbrera para su camino (Sal. 119:105) y luz potente para iluminar cada área de su vida.

Comencemos a perfeccionar nuestras capacidades para identificar los ídolos de nuestro tiempo. ¿Cómo podemos aprender a reconocer dioses falsos, particularmente cuando se esconden detrás de etiquetas seculares y son enaltecidos por el sistema educativo laico?

SEGUNDA PARTE

PRINCIPIO #1

EL CREPÚSCULO DE LOS DIOSES

Dylan no era un estereotipo intelectual. En el colegio fue un gran deportista. Allí donde se practicaba fútbol, baloncesto, atletismo —casi todos los deportes—, Dylan estaba presente. Como capitán de su equipo de fútbol, obtuvo el galardón al Jugador más valioso y fue cortejado por algunos destacados colegas. Ingenioso y alegre, era un líder natural.

Pero en su último año de colegio, la vida de Dylan dio un giro inesperado. Sus logros le parecieron vanos y se preguntó si la vida no le ofrecía algo más. De labios de un grupo de jóvenes, en una iglesia local, escuchó el evangelio y se hizo cristiano. Supo de inmediato que quería vivir una vida totalmente entregada a Dios.

Pero al año siguiente, cuando ingresó en la universidad, Dylan se vio repentinamente atrapado en una encarnizada batalla contra la duda y la decepción.

En las clases de ciencias se asumía el naturalismo darwinista como dogma incuestionable. En las clases de psicología, la mayor parte de las teorías —desde el psicoanálisis de Freud hasta el conductismo de Skinner— promovían puntos de vista negativos sobre el cristianismo. En una clase de humanidades, el profesor le dijo que el cristianismo no era más que una «opción de valores» —una creencia que podía tener sentido para él personalmente, pero no una verdad objetiva.

La iglesia de Dylan le había enseñado el evangelio básico, pero no le había equipado para afrontar los retos con que ahora se topaba en el aula universitaria. No le había enseñado a «derribar argumentos y toda altivez que se levanta contra el conocimiento de Dios» (2 Co. 10:5).

Dylan se incorporó a un grupo evangélico universitario, pero cuando planteaba preguntas, los líderes le respondían básicamente: «Ya tienes la Biblia; ¿por qué tienes que hacer preguntas?». Le exhortaron a redoblar su esfuerzo en la devoción —orar más, evangelizar más, memorizar más versículos bíblicos—. Pero Dylan ya se mostraba muy activo en el plan intensivo de instrucción y discipulado, e incluso vivía y trabajaba con otros miembros del grupo. Como insistía en hacer preguntas, los líderes del grupo le acusaron de orgullo, de pensar demasiado, de ser demasiado intelectual.

«Después de haber sido un atleta toda mi vida, era la primera vez que alguien me acusaba de intelectual», recordó luego desconcertado. Frustrado por no poder hallar respuestas resolvió finalmente que el rumbo intelectual más honesto sería volver a empezar y reconsiderar el cristianismo a partir de cero. Se embarcó en una seria investigación filosófica, teológica, científica e hizo criticismo bíblico.

Cuando se hallaba en la mitad de sus estudios universitarios, Dylan hizo un viaje a Europa para visitar su país natal y decidió desviarse hacia la comunidad L'Abri, en Suiza. El «desvío» acabó prolongándose. Por primera vez Dylan conoció personas no temerosas ante las preguntas. Oyó una defensa del cristianismo intelectualmente persuasiva y prácticamente viable. Después de casi un año de estudio y debates con Francis Schaeffer y el personal de L'Abri, llegó al convencimiento de que una cosmovisión cristiana proporciona respuestas adecuadas a las cuestiones de la vida.

En vez de adoptar la actitud escapista de huir del mundo y refugiarse exclusivamente en actividades devocionales, Dylan descubrió que podía adentrarse en el mundo con confianza.

¿Vence la devoción a la duda?

Los padres, los maestros o las iglesias cristianas cometen un grave error cuando descartan las dudas y las preguntas de los jóvenes, o creen que pueden pasarlas por alto cultivando solamente una vida devocional más intensa. Debido a que fuimos creados a imagen de Dios, hemos sido investidos con una mente y un deseo natural de dar sentido a la vida.

Mi propia experiencia como adolescente fue tan desalentadora como la de Dylan. Me fue imposible encontrar adultos en la iglesia que se tomaran mis preguntas en serio. Tal vez no ayudara el que tuviera pelo largo y rubio, como el de Alicia en el país de las maravillas. La gente me preguntaba constantemente si era una porrista (animadora).

Estereotipos como este han hecho mucho daño, e impedido a los jóvenes hallar respuestas a sus preguntas. Los atletas y las porristas son tan intelectualmente inquisitivos como cualquier otra persona. Y necesitan igualmente hechos y razones. Todos los cristianos están invitados a «tener la mente de Cristo» (1 Co. 2:16).

Debido a que hemos sido creados a imagen de Cristo como seres racionales y responsables, todos tenemos una filosofía —no necesariamente aprendida en un libro de textos, sino una concepción general de la vida con la que damos sentido al mundo—. La concepción bíblica de la naturaleza humana implica que somos «incapaces de sostener opiniones puramente arbitrarias o tomar decisiones del todo carentes de escrúpulos», escribe Albert Wolters. «Necesitamos algún credo para vivir, algún mapa para trazar el camino».[1]

Si tomamos en serio la concepción bíblica de la persona, debemos tomarnos en serio las preguntas.

El abandono que hace vulnerables a los adolescentes

Investigaciones recientes revelan cuán importantes son las preguntas de los adolescentes. En un estudio sociológico se preguntó a los adolescentes por qué se alejaban de la religión en la que habían sido criados. Los investigadores creían que se debía a causas emocionales o relacionales, pero para sorpresa suya, la respuesta más común fue que los adolescentes tenían dudas y preguntas no respondidas. Contestaron a los investigadores que «ya no tenía sentido».

«Algunas cosas son demasiado inverosímiles como para creerlas». «Yo pienso científicamente, y no hay verdaderas pruebas». «Hay demasiadas preguntas que no tienen respuesta».

Un trabajo de Barna obtuvo resultados similares. En *Me perdieron,* David Kinnaman informa que un 36 por ciento de jóvenes adultos sentían que no podían plantear las «cuestiones más urgentes en la iglesia». En consecuencia, el 23 por ciento aseguraba que tenían «importantes dudas intelectuales» acerca de las enseñanzas cristianas.[3]

En la sociedad pluralista y multicultural actual, los adolescentes tienen que abrirse camino a través de una compleja red de visiones del mundo contradictorias. Un estudio descubrió que la edad en que más feligreses abandonan la iglesia es en los años de colegio secundario y universidad.[4] Sin embargo, en los grupos juveniles de iglesia rara vez se enseña apologética; tales grupos se especializan más bien en juegos y refrigerios. Es como si la meta se centrara en organizar actividades que incrementan el compromiso emocional, como si la pura intensidad de la experiencia bastara para compensar las dudas intelectuales. Pero la intensidad emocional no es suficiente para obturar las preguntas de los adolescentes. Si acaso, les conduce a redefinir el cristianismo en términos puramente emocionales —que les deja aún más vulnerables cuando finalmente afrontan sus dudas.[5]

Si mis propios alumnos sirven como referencia, de todos modos los adolescentes consideran que las tácticas emocionales son manipulativas. Ellos saben que es fácil fabricar un sentido artificial de pertenencia con música ruidosa, peleas con globos de agua y juegos como el Frisbee de última moda (disco volador en equipo). Pero también saben que esos sentimientos se agotan rápidamente. Como me dijo un alumno: «Lo que más oigo en mi iglesia son mensajes para "sentirse a gusto". Pero yo no quiero sentirme a gusto. Quiero bregar con cuestiones difíciles».

No es de extrañar que la revista *Christianity Today* (Cristianismo Hoy) anunciara que «la apologética hace volver a los jóvenes».[6]

Los padres se preocupan, con razón, del riesgo que corren cuando exponen a sus hijos a perspectivas anti-bíblicas. Pero también se corren riesgos cuando se crían hijos que piensan que la única manera de probar suerte es romper con su familia y con su iglesia. Las cosmovisiones opuestas suelen parecer más atractivas cuando suscitan la atracción de lo prohibido. La única manera en que los adolescentes estarán verdaderamente «preparados para defender su fe» ante todo el que les pida razón de la esperanza que en ellos hay (1 Pe. 3:15) es inquirir y hallar personalmente respuestas a sus preguntas.

Me di cuenta del peligro cuando charlé con una madre cristiana que me dijo: «Todas las respuestas que necesitamos están en la Biblia. No tendríamos que leer nada más». De inmediato, me confió que hacía poco que su hijo había ido a estudiar a la universidad, se había incorporado a un grupo de nuevos ateos y rechazado vehementemente su crianza cristiana. Esta madre pensó que protegía a su hijo evitando hablar de dudas y dificultades. Pero le dejó sin defensas. Pablo nos advierte que Satanás se puede aprovechar de los cristianos si éstos ignoran sus maquinaciones (2 Co. 2:11).

Es mucho mejor para los jóvenes explorar el mundo fascinante de las ideas con padres, maestros y líderes de iglesia como tutores que les pueden proporcionar instrumentos para pensar crítica y correctamente. Como dijo uno de mis alumnos: «Exponer la mente a las ideas es como exponer el cuerpo a los gérmenes. Es la manera de reforzar la inmunidad».

Ninguna edad es demasiado joven para empezar. A sus ocho años, el hijo de un amigo hizo esta pregunta: «Papá, la gente de otras religiones cree que sus dioses son verdaderos, y nosotros creemos que el verdadero es el nuestro. ¿Cómo sabemos quién tiene razón?». Aun las preguntas de los niños de segundo grado tienen que ser tomadas en serio.

Principio #1

Identificación del ídolo

¿Dónde comenzar? Según Romanos 1, los que rechazan al Creador erigirán un ídolo. Absolutizarán algún poder o elemento del cosmos y lo elevarán a principio determinante —a un absoluto falso—.[7] Así pues, el primer paso para evaluar una cosmovisión es identificar su ídolo. ¿Qué lo establece como sustituto de Dios?

A pesar de la vasta diversidad de religiones y filosofías, todas comienzan poniendo algo creado en lugar de Dios. En *Culture and the Death of God* (Cultura y la muerte de Dios), el crítico literario Terry Eagleton menciona varios ídolos de la edad moderna: Los racionalistas de la Ilustración erigieron un dios de la razón; los románticos deificaron la imaginación; los nacionalistas idealizaron la nación; los marxistas ofrecieron una versión económica del pecado y la salvación.

«No creer en Dios es un asunto mucho más penoso de lo que cabe imaginar», remata Eagleton. Dios no puede ser rechazado sin exaltar otra cosa en su lugar. La historia de la filosofía es en su mayor parte la historia de la instauración de sucedáneos de Dios.[8]

Es una historia de creación de ídolos.

Una de las formas más eficaces de entender la historia es, pues, identificar los ídolos predominantes. Como escribe Timothy Keller: «Toda personalidad humana, comunidad, forma de pensamiento y cultura se basan en conceder máxima preocupación o máxima lealtad, ora a Dios, ora a algún sustituto». Así pues, «la mejor forma de analizar una cultura es identificar sus ídolos corporativos».[9]

En su enseñanza acerca de los ídolos, la Escritura nos da la clave para interpretar la historia.

Esta es una perspectiva fascinante porque significa que la Biblia proporciona instrumentos conceptuales no sólo para las ideas normalmente etiquetadas como «religiosas», sino también para las ideas rotuladas como «seculares». En el Antiguo Testamento, Ezequiel los designa ídolos del corazón (Ez. 14:3). En el presente, cuando hablamos de corazón, queremos dar a entender emociones. Pero en hebreo significa el ser más íntimo, e incluye la voluntad, la mente, el carácter moral y el compromiso espiritual. «La gente se fija en las apariencias, pero yo [el Señor] me fijo en el corazón» (1 Sam. 16:7, NVI).

En el Nuevo Testamento, la palabra griega kardia, corazón, significa igualmente el centro o el núcleo del ser de una persona.[10] Por tanto, los ídolos del corazón son convicciones que nos comprometen profundamente e impulsan nuestra conducta.

Solemos comparar a los «creyentes» con los «no creyentes», pero eso puede prestarse a engaño. Todo el mundo cree en algo, en el sentido de que deben asumir algún principio como fundamento verdadero. Los ateos no suelen reconocer que están en la misma situación que los demás. Un mantra común en las páginas webs de los ateos dice así: «El ateísmo no es una creencia. Es sólo falta de fe en un Dios o dioses». Pero es imposible pensar sin un punto de arranque. Si uno no empieza con Dios, debe empezar con otra cosa. Tiene que proponer algo como realidad última, eterna e increada que es causa y fuente de todo. La cuestión importante no es qué puntos de partida son religiosos o seculares, sino qué afirmaciones resisten la prueba.

La ventaja que aporta el uso del término bíblico ídolo es que nivela el campo de juego. La gente con mentalidad secular suele acusar a los cristianos de tener «fe», mientras que ellos basan sus convicciones únicamente en los hechos y la razón. Pero no es así. Si una serie de ideas se retrotrae lo suficiente, al final se alcanza un punto de partida —algo que se asume como realidad auto-existente de la que todo depende—. Este supuesto de partida no puede basarse en un razonamiento anterior, porque si así fuese, cabría preguntarse dónde comienza ese razonamiento, y así sucesivamente, en un retroceso infinito. En algún punto, todo sistema de pensamiento ha de asegurar: «Este es mi punto de partida. No hay razón que lo justifique. Tan sólo es».

Si las premisas de partida no descansan sobre razones, ¿cómo podrán probarse? Aunque no se pueda argumentar hacia atrás hasta dar con las razones precedentes, se puede argumentar hacia adelante explicando sus implicaciones, y después probarlas usando la lógica y la experiencia. Esta es la estrategia que seguiremos en el resto de *El hallazgo de la verdad*. Resultará bastante efectivo, demostrará que el cristianismo sobrepasa a todas las cosmovisiones rivales.

Religión sin Dios

Otra ventaja que supone usar el término ídolo es que evita una especie de intelectualismo árido, como si la gente escogiera una filosofía de la vida de la manera en que resuelve un rompecabezas de lógica. Cuando la gente se compromete con cierta visión de la realidad, ésta se convierte en su explicación suprema. Sirve para interpretar el universo para ellos, para guiar sus decisiones morales, para dar sentido y propósito a su vida, y todas las demás funciones normalmente asociadas con la religión.

Cabría incluso pensar que las filosofías son religiones seculares. Esto puede parecer un oxímoron (conceptos contradictorios), pero tiene sentido una vez conocido el significado genérico del término religión. ¿Qué característica comparten todas las religiones? No es la que usted se supone.

¿Tiene que afirmar una religión la existencia de un dios o creador personal? Muchos occidentales dirían que sí. Un amigo ateo argumentó una vez en mi página de Facebook: «Religión es la creencia en una deidad. Si no hay deidad, no hay religión». No obstante, muchas creencias clasificadas como religión en absoluto identifican lo divino con un ser. En las religiones panteístas, como el hinduismo, no se concibe lo divino como Ser personal, sino como sustancia o esencia impersonal, no cognitiva —similar a la energía, la electricidad o la fuerza en las películas de la Guerra de las Galaxias.

En sus formas populares, el panteísmo suele incluir el culto a dioses y diosas locales. Pero lo que los occidentales no aciertan a entender es que tales dioses no se identifican con la realidad última. Son solamente seres en los que la esencia divina compartida por todos los seres humanos es más acusada o concentrada.

El budismo va aún más lejos, hace referencia a lo divino en términos como el Vacío o la Nada. Por eso, por extraño que parezca, se dice a veces que el budismo es una religión atea. También lo son el taoísmo y el confucianismo. Como explica cierto filósofo, los fundadores de estas religiones «no son ellos mismos dioses; no se identifican con ninguna deidad, ni revelación, ni Creador personal o trascendental de ninguna clase».[11]

Religión sin moralidad

Si no es necesaria una deidad personal para que una religión sea considerada como tal, ¿qué decir de la moral? Tampoco. Muchas religiones orientales son amorales. Enseñan que todo debe ser aceptado como parte del Uno, el Todo —el ying y el yang, el bien y el mal.

La meta es el equilibrio o unión de los opuestos. Los rituales asociados con estas religiones no tratan de alcanzar la santidad, sino la iluminación: el reconocimiento de que todo forma parte igualmente del Todo.

Cuando estudiaba en la universidad durante los contraculturales años setenta, me impresionó enormemente la lectura de *Siddharta*, novela de Hermann Hesse acerca del hijo de un brahmán que se lanza a la búsqueda de la sabiduría espiritual. Al final descubre que «todo lo que existe es bueno, tanto la muerte como la vida, el pecado como la santidad, la sabiduría como la necedad».[12] El panteísmo enseña que es un error hacer distinciones morales. Todo confluye en el Uno. El resultado final es que no se puede distinguir el bien del mal —lo que significa que no hay fundamento para luchar contra el mal.[13]

El mismo panteísmo es hoy promovido en películas como Avatar. En el mítico planeta de Pandora toda la flora y la fauna están conectadas por un una vasta red neuronal que funciona como una especie de inconsciente colectivo, personificado por una diosa semejante a Gaia llamada Eywa. Es significativo que Eywa se presente como más allá del bien y del mal. Uno de los nativos declara: «Nuestra gran madre no toma partido. Sólo protege el equilibrio de la vida».

¿Qué decir de las religiones paganas o politeístas? Ellas también son típicamente amorales. Las religiones politeístas pueden exigir rituales para aplacar a los dioses y garantizar buena salud y buenas cosechas, pero no suelen decir nada sobre la moral. La antropóloga Mary Douglas descubrió en su investigación que no hay «relación inherente entre la religión y la moral: Hay primitivos que pueden ser religiosos sin ser morales y morales sin ser religiosos».[14]

En efecto, los dioses paganos suelen ser completamente inmorales. Los dioses griegos y romanos eran propensos a la codicia, el adulterio, las disputas, los celos y la mentira. El filósofo Jenófanes se quejó de que «Homero y Hesíodo atribuyeran a los dioses todos los hechos que resultaban deplorables y vergonzosos para la gente: robar, cometer adulterio y mentir unos a otros». San Agustín repitió la misma crítica a los dioses paganos: «Tienen por costumbre ser instigadores e instructores del vicio, no sus vengadores».[15]

Algunas religiones requieren incluso a sus practicantes que participen en rituales inmorales, como la prostitución sagrada o el sacrificio de niños. En la antigua Cartago, los padres sacrificaban a sus hijos en holocausto a los dioses. Los arqueólogos han descubierto tumbas que contienen pequeños huesos quemados y enterrados bajo lápidas con inscripciones que dan gracias a los dioses «por haber oído mi voz y haberme bendecido».[16]

¿Quiere esto decir que todas las teologías suponen algún tipo de culto ritual? Claro que no. En la antigua Grecia, los epicúreos enseñaban que los dioses existen pero no se inmiscuyen en los asuntos humanos. No les importa si son temidos o adorados. Aristóteles concibió el Primer motor como una mente perfecta e inmutable, que por tanto sólo piensa en lo perfecto e inmutable —es decir, en sí mismo—. Ni sabe ni le importa lo que hacen los seres humanos. Entre las religiones que no practican el culto están el hinduismo brahmán y el budismo theravada.

En busca de lo divino

Así pues, ¿comparten todas las religiones alguna característica? Aunque pueda extrañar, solamente comparten una. Basándose en investigaciones empíricas, Clouser afirma que la única característica que comparten las religiones es que todas reconocen algo divino —usando esta palabra para significar la realidad eterna, auto-existente, origen de todas las demás cosas—. Es obvio que no concuerdan en los requisitos que definen lo divino; sólo están de acuerdo en que hay algo divino. Ningún otro factor es genuinamente universal entre las religiones.[17]

En consecuencia, las religiones se asemejan más a las filosofías de lo que la gente se piensa. Estructuralmente, ambas comienzan con una serie de postulados acerca de lo que es auténticamente real o divino.

Conciben lo divino como lo que antecede, está más allá, o detrás de todo lo demás. Por ejemplo, en el politeísmo, los dioses y diosas personales no son la realidad última porque derivan de una sustancia primigenia, pre-existente —y eso es lo que funciona realmente como divino (aunque no se use este término).

Por ejemplo, en la antigua mitología griega ¿de dónde procedían los dioses? La narrativa esencial establece que el universo comenzó como una sustancia divina primigenia llamada caos —una nada indefinida, ilimitada—. A partir de este estado inicial surgieron los primeros dioses. La diosa tierra (Gaia) se apareó con el dios del cielo (Urano) para engendrar los Titanes, y del apareamiento de dos Titanes surgieron los dioses del monte Olimpo —Zeus, Apolo, Atenea, Poseidón, y todos los demás.[18]

Hoy es indispensable que los cristianos entiendan el paganismo, y no sólo por razones históricas. En los países occidentales el paganismo está adquiriendo popularidad: wicca, druidismo, chamanismo y religiones nativas americanas. En Islandia, país que se convirtió al cristianismo en el siglo XI, el «paganismo» ha vuelto a ser una religión nacionalmente reconocida. En el Reino Unido, algunas escuelas públicas enseñan actualmente el paganismo en clases de educación religiosa, por ejemplo, «hechicería, druidismo y el culto a dioses antiguos, como Thor».[19] Hace pocas semanas, una madre me contactó desesperada para preguntarme cómo relacionarse con su hijo que se había incorporado a un grupo de wicca.

Muchas versiones reavivadas del paganismo implican alguna forma de panteísmo mezclado con politeísmo, en la que los dioses son considerados como aspectos o emanaciones de un espíritu terrestre universal. Si consulta una página web típica de wicca, por ejemplo, leerá textos como este: «La divinidad se manifiesta a través de todos los seres vivos. La misma naturaleza es divina».[20] El ídolo del paganismo es la propia naturaleza, o una sustancia espiritual que interconecta toda la naturaleza.

Los filósofos y sus dioses

La identificación de los ídolos toca el fondo de cualquier religión, sea antigua o moderna. También corta el meollo de toda filosofía. Los primeros filósofos occidentales, los presocráticos, ignoraron los dioses olímpicos y volvieron a la sustancia primigenia original —que ellos llamaron arjé: fuente, principio o causa primera—. En aquel tiempo se reconocieron cuatro elementos primordiales (agua, fuego, aire y tierra), y muchos filósofos antiguos escogían uno de ellos como básico, y reducían luego todo lo demás a ese único elemento para llegar a una unidad fundamental.

Tales de Mileto observó que todos los seres vivos necesitan agua, y propuso que el principio primigenio fundamental, el arjé, fuese el agua. Heráclito notó que todos los seres vivos generan calor y propuso que el arjé fuera el fuego. Para Anaxímenes, la sustancia divina fue el aire. «El aire es dios». Otros fueron más allá de los cuatro elementos. Pitágoras descubrió que el orden de la naturaleza viene reflejado por la geometría y las matemáticas, y resolvió que el arjé era el número: «dios es el número; el número es dios».[21]

¿Coincide el concepto griego de arjé con la definición bíblica de ídolo? Claramente. Aunque la Escritura asegura que todas las cosas subsisten en Cristo (Col. 1.17), los primeros filósofos trataron de identificar un principio inmanente en el cosmos que proporcionara unidad subyacente —que funcionara como la explicación última—. Aunque los presocráticos rechazaron a los dioses del Olimpo, tuvieron noción de lo divino.

Los filósofos griegos más conocidos son Platón y Aristóteles. Ellos enseñaron que el principio formativo último en el universo era lo que ellos denominaron formas racionales. Se pueden considerar las formas como conceptos abstractos que permitían categorizar el mundo. Aunque hay una gran variedad de perros domésticos, desde el Gran danés al diminuto Chihuahua, reconocemos que pertenecen a la misma categoría porque corresponden a la categoría abstracta de «perro».

Platón enseñó que las formas existen en un ámbito ideal separado de la materia, mientras que Aristóteles argumentó que son intrínsecas a la misma. No obstante, ambos coincidieron en que las formas eran eternas, increadas, inmutables, universales y autoexistentes. ¿Significa esto una proclamación de la divinidad? Ciertamente. Las formas se invocaron para explicar la naturaleza de las cosas —por qué las cosas son como son—. La naturaleza humana es la forma compartida por todos los seres humanos, y lo que les hace humanos. La justicia es la forma compartida por todos los actos justos, y lo que los hace justos.[22] Las formas son la explicación última.

Ambos filósofos usaron incluso el lenguaje de la divinidad. Hablando de la esfera de las formas, Aristóteles declaró: «Ahí debe estar, sin duda, lo divino, y este debe ser el principio primero y dominante [el arjé]». Para Platón la forma predominante es la del bien; ver el bien implica «una conversión, un giro del alma» de las tinieblas a la luz. El verdadero filósofo es la persona que contempla este «orden divino».[23]

En Romanos 1 vemos que los ídolos resultan de la divinización de algo inmanente en el orden cósmico. Esta declaración es sin duda aplicable a las formas. No son personales. Y aunque trascienden el mundo material, no trascienden el orden cósmico en su totalidad. Como lo explica un teólogo: «La forma platónica del Bien no es divina» en el sentido cristiano; es divina porque es el ser supremo en el cosmos. Aristóteles llegó incluso a definir a Dios como la forma pura, lo que significa que él (o ello) constituye un polo en la dialéctica forma/materia que constituye el cosmos.[24]

La iglesia de la física: El ídolo de la materia

¿Qué decir de las filosofías modernas? ¿Pueden también considerarse ídolos? La tendencia general entre los nuevos ateos, junto con buena parte del mundo académico, es el materialismo científico. En última instancia, lo real es la materia —moléculas en movimiento—. El materialismo se empeña en el dogma de que la física explica la química, la química la biología, y la biología la mente humana, no quedando nada fuera. Por tanto, la física por sí sola explica la mente humana. La física es la explicación definitiva.

No sorprende que esta concepción se denomine a veces fisicalismo. Un portavoz destacado es E. O. Wilson, de Harvard, que insiste que todos los fenómenos «desde el nacimiento de las estrellas hasta el funcionamiento de las instituciones sociales, se basan en procesos materiales finalmente reducibles. . . a las leyes de la física». El biólogo Jerry Coyne define el fisicalismo como «la opinión de que todas las ciencias son en principio reducibles a las leyes de la física». Esta opinión —afirma—, «debe ser verdadera a menos que uno sea religioso».[25]

Pero ¿no es esta visión religiosa? ¿No es esto proclamación de la divinidad? Sin ninguna duda.

Algunos materialistas admiten todo eso. John Searle declara: «Predomina la sensación de que el materialismo es la religión de nuestro tiempo». Un periodista científico que escribe para The Scientist es igual de sincero. En un artículo sobre el origen de la vida, afirma: «Creo que se encontrará una explicación material, pero esa confianza nace de mi fe en que la ciencia ha asumido la tarea de explicar, en términos puramente materiales o naturalistas, toda la historia de la vida». Acaba diciendo: «Mi fe está bien fundada, pero sigue siendo fe».

El credo materialista fue bien plasmado por el finado filósofo Dallas Willard: «Sólo hay una realidad, el mundo natural, y la física es su profeta».[26]

La expresión ya clásica de ese credo fue la popular serie televisiva Cosmos. Se inauguró con Carl Sagan entonando, con cadencias litúrgicas, «El cosmos es lo único que existe, o ha existido o existirá». Cuando la serie se reanudó en 2014, con el Dr. Neil deGrasse Tyson como nuevo presentador, sus fans crearon una página en Facebook para promocionar lo que ellos llamaron «Tysonismo», definido como una religión secular basada en la filosofía del astrofísico Dr. Neil deGrasse Tyson». La página figura en la categoría de «Iglesia/Organización religiosa».[27]

Como vimos antes, el materialismo es realmente un racimo o familia de filosofías relacionadas. Podríamos afirmar que es una religión con varias denominaciones. Por ejemplo, aplicada al ámbito de la economía, el materialismo produce teorías como el marxismo. ¿Cuáles son los pasos lógicos que conducen del materialismo al marxismo, con su determinismo económico? Tenga en cuenta que la naturaleza humana siempre se define por su relación con la realidad última. Si lo supremo es la materia, entonces los seres humanos se definen por la manera en que se relacionan con la naturaleza. ¿Y cómo se relaciona la gente con la naturaleza? Obtiene cosas de ella. La moldean y la manipulan para obtener los artículos que necesitan para sobrevivir —ropa, casas, mesas, vehículos.

Las herramientas que usa el marxismo para conformar la materia se llaman «medios de producción». De modo que la historia de las civilizaciones gira en torno a quién es dueño de los medios de producción. La clase propietaria mantiene su control y protege sus intereses configurando el resto de la sociedad a su favor —leyes, política, moral, religión, y así sucesivamente—. De este modo, las relaciones económicas lo determinan todo en la sociedad. En el marxismo, las condiciones económicas son la explicación definitiva.[28]

Hume se reúne con los Klingons (raza de humanoides del universo Star Trek): ídolo de los sentidos

Otro ídolo ampliamente extendido hoy es el empirismo, o la afirmación de que la única forma válida de conocimiento consiste en hechos empíricamente verificables. Tal vez no se tope con mucha gente que diga: «Hola, soy un empirista». No obstante, entre los que han pasado por el sistema público de educación, muchos se aferran al empirismo como una especie de supuesto no examinado. Asumen que podemos realmente confiar en datos empíricos —lo que vemos, sentimos, pesamos y medimos—. Lo relegan todo al ámbito de la opinión o preferencia personal. A fin de cuentas, los conceptos morales y teológicos no se pueden embutir en un tubo de ensayo ni estudiarse en el microscopio. En consecuencia, el empirismo no considera que tales conceptos sean verdaderos, sino meros valores y preferencias individuales.

El *enfant terrible* del empirismo fue David Hume, filósofo del siglo XVIII, quien declaró que si un libro contenía algo que no fuera ciencia empírica, debía ser quemado. Escrútese todo libro en las estanterías de las bibliotecas, dijo. Si cubre temas como la metafísica o la teoría moral, entonces, «entréguese a las llamas, porque no puede contener más que sofismas e ilusión».[29]

¿Es este otro ídolo? Ciertamente. El empirismo erige un ídolo del ámbito sensorial. Todo lo que no sea susceptible de comprobación empírica no es real. Hume no es un nombre muy conocido, pero sí enormemente influyente en las élites intelectuales actuales. Hace algunos años, un sondeo realizado en universidades de renombre preguntó con qué filósofo ya fallecido se identificaban más. El claro ganador fue David Hume.[30]

Las filosofías también se esparcen fuera del aula y se difunden en la cultura popular. En un episodio de Star Trek: La nueva generación, el argumento gira en torno a si un personaje llamado Kahless es el mesías Klingon resucitado de la muerte para cumplir una profecía. El agente de seguridad de la Empresa Klingon, el teniente Worf, tiene que decidir si el mesías resucitado es real. El androide Data solicita evidencia empírica que respalde las pretensiones del mesías.

—No es una cuestión empírica —responde Worf—. Es una cuestión de fe.

—Fe —responde Data—. Entonces crees que Kahless puede tener atributos sobrenaturales. Como androide, no puedo aceptar lo que no se puede probar por medios racionales.

¿Qué presunciones se desprenden de este diálogo? Que las proclamaciones acerca de lo sobrenatural «no se pueden probar por medios racionales». Que «una cuestión de fe» no se puede defender con evidencia empírica.[31]

Por el contrario, si se pide a los cristianos evidencias empíricas de que Jesús era el Mesías, probablemente aportarían una lista de evidencias históricas de su resurrección, pruebas objetivas de los alegatos del Nuevo Testamento, evidencia de manuscritos que prueban la fiabilidad del texto bíblico, evidencia arqueológica de los eventos bíblicos, y así sucesivamente. El mensaje cristiano se basa en acontecimientos que se pueden «ver...oír...tocar» (1 Juan 1:1).

Sin embargo, los guionistas de Star Trek sintetizaron un sesgo muy extendido: que toda afirmación sobre lo sobrenatural es por definición «irracional». Encontrará el mismo prejuicio colgado en los comentarios bajo prácticamente cualquier artículo sobre el cristianismo que se exhibe en internet. No importa cuán sólida sea la evidencia, cualquier declaración que afirma que existe algo más allá de lo que se puede conocer por medio de la ciencia empírica es tildada de «irracional».

No obstante, definir lo racional únicamente con arreglo a los postulados de la propia cosmovisión es un paso en falso, porque excluye, por definición, cualquier otra reivindicación de la verdad. Ni siquiera hay que investigar la evidencia. Una seria investigación de la verdad no comienza descalificando.

En Matrix

Hasta aquí, el empirismo parece otra senda hacia el materialismo. Y a menudo es eso precisamente. Si lo real se define en términos de lo que se puede conocer con los cinco sentidos, entonces la realidad sólo incluye el mundo material. Pero si se rastrea el empirismo hasta su conclusión lógica, se ve que hace un viraje sorprendente hacia la mente. Señala una tendencia importante en el pensamiento occidental que va del materialismo al mentalismo —de la materia a la mente como realidades primeras.

Piénselo del siguiente modo: El empirismo afirma que la única fuente de conocimiento genuino son las impresiones de los sentidos —vistas y sonidos—. Pero ¿cómo sabemos que nuestras impresiones sensibles son verdaderas y precisas? Al fin y al cabo, sabemos que nuestros sentidos pueden engañarnos. Todo el mundo ha sufrido ilusiones ópticas. Póngase una cuchara en un vaso de agua y el mango parece doblarse. ¿Cómo someteremos a prueba las experiencias sensibles?

La respuesta es que, para el empirista estricto, no podemos probarlas. Es imposible salir de mi propia cabeza para comparar mis imágenes internas con el mundo exterior para ver si se corresponden.[32] ¿Cómo entonces podré estar seguro de que mis sentidos me dicen la verdad?

Los propios filósofos empiristas pronto reconocieron el problema. En el siglo XIX, John Stuart Mill concluyó que en realidad no sabemos nada del mundo exterior. Si examinamos una mesa, podemos afirmar que es marrón, sentimos que es suave, golpeamos su superficie y percibimos que es sólida, etcétera. Pero todas esas experiencias son sensaciones —parches de color y tonos de sonidos en la cabeza—. Según el empirismo, la mente construye el concepto de mesa a partir de un racimo de sensaciones. Pero no podemos salir de la mente para descubrir qué sea en sí mismo el mundo exterior. Mill observó que el mundo material no es nada más que «posibilidades permanentes de sensacines».[33]

Pero en este caso, ¿cómo sabremos si el mundo exterior existe siquiera? El más radical de los empiristas admite que, dadas sus premisas, no podemos conocer. No hay manera de descartar la posibilidad de que seamos personajes de Matrix, conectados a una supercomputadora que crea la ilusión de un mundo físico.[34] Los haces de percepciones sensoriales que interpretamos como objetos físicos podrían no ser más que meros… haces de percepciones sensoriales.

El empirismo acaba alegando que la única cosa que los seres humanos son capaces de conocer es una sucesión de sensaciones —como un rollo de película que discurre en la cabeza.

Como dice Morfeo en Matrix: «¿Cómo definir lo que es real? Si uno se refiere a lo que se puede sentir, oler, saborear y ver, entonces lo "real" no son más que señales eléctricas interpretadas por el cerebro».

Parece que Hume aceptó esta extraña conclusión. Cuando escribió: «Persigamos nuestra imaginación hasta los cielos, o hasta las regiones más lejanas del universo; nunca avanzaremos un paso más allá de nosotros mismos». Vivimos «en el universo de la imaginación».[35]

La misma conclusión radical fue compartida por el físico Ernst Mach (de quien procede el término «Mach 1» para la velocidad del sonido). «El mundo sólo consiste de sensaciones», escribió. Rechazó como meras «ficciones útiles» las entidades físicas básicas, no observables, como los átomos y los elementos.[36]

En definitiva, si se comienza exclusivamente con impresiones sensoriales, se acaba con impresiones sensoriables. El mero uso de la experiencia sensorial no sirve en absoluto para construir un puente que una las imágenes mentales internas con el mundo exterior. Uno queda atrapado en la cárcel de la mente. Este es el resultado lógico que se obtiene si se considera divina la sensación, como único punto de partida y norma de conocimiento.

Sensacional Bacon, sospechoso Descartes

Históricamente, el principal adversario del empirismo ha sido el racionalismo. Pero también él acabó atrapado en la mente. El racionalismo reclama que la única fuente y norma de conocimiento son las ideas mentales conocidas por la razón. Pero es imposible salir de la razón para contrastar si esas ideas son correctas. Como el empirismo, carece de puente para salvar la distancia entre las ideas internas y el mundo externo.[37]

¿Cómo puede ser que tanto pensamiento occidental acabara atrapado en la mente? Para analizarlo debemos retroceder imaginativamente en la historia y recrear el intenso caos intelectual a fines de la Edad Media. La ruptura de la iglesia medieval después de la Reforma desató un siglo de guerras de religión. Miles de refugiados religiosos huyeron de sus casas cuando los cristianos derramaron literalmente sangre ajena por desacuerdos en torno a la interpretación de la doctrina bíblica. Más o menos por el mismo tiempo sobrevino el Renacimiento, impulsado por el redescubrimiento de los textos clásicos —Platón, Aristóteles, Demócrito, Epicuro—. Y todos ellos discreparon entre sí.

Este choque de ideas originó lo que los historiadores denominan una «crisis de escepticismo».[38] La cuestión urgente de la época fue: ¿cómo se puede estar seguro de cuál de estas reivindicaciones opuestas es realmente verdadera? Los filósofos empezaron a buscar una fuente más profunda de la verdad —no en las autoridades teológicas que se denunciaban unas a otras, ni en los libros sagrados, o tradiciones antiguas, que competían por ser aceptados, ni ciertamente en ninguna de las instituciones cívicas involucradas en conflictos armados.

A decir verdad, ni en ninguna fuente externa. Esperaban encontrar un método localizado exclusivamente en el individuo, arraigado en los datos inmediatos de la conciencia. Deseaban volver a empezar desde cero y reconstruir todo el edificio del conocimiento sobre cimientos seguros en la mente del individuo.[39]

Esta esperanza fue la motivación que impulsó tanto al empirismo como al racionalismo. El fundador del empirismo fue Francis Bacon. Él esbozó un programa destinado a purgar la mente de todas las nociones populares recibidas a través de la educación y el ambiente, y «comenzar de nuevo partiendo desde los cimientos».[40] ¿Cuáles eran esos cimientos? En su opinión, la forma más simple y más directa de conocimiento eran las percepciones sensoriales —vista y oído—. Bacon propuso reconstruir el conocimiento sobre la base de las sensaciones.

El fundador del racionalismo fue René Descartes. Él sugirió un sistema para purgar la mente de toda idea borrosa o superficial, de todo aquello de lo que es posible dudar, hasta alcanzar un fundamento que no se puede poner en duda. ¿Qué era ese fundamento? La única cosa de la que Descartes no podía dudar era su propio proceso mental de duda. Aunque todas mis ideas sean ilusiones, arguyó, aún hay un yo que las experimenta. Este es el sentido de su famosa frase: «Pienso, luego existo» (*Cogito, ergo sum*). Él esperaba que las ideas claras y distintas en la mente constituyeran el fundamento sobre el que reconstruir el conocimiento.

Tanto Bacon como Descartes manifestaron cierto nivel de convicción cristiana.[41] Sin embargo, las filosofías que propugnaron no consideraron que Dios era la fuente última de la verdad, sino que sustituyeron a Dios por la conciencia individual. Como dice cierto filósofo: «Trocaron la perspectiva personal» en única senda hacia la certidumbre; entronizaron el «yo como locus (centro de control) y árbitro del conocimiento».[42]

Este es el corazón del proyecto modernista: la idea de que si nos despojamos de suficientes escombros culturales —tradiciones heredadas, filosofías especulativas, proclamaciones religiosas— en suma, de todo en lo que los seres humanos se pueden equivocar, finalmente alcanzaremos algo en lo que no nos podemos confundir. ¿Por qué no? Porque no se conoce por inferencia o razonamiento, sino por introspección, en los datos inmediatos de la conciencia. Así, será inmune a todo criticismo o desafío externo. Como los cimientos de una casa, proporcionará una base sólida e infalible para construir el edificio del conocimiento.

¿Señales o callejones sin salida?

En una manera clara, los pensadores de la Ilustración buscaban un sustituto de Dios. Como afirma Romanos 1, se agarraron a algo de la creación que les sirviera en lugar de Dios como fuente segura y cierta de la verdad, explicación definitiva o fundamento firme del conocimiento.

Por eso el filósofo Karl Popper habla del «carácter religioso» de las epistemologías de la Ilustración. La autoridad de la revelación divina fue simplemente reemplazada por otra forma de autoridad, escribe. El empirismo baconiano apeló a «la autoridad de los sentidos», mientras que el racionalismo cartesiano apeló a «la autoridad del intelecto».[43] Pero ambas esperaban encontrar un método que brindara una verdad tan cierta y universal como la revelación divina. Ambas esperaban encontrar un método por el cual el individuo pudiera trascender su limitado nicho en el espacio y en el tiempo para llegar a un conocimiento absoluto, divino —lo que los filósofos llaman una visión global de la realidad—. Como dice el filósofo John Herman Randall: «Intentaban llegar a un entendimiento completo y perfecto del universo que sólo Dios puede tener».[44]

Al final, irónicamente, tal búsqueda de conocimiento divino quedó restringida al diminuto universo del yo.

Muchas filosofías nacen cuando alguien tropieza en uno de los hechos innegables de la experiencia humana y luego pretende haber descubierto la base definitiva, infalible, de todo conocimiento. Bacon reconoció que, en la práctica, nadie puede negar el testimonio de los sentidos. No podemos funcionar en el mundo a menos que confiemos en la fiabilidad básica de lo que vemos y oímos. La totalidad de la empresa científica se basa en la asunción de que nuestras sensaciones nos ofrecen una imagen fiable de la realidad. Pero el empirismo toma este hecho de la experiencia y lo absolutiza. Intenta forzarlo a acarrear un peso filosófico que no puede transportar. De este modo se mete en un callejón sin salida. Si se comienza únicamente con datos sensoriales, se acaba también con datos sensoriales —nada más que un rollo de película que gira en la mente.

Descartes tropezó en otra experiencia innegable —el sentido del yo o existencia personal—. Aunque nos veamos inducidos a dudar de todo lo conocido, sigue habiendo un yo que duda. El racionalismo toma este dato de la experiencia y lo absolutiza, procura construir una filosofía completa sobre él. Pero si se empieza con ideas en la mente, ahí se acabará. Uno quedará atrapado en la cárcel de su propia mente.

Toda filosofía no bíblica se aferra a algo creado —algo conocido por revelación general— e intenta edificar un sistema verdadero sobre ese fundamento. Pero el fracaso es inevitable, resulta demasiado limitado para sostener tal edificio. Las experiencias del mundo creado no son más que datos que necesitan ser explicados. Postes que señalan a un Creador trascendente. Leeremos mal las señales si las interpretamos como fuente de verdad suprema en sí mismas. Acaban, invariablemente, siendo callejones sin salida.

La cárcel mental de Kant: El ídolo de la mente

Si tanto el empirismo como el racionalismo nos atrapan en la mente, el siguiente paso fue alegar que no existe el mundo exterior —que es la mente lo que crea el mundo—. Ese paso lo dio Emmanuel Kant. Su innovación consistió en sugerir que la mente no sólo refleja la estructura del mundo, sino que impone activamente orden y estructura sobre el mismo. Para Kant, la realidad tal como la conocemos es mayormente una construcción de la mente humana.

A fin de cuentas, ¿de dónde obtenemos el conocimiento del mundo material? Según Kant, la materia prima del conocimiento son las impresiones sensibles que fluyen a la mente a través de los ojos y los oídos en confusa mezcolanza. Y ¿cómo se organizan tales percepciones en un todo coherente e inteligible? Por la actuación creativa de la mente humana. Kant propuso que la mente proporciona los principios ordenadores necesarios, tal como antes y después, causa y efecto, espacio y tiempo, y así sucesivamente. El mundo parece ser válido y ordenado sólo porque la mente humana crea ese orden, como cuando se aprieta la arcilla en un molde. En palabras de Kant: «La mente legisla la naturaleza».[45] La mente humana asumió la función divina de legislar la creación.

Esta idea era revolucionaria, y Kant lo sabía. La denominó su propia revolución copernicana. En los albores de la ciencia moderna, Copérnico trasladó el sol al centro del sistema planetario. Ahora Kant traslada la conciencia humana al centro de la realidad. Dice que la realidad primera no es la materia sino la mente; que el mundo de los objetos recibe en gran medida su forma y su carácter por la conciencia humana. Como explica el filósofo Alvin Plantinga: «La idea esencial de la revolución copernicana de Kant es que las cosas del mundo deben su estructura fundamental, y quizás su misma existencia, a la actividad noética (conocimiento subjetivo) de la mente».[46]

Y si la mente impone incluso las categorías de espacio y tiempo, entonces debe estar ella misma fuera del tiempo. A esta mente intemporal, inmutable, Kant la designó yo trascendental. No era el yo vivido, común —el sentido de identidad personal— sino una especie de yo superior, una mente universal.

Esta concepción recibió la etiqueta filosófica de idealismo. El término no se usa en el sentido corriente de tener grandes ideales. Significa más bien que la realidad última es el ámbito de las ideas —el ámbito mental—. En vez de deificar la materia, el idealismo deifica la mente. En vez de hacer de la materia la base de la conciencia, reivindica que la conciencia estructura la materia tal como la conocemos. Otorga a la conciencia la explicación definitiva.

Kant proclamó que su sistema «descansa sobre un fundamento bien seguro, establecido para siempre».[47] Cuando se oyen expresiones como fundamento seguro y establecido para siempre, el detector de ídolos debería empezar a pitar. Cualquier cosa de la creación que se propugne como fundamento eterno e inmutable de la realidad es un ídolo. Como Bacon y Descartes, Kant fue teísta. Pero lo que realmente desempeñó el papel de lo divino en su sistema no fue Dios sino la mente humana. Se concedió a la mente poder creativo divino.

Los libros de texto suelen afirmar que la filosofía de Kant combina el empirismo y el racionalismo, por lo que no es extraño que comparta el mismo defecto grave que aqueja a ambos. Según sus premisas, no hay manera de salir de la mente humana y de comprobar si las ideas se corresponden con la realidad externa. La consecuencia lógica es el solipsismo, doctrina según la cual lo único que se puede saber a ciencia cierta es la existencia de la propia mente. «Común al empirismo y al idealismo es la doctrina de que la mente no tiene conocimiento directo de nada salvo su propio contenido», dice el filósofo Anthony Kenny. «La historia de las dos escuelas muestra que ambas conducen en la dirección del solipsismo».[48] Nos dejan atrapados en la mente.

El artista como Dios: El ídolo de la imaginación

A pesar de los defectos del idealismo, fue abrazado entusiásticamente por el movimiento romántico. Muchos pensadores románticos fueron artistas atraídos por el idealismo porque deificaba la mente o la imaginación creativa. Si la mente es el poder que impone orden en el mundo —que crea orden en el caos—, entonces el artista no es sólo artesano, sino también creador.

Así pues, para los románticos, el fundamento último de la verdad no son los sentidos (empirismo) ni la razón (racionalismo), sino la imaginación creativa. Ellos concibieron la imaginación como un poder autónomo «inmune a toda fuerza exterior», explica Alan Jacobs, de la Universidad de Baylor; «genera su especie de verdad característica que otras clases de verdad no pueden cuestionar». Palabras como autónoma, inmune e incuestionable deberían hacer saltar su detector de ídolos. Los románticos proclamaban que la imaginación es la verdad suprema. «Ejecuta una serie de funciones antes reservadas para Dios», dice Jacobs[49]. Es un sustituto de Dios.

Los poetas empezaron a decir que el arte reactualiza la obra misma de Dios al crear un mundo de la nada. Samuel Coleridge definió la creación artística como «una repetición en la mente finita del acto de creación eterno en el infinito YO SOY». Johann Gottfried Herder escribió: «El artista se ha convertido en un Dios creador».

Así nació la noción hoy bien extendida del artista como profeta o visionario. William Wordsworth sintió que su espíritu había sido «revestido de una túnica sacerdotal» y apartado para llevar a cabo «servicios santos». William Butler Yeats dijo que el arte había llegado a ser para él «una nueva religión, casi una iglesia infalible de tradición poética». Hay un libro titulado *The Imagination as a Mean of Grace* que refleja la función religiosa asignada a la imaginación creativa.[50]

Se suele decir que los dos movimientos que pusieron en marcha la edad moderna fueron la Ilustración y el Romanticismo —y ambos se erigieron sobre ídolos.

Cura para filósofos ciegos

El drama cósmico revelado en Romanos 1 nos ofrece potentes principios aplicables a las religiones, así como a las filosofías, tanto antiguas como modernas. El Principio #1 nos advierte que la manera de llegar al fondo de cualquier alternativa al cristianismo es identificar su ídolo. Cada una de ellas excava algún aspecto de la creación y lo eleva a absoluto falso —un único principio definitorio—. Esta tendencia a absolutizar una parte de la creación es «la fuente de todos los ismos», escribe el filósofo cristiano Herman Dooyeweerd.[51] Una parte del orden creado es considerada como la totalidad. Una pieza del rompecabezas es proclamada la imagen completa. Un color del espectro es declarado todo el arcoíris.

Las cosmovisiones se asemejan mucho a los personajes del famoso poema «Los ciegos y el elefante». El ciego que tocó la trompa ondulante insistió en que el elefante era como una serpiente. El invidente que palpó el colmillo razonó que el animal era como una lanza. El hombre que tocó la cola insistió en que la bestia era como una maroma (cuerda gruesa de esparto), etcétera. Las cosmovisiones basadas en ídolos son muy semejantes. Cada una de ellas echa mano a una parte de la realidad y declara que es el todo. Esa parte es considerada como conjunto de categorías conceptuales que explica la totalidad de la experiencia humana, la llave que desbloquea el universo. Todo lo que no explique será negado, redefinido o descartado como irreal.

Por el contrario, el cristianismo no comienza con algo de la creación. Comienza con el Creador trascendente. Por lo tanto, no abraza un ámbito limitado. No tiene que reducir toda la realidad a un único conjunto de categorías. No ve sólo la trompa o el colmillo o la cola. Es un punto de vista trascendente que contempla el elefante entero —la perspectiva global que los filósofos y los místicos siempre han buscado—. Aunque usted y yo estamos limitados a perspectivas individuales restringidas, tenemos acceso a la perspectiva de la eternidad.

El gozo del pensamiento crítico

Las filosofías que usted está ojeando en este libro constituyen la espina dorsal de todo el pensamiento occidental, las ideas que informan cada campo de conocimiento, cada disciplina académica, cada profesión. Nuestro hijo se matriculó en un curso universitario de historia de la psicología, pero cuando examiné el libro de texto podría haber asegurado que se trataba de un curso de filosofía. Comenzaba con los presocráticos, seguía con Platón y Aristóteles, cubría el empirismo, el racionalismo y Kant, y después continuaba hasta los movimientos filosóficos más recientes. El texto observaba que toda teoría psicológica proviene de la aplicación de una filosofía.[52]

Otros campos de conocimiento beben del mismo pozo. Una vez que se dominan los cinco principios de Romanos 1, se estará equipado para pensar crítica y creativamente sobre cualquier teoría en cualquier campo de estudio o de trabajo. Como dijo uno de mis alumnos, usar este método «es como la diferencia que hay entre conducir por Buenos Aires o la ciudad de México con un conjunto de señales (gire a la izquierda, gire a la derecha) y llevar un mapa de toda la ciudad. El mapa ofrece una perspectiva general». Los cinco principios proporcionan un mapa para navegar por cualquier sistema de ideas.

Los estudiantes a veces me confían que el principal mensaje que obtienen de la lectura de libros de apologética es que «todos los demás están equivocados». El planteamiento de Romanos 1 ofrece una nueva alternativa. Puesto que un dios falso es algo dentro de la creación, conduce a la gente a centrarse en ese aspecto de la misma —lo que significa que es probable que descubran algunas verdades auténticas. Considere los ídolos que hemos identificado:

> El **materialismo** tiene parte de razón porque Dios creó un universo material. E incluso declaró que era «muy bueno» (Ge. 1:31). De modo que no nos debe sorprender que los científicos que abrazan el materialismo puedan aportar mucha información acerca del universo físico.
>
> El **racionalismo** tiene parte de razón porque Dios creó el mundo con una estructura racional cognoscible. También creó la mente humana con una estructura correspondiente.

Un buen razonamiento conduce a Dios. En *Cartas del diablo a su sobrino*, de C. S. Lewis, el diablo experimentado advierte al diablo joven que evite las polémicas: «El hecho mismo de polemizar despierta la razón del paciente: y una vez que está despierta, ¿quién puede prever las consecuencias?».[53]

El **empirismo** tiene parte de razón porque Dios creó el mundo con una dimensión sensorial y dotó a los seres humanos con cinco sentidos para que funcionasen en él. Jesús mismo confirmó la necesidad de evidencia empírica. Si no creen mis palabras, dijo a sus discípulos, entonces, «créanme por las obras mismas» (Juan 14:11, NVI[54]). Cuando los fariseos cuestionaron su autoridad para perdonar los pecados de un paralítico, Jesús respondió: «Pues para que sepáis que el Hijo del Hombre tiene potestad en la tierra para perdonar pecados. . .». Dejó la frase en suspenso, se dirigió al paralítico y lo sanó (Mr. 2:9-11). Jesús confirmó su identidad aportando evidencia empírica que puso a disposición de toda persona que buscara.

Cuando los apóstoles proclamaron el evangelio, trataron su mensaje como verdad pública basada en el testimonio de testigos, abierto a inspección y análisis: «Lo que hemos oído, lo que hemos visto con nuestros ojos, lo que hemos contemplado, y palparon nuestras manos» (1 Juan 1:1). No predicaron «fábulas artificiosas», sino que fueron «testigos» de acontecimientos sucedidos en el espacio y en el tiempo (2 P. 1:16). Dieron testimonio de «muchas pruebas convincentes de que estaba vivo» (Hechos 1:3, NVI). Es más, Pablo recordó a los gobernantes romanos: «no se ha hecho esto en algún rincón» (He. 26:26). Fueron acontecimientos públicos atestiguados por mucha gente que aún vivía en aquel tiempo —y que podrían haber teóricamente refutado la proclamación de los apóstoles, si hubieran tenido alguna evidencia contraria que presentar.[55]

> El **romanticismo** tenía razón al oponerse a las ideas de la Ilustración que reducían los seres humanos a mecanismos complejos. Tenía razón en afirmar la libertad humana y la creatividad. Debido a que hemos sido creados a imagen de un Creador, los cristianos deben estar más comprometidos que nadie en apoyar las artes creativas. La imaginación debería volar muy alto.

La cosmovisión bíblica permite a los cristianos abordar todas las perspectivas con una actitud libre y respetuosa, sabiendo que prácticamente todas ellas ofrecen algo valioso. Podemos espigar todo lo bueno dondequiera que lo encontremos. Podemos disfrutar de las mejores obras de todas las culturas; deleitarnos con el talento y la belleza que encierran las obras clásicas del arte y la literatura; aprender de las intuiciones que descubren la ciencia y la filosofía. Deberíamos impedir que las cosmovisiones seculares se apropien de buenas palabras como empírico y racional. Más bien deberíamos henchir estos términos con un contenido bíblico equilibrado.

Al mismo tiempo, deberíamos abogar para que todo lo genuinamente bueno y verdadero tenga espacio en el cristianismo. Todo ismo aísla una hebra del rico tejido de la verdad. Solo el cristianismo proporciona lo que los sabios y grandes filósofos han venido siempre buscando: un marco coherente y trascendente que abarque todo el conocimiento humano.

Lo bueno, lo verdadero y lo pagano

En todo tiempo, los cristianos han afrontado la tarea de identificar lo bueno y verdadero en la cultura circundante. La iglesia cristiana nació en un clima intelectual conformado por la filosofía griega. El reto de los padres de la iglesia fue diseñar una estrategia para responder a una cultura sumamente instruida pero pagana. Entresacaron muchas ideas prevalecientes y rechazaron muchas contrarias a la Biblia. Pero también hallaron mucho que era bueno y recto que podían asimilar en una cosmovisión bíblica. Acuñaron una frase que sigue siendo válida en la actualidad: «Toda verdad es divina, dondequiera que se halle».

Los padres de la iglesia también transmitieron una frase prestada del Antiguo Testamento. En el éxodo de los israelitas de Egipto, Dios les exhortó a «expoliar a los egipcios» (Éx. 12:36). Metafóricamente, la frase pasó a significar apropiarse de lo mejor de la sociedad pagana, incluidos su arte y su erudición.[56]

Pablo mismo da un ejemplo asombroso citando la literatura de su tiempo cuando se dirige a los líderes de la cultura griega en la Colina de Marte, en Hechos 17. El texto dice que Pablo «razonó» con los filósofos de Atenas y usa la palabra griega dialegomai, raíz de la palabra diálogo. Es decir, la disertación de Pablo no fue una exposición unidireccional. Comienza reconociendo que sus interlocutores paganos tenían algún discernimiento de la verdad, aunque su palpar de lo divino fuera incierto: «Hallé también un altar en el cual estaba esta inscripción: al dios no conocido. Al que vosotros adoráis, pues, sin conocerle, es a quien yo os anuncio» (He. 17:23).

Pablo cita luego poesía pagana: «En él vivimos, y nos movemos, y somos; como algunos de vuestros propios poetas también han dicho: Porque linaje suyo somos» (He. 17:28). Estas palabras guardan estrecho paralelismo con fuentes literarias antiguas, lo que significa que Pablo se refería a supuestos ampliamente extendidos por aquel tiempo. Estaba dispuesto a recurrir a las intuiciones y perspectivas válidas de sus oyentes griegos, aunque corrigiera y transformara tales perspectivas incorporándolas al universo del sentido bíblico. Pablo esgrimió la increíble afirmación de que el cristianismo proporciona la interpretación contextual para que los griegos entendieran su propia cultura.

La cosmovisión bíblica es tan rica y multidimensional que los cristianos pueden aprender y beneficiarse de lo verdadero que hay en todas las filosofías de la vida, y al mismo tiempo, criticar sus defectos y trascender sus limitaciones.

Pero antes tenemos que ayudar a la gente a reconocer esas limitaciones. En el Principio #2, mostraremos cuán estrechas y deshumanizadoras son las cosmovisiones basadas en ídolos.

PRINCIPIO #2

CÓMO VENCE NIETZSCHE

«¿Por qué permite Dios que la gente pase por "años estúpidos"?».

John Erickson me contó, en tono auto-burlón, la historia de lo que él llama sus «años estúpidos» —el tiempo que pasó dando la espalda a la iglesia y buscando un credo más sofisticado por el que vivir—. Es una trayectoria común que siguen muchos jóvenes.[1]

«Me crie en un hogar devoto, bautista del sur, del oeste de Texas, que asistía a la iglesia y leía la Biblia versión King James», me dijo John. «Pero en mi último año de colegio, empecé a leer a Darwin y Freud. Me sumergí en los poetas franceses: Rimbaud y los Decadentes».

«Cuando preguntaba en torno a estas ideas seculares se me solía responder que los buenos bautistas no hacen tales preguntas. Pero eso no me satisfacía».

Cuando llegó a la mayoría de edad, durante la contracultura de los años sesenta, John se sintió atraído por su idealismo efervescente. Se sentía moralmente indignado por los más de cincuenta mil caídos en la guerra de Vietnam, mientras, en su opinión, la iglesia se envolvía en la bandera. Como sureño, a John también le repugnaba el papel histórico que había desempeñado la iglesia en medio de la esclavitud y la opresión racial. Viró a la izquierda en política y teología, se dejó el pelo largo y se sumó a marchas de protesta contra el racismo y la guerra de Vietnam.

Después de la universidad, John recibió una beca Rockefeller para asistir a la Escuela de Teología de Harvard. Allí estudió bajo las principales luminarias liberales de su tiempo, como H. Richard Niebuhr y Harvey Cox. Por ese tiempo también enseñaba en Harvard Joseph Fletcher, autor de *Ética situacional,* un libro que apartaba a los estudiantes de la idea de la existencia de principios inquebrantables del bien y del mal. A los estudiantes que eran como John les pareció que Fletcher había conseguido una hazaña intelectual: Había logrado dar «brillo académico a lo que, por siglos, se había considerado mera fantasía adolescente —que somos libres para elaborar normas a medida que avanzamos y después etiquetarlas de cristianas».

Cuando John estaba a punto de graduarse halló finalmente un desafío a su liberalismo teológico —no leyendo la Biblia, sino a Nietzsche.

«Ateo vociferante»

El viraje tuvo lugar cuando John escribió un trabajo sobre Nietzsche en una de sus asignaturas. «Yo sabía que Nietzsche era un ateo vociferante y enemigo de la fe cristiana, pero prefería disfrutar viéndole lanzar ganchos al rostro de un flácido cristianismo burgués. Estimé que sería divertido pelear algunos asaltos con él en mi trabajo trimestral».

Pero el combate acabó en derrota. Para sorpresa de John, descubrió que estaba de acuerdo con buena parte de la acerba crítica de Nietzsche al cristianismo cultural blando, tan común en Occidente. Nietzsche denunció que la religión había degenerado en respetabilidad borreguil burguesa.

«Presenté mi ensayo y concerté una cita con el profesor para comentarlo», me dijo John. «Ni siquiera pude mirarle a los ojos. Le dije cabizbajo: "Nietzsche venció. No pude contrarrestar sus argumentos"».

Cabría esperar que un profesor de una destacada facultad de teología desafiara enérgicamente a uno de los ateos más notorios de la historia. Pero ante el estupor de John, el profesor no tenía nada que ofrecer. Excepto una calificación sobresaliente a su ensayo.

Años más tarde, John lamentó los años que había derrochado cautivado por el ateísmo y nihilismo de Nietzsche. Como estudiante universitario rebelde, vio que era demasiado fácil flagelar a la iglesia organizada por sus defectos, mientras ignoraba la contribución positiva del cristianismo. Descubrió finalmente que muchas de las libertades y derechos humanos que se disfrutan en Occidente son fruto de la herencia cristiana; que la ciencia moderna es en su mayor parte producto del concepto, bíblicamente inspirado, de las leyes de la naturaleza; que la doctrina de la guerra justa desarrollada por los teólogos medievales hizo mucho para poner fin a terribles masacres, violaciones, saqueos y esclavitud; que una legión de ideales morales, desde la lucha contra la esclavitud hasta los derechos de la mujer, tienen sus raíces en el cristianismo.

«Como estudiantes, tomábamos todas estas cosas por sentado, como el oxígeno en una sala de conferencias, y amontonábamos duros juicios contra el Occidente cristiano», recuerda John. «Pero rara vez nos preguntábamos "en comparación con qué". El "qué" era siempre una forma de ideal utópico. Pero a los ideales utópicos no les ha ido tan bien. En el siglo XX los idealistas de utopías seculares urdieron el exterminio de cien millones de personas, asesinadas en nombre de "un bien superior" por los discípulos de Darwin, Marx y Nietzsche. La historia nunca ha producido un conjunto de carniceros tan eficiente».

John deseó que sus profesores de Harvard hubieran sido mucho más severos con el nihilismo de moda, pasajero, de sus alumnos. «Mi profesor no debería haber dejado que me saliera con la mía tan fácilmente. No debería haber permitido que saliera de su oficina pensando que Nietzsche había eliminado diecinueve siglos de logros morales e intelectuales del cristianismo. Debería haber dicho algo así como: "Nietzsche fue un genio atormentado, excepcional, que nos entregó un prototipo de desintegración espiritual para implantar el infierno en la tierra. Le venció porque usted es débil, rebelde e ignorante. Peor aún, se siente orgulloso de ello. Llévese su ensayo y vuelva a escribirlo"».

Al final, John acabó bastante decepcionado, recogió su equipaje y abandonó Harvard, se trasladó al oeste de Texas y reconectó con su familia y sus raíces. Pasaron los años, se replanteó su teología y se convirtió en un cristiano comprometido. Actualmente es un escritor exitoso de literatura para niños, autor de la muy apreciada serie Hank, el perro vaquero.

Hágalo a su manera

¿Por qué permite Dios que la gente pase por lo que John Erickson llama «años estúpidos»? Para responder a esta pregunta tenemos que volver a oír el mensaje de Romanos 1. El texto repite una expresión conmovedora que dice mucho: «Dios los entregó... los entregó... los entregó» (Ro. 1:24, 26, 28). La expresión no significa que Dios abandone a la gente. Justo al contrario. Significa que Él intenta acercarse a ella permitiendo que se materialicen las consecuencias negativas de sus decisiones idólatras.

Esta estrategia divina es manifiesta a través de la Biblia. Cuando el antiguo Israel se volvía a los ídolos, Dios le decía: «Así que dejé que siguiera sus tercos deseos, y que viviera según sus propias ideas» (Sal. 81:12, NTV). Análogamente, en el Cántico de Moisés, Dios les dijo: «Esconderé de ellos mi rostro, veré cuál será su fin» (Dt. 32:20). En la Septuaginta (versión griega del Antiguo Testamento), la palabra ver significa mostrar, señalar, exhibir, enseñar, demostrar, dar a conocer. Obviamente, la intención de Dios es alcanzar y comunicar. Básicamente, Dios dice: Bien, escojan su camino y comprueben por ustedes mismos cuán destructivo es.

Esta estrategia tiene claras similitudes en la vida cotidiana. Los padres tienen a veces que permitir a sus hijos tomar malas decisiones y sufrir las consecuencias. Los maestros pueden dejar que sus alumnos suspendan por causa de sus malos hábitos de estudio. Los consejeros saben que los adictos tienen que tocar fondo antes de estar dispuestos a cambiar. Del mismo modo, Dios entrega a las personas para que comprueben las consecuencias nocivas de sus ídolos. Del versículo 26 al final del capítulo, Romanos 1 ilustra esas consecuencias ofreciendo una larga lista de comportamientos devastadores y autodestructivos. Dios utiliza las experiencias negativas para empujar a la gente hacia el punto de decisión: ¿Seguirán adorando a un dios falso que les está destruyendo o se arrepentirán y se convertirán al Dios verdadero?

Principio #2
Identificación del reduccionismo de los ídolos

¿Por qué conducen inevitablemente los ídolos a una conducta destructiva? ¿Qué relación hay entre lo uno y lo otro? El nexo de unión es que los ídolos siempre conducen a una visión inferior de la vida humana. En Romanos 1, el vínculo existente queda plasmado en la palabra cambiaron: «cambiaron la gloria del Dios incorruptible en semejanza de imagen de hombre corruptible, de aves, de cuadrúpedos y de reptiles» (Ro. 1:23). Cuando una cosmovisión cambia al Creador por algo en la creación, cambiará también una visión superior de los seres humanos creados a imagen de Dios por una concepción inferior de los mismos a imagen de algo en la creación.

Los seres humanos no son auto-existentes ni autosuficientes, no autodefinen su propia identidad. No se crearon a sí mismos. Son seres finitos, dependientes, contingentes. Por lo tanto, siempre buscarán fuera de ellos mismos su identidad y su sentido último. Definirán la naturaleza humana por su relación con lo divino —independientemente de cómo definan lo divino—. Los que no reciben su identidad de un Creador trascendente la obtendrán de alguna cosa en la creación.

Podríamos afirmar que toda idea de humanidad es creada a imagen de algún dios. Y como esa divinidad será siempre inferior al Dios bíblico, su concepción de la humanidad será también inferior. Los que deshonran a Dios deshonrarán a los que han sido creados a imagen de Dios. Los que erigen ídolos acaban «siendo como ellos» (Sal. 115:8).

En términos filosóficos, esto recibe el nombre de reduccionismo —el proceso de reducir algo de un nivel superior, más complejo de realidad, a un nivel inferior, más sencillo, menos complejo—. Cuando un ídolo absolutiza una parte de la creación, todo lo demás debe ser explicado en términos de esa parte limitada, entonces todo se rebaja a ese nivel, se mide con el mismo patrón, se reduce a ese común denominador.

El Principio #1 nos ofreció el primer paso para abordar toda cosmovisión no bíblica: Identificar su ídolo. Ahora avanzamos al

Principio #2: Identificar su reduccionismo. Cuando Dios entrega a la gente a sus ídolos, el resultado es siempre una concepción reduccionista de la humanidad —que finalmente provoca conductas perniciosas y destructivas—. Si se reduce la persona a un nivel inferior a la plena humanidad, se la tratará de una manera inferior a la plenamente humana.

Si definimos a Dios como algo, no como Alguien, tenderemos asimismo a tratar a los seres humanos como cosas.

Deshumanice a su vecino

Puede ser más fácil reconocer el reduccionismo comenzando a nivel personal. Considere los ídolos para los que muchos de nosotros vivimos. ¿Vive usted para obtener éxito económico? ¿Es esa la meta más importante de su vida? Si es así, evaluará todas las actividades con arreglo a su beneficio económico. Medirá a las personas preguntándose si le resultan útiles para promover sus intereses económicos. Su óptica vital será unidimensional y utilitaria.

¿O es lo más importante de su vida sus relaciones? ¿Su apariencia física? ¿Su realización profesional? No importa cuál sea su ídolo, se sentirá impulsado a medir cada aspecto de la vida según ese criterio. Un ídolo siempre conduce a una actitud reduccionista que deshumaniza a otros y justifica su uso en favor de la propia agenda.

El reduccionismo se suele manifestar por la expresión «nada más que». Piense en algunos ejemplos de conversaciones cotidianas. ¿No hemos oído decir a la gente que la religión no es nada más que una expresión de necesidad psicológica? ¿La proyección de una figura paternal en el cielo? ¿Un mito inventado por los primitivos para mitigar el temor a las fuerzas naturales? En un curso típico universitario, o programa televisivo sobre ciencia, se adoptan fácilmente, sin discusión, teorías reduccionistas de la religión.

¿Acaso no hemos oído que el amor no es nada más que un producto de reacciones químicas? Las actuales teorías en neurociencia dan la impresión de que el amor se puede reducir a neurotransmisores y circuitos en el cerebro. Un artículo del Wall Street Journal sugiere que las tarjetas de San Valentín no deberían exhibir corazones sino imágenes de una mancha gris flexible —el cerebro—. «Y en vez de decir "te amo", el amante avezado debería exclamar: "Cariño, siento que fluye dopamina por mi núcleo caudado" cada vez que te miro».[2]

¿No hemos conocido cínicos que insisten en que la moral no es más que mero interés propio enmascarado? En la antigua Grecia, los sofistas argumentaban que la gente hace lo que redunda en su propio provecho, y después se inventa un código moral para justificar su conducta. Hoy día una versión de sofisma actualizado está asaltando las aulas universitarias, una teoría denominada psicología evolutiva. Proclama que la conducta altruista ha sido programada en los genes por selección natural debido a su valor de supervivencia. Somos amables con otros para que ellos sean a su vez amables con nosotros (altruismo recíproco). O somos amables con los que comparten nuestro patrimonio genético porque tenemos un interés biológico adquirido que nos anima a transmitir nuestros genes a la próxima generación (altruismo de parentesco). La psicología evolutiva reduce la conducta humana al interés propio disimulado.

En la práctica, la gente suele buscar maneras de evitar las implicaciones reduccionistas de su propia cosmovisión. Debido a que los seres humanos han sido creados a imagen de Dios, muchas veces tratan a los demás con dignidad y respeto; se involucran en proyectos humanitarios y abogan por los derechos humanos. El problema es que las cosmovisiones no bíblicas no proporcionan base lógica que justifique tal conducta altruista. Por ejemplo, el finado Richard Rorty fue venerado como filósofo de la democracia, y sin embargo escribió: «No sé cómo "justificar" o defender la democracia social... en una manera filosófica amplia».[3] Reconocía que no contaba con una base para sostener sus ideales más elevados.

Al evangelizar, puede resultar efectivo aclarar a las personas lo que implica su cosmovisión para mostrarles que no ofrece una base adecuada para sostener sus ideales morales y humanitarios más elevados.

La ciencia del engaño

El reduccionismo es la clave para explicar por qué los ídolos conducen a una conducta inmoral —por qué Romanos 1 acaba con una lista de comportamientos devastadores y autodestructivos—. Cuando se deshumaniza a la gente en el pensamiento, eventualmente se la maltratará, oprimirá, abusará y explotará de hecho.

La relación entre el pensamiento y la conducta ha sido incluso investigada científicamente. Un artículo publicado en *Scientific American* describe una ingeniosa serie de estudios destinados a comprobar las consecuencias prácticas que acarrea el abrazar la filosofía del materialismo, con su corolario de que los seres humanos carecen de albedrío. Un grupo de investigadores emprendedores decidieron probar si una visión reduccionista de la humanidad provoca algún tipo de impacto en la conducta moral.

El resultado fue claramente positivo. Un experimento consistió en un cuestionario concebido para facilitar el hacer trampa. Algunos participantes fueron asignados aleatoriamente a lo que denominaron condición determinista. Se les pidió que leyeran declaraciones del tipo: «La creencia en el libre albedrío contradice el hecho conocido de que el universo se rige por los principios legales de la ciencia». Otros participantes fueron asignados aleatoriamente a lo que llamaron condición de libre albedrío. Éstos leyeron declaraciones como «El evitar la tentación exige ejercer el libre albedrío».[4]

¿Qué grupo de participantes engañó más en la prueba? El grupo determinista, a cuyos miembros se les había animado a pensar que no tenían capacidad de tomar decisiones morales —ni tenían, por tanto, responsabilidad moral—. Por el contrario, el grupo del libre albedrío, cuyos miembros estaban preparados para ejercer su voluntad moral, era menos propenso a mentir.

Otro experimento consistió en administrar dinero. Una vez más, el grupo determinista era más propenso a hurtar dinero. Scientific American resume: «Uno de los hallazgos más llamativos que ha aparecido recientemente en la ciencia del libre albedrío es que cuando la gente cree —o se le hace creer— que el libre albedrío es sólo una ilusión, tiende a ser más antisocial».[5]

Cuando una persona acepta el materialismo como filosofía de vida, sus efectos no quedan claramente reducidos al ámbito mental. Ello conduce a una conducta personal destructiva y nocivas consecuencias públicas.

En estos experimentos, la ciencia se está acercando a lo que Pablo ya dijo hace dos mil años: La propia cosmovisión influye el trato que uno dispensa a otros. Una cosmovisión reduccionista conduce a una conducta destructiva. Los que deshonran a Dios acaban deshonrándose a sí mismos y a los demás.

La psicología de la supresión

Dadas las consecuencias negativas de una cosmovisión reduccionista, cabe preguntarse por qué la gente querría adoptarla. ¿Qué atractivo tiene? Pablo nos da la pista: Recuerde que la naturaleza humana forma parte de la revelación general, y da testimonio de Dios. La existencia de seres con capacidad de razonar, amar, proyectar y escoger es evidencia de que la primera causa que les creó debe reunir al menos las mismas capacidades.

La causa debe ser suficiente para producir el efecto. La mejor explicación del origen de los seres personales es la existencia de un Ser personal.

¿Cómo es que los seres humanos caídos, pecadores, tratan de evitar esta conclusión? Pablo asegura que «suprimen la verdad» (Ro. 1:18). Eso es lo que consigue el reduccionismo. Niega una o más dimensiones de la naturaleza humana —para que la evidencia de la naturaleza humana ya no apunte tan claramente al Dios de la Biblia.

Si el reduccionismo es como intentar embutir toda la realidad en una caja, podríamos afirmar que el problema es que la caja es siempre demasiado pequeña. Los ídolos deifican una parte del orden creado. Pero no importa qué parte se escoja, una parte es siempre demasiado limitada para explicar la totalidad. El universo es demasiado complejo y multidimensional para encajar en una caja consistente en una sola parte. Invariablemente algo sobresaldrá. Algo no encajará en sus restringidas categorías conceptuales. Entonces, ¿qué? Todo lo que no quepa en la caja es desechado, devaluado, o rotundamente negado. El pensamiento reduccionista se puede resumir diciendo: si mi cosmovisión no explica X, peor para X. Los ídolos son populares precisamente porque recortan la realidad, la reducen a un tamaño que se puede embutir y controlar en una caja. Eliminan las dimensiones de la realidad que falsificarían tal cosmovisión. Uno puede conseguir que cualquier cosmovisión parezca válida negando simplemente todo aquello que no quepa en su caja.

Usando terminología bíblica, la gente suprime todo lo que amenaza su cosmovisión predilecta. Si la revelación general aporta evidencias de Dios, entonces toda religión sustituta tendrá que negar tal evidencia.

Sin embargo, la supresión origina una profunda brecha —un dualismo o dicotomía— a veces en la teoría, pero siempre en la práctica.[6] A un lado de la brecha están las cosas que caben en la caja, que son aceptadas como reales y objetivas. Al otro lado están las cosas que sobresalen de la caja, que quedan reducidas a la condición de ilusiones subjetivas o constructos mentales.

Cambiando de figura, los filósofos a veces reflejan la dicotomía usando la imagen de un edificio de dos plantas. Los reduccionistas intentan vivir en una sola planta. Por ejemplo, los materialistas intentan vivir estrictamente en la planta inferior, el universo material. Consideran la materia y la energía como lo único real, cognoscible y objetivamente verdadero. La planta superior se convierte en una especie de ático donde arrojan todo lo que no cabe en la caja materialista —alma, espíritu, mente, moral, libertad, amor, Dios.

Cabría decir que estas cosas están escondidas en el ático, en viejos baúles polvorientos etiquetados «Superstición», «Ilusiones» y «Gente educada sí que sabe». Podemos representar la división en dos plantas con un sencillo diagrama. Si ha leído las obras de Francis Schaeffer, o mis anteriores libros, lo reconocerá:

Los materialistas intentan vivir en la planta inferior

MUNDO NO MATERIAL

Subjetivo, supersticioso, constructos mentales

MUNDO MATERIAL

Objetivo, científico, hechos cognoscibles

Pero debido a que las personas han sido creadas a imagen de Dios, en la práctica no pueden vivir estrictamente en una planta. No pueden deshacerse del todo de esos viejos y molestos baúles en el ático. Pero esto es adelantarse al Principio #3, que afirma que nadie puede vivir en el espacio limitado de las cosmovisiones basadas en ídolos.

Antes de exponer este argumento, tenemos que ver la amplitud que alcanza el reduccionismo. Dado que hay muchas clases de ídolos, así también hay muchas formas de reduccionismo. Es esencial poner a punto el detector de ídolos para reconocerlos. Puesto que es más fácil identificar el impacto deshumanizador cuando las cosmovisiones se desarrollan hasta sus últimas conclusiones lógicas, consideraremos dos de ellas en sus versiones más recientes: el materialismo y el posmodernismo. Luego identificaremos el reduccionismo inherente en dos religiones: el panteísmo y el islam. Finalmente, puesto que las consecuencias negativas son especialmente visibles cuando las cosmovisiones se expresan en la política pública, concluiremos con dos teorías políticas.

Francis Crick: «Nada más que un montón de neuronas»

En los últimos años se ha promovido una versión reduccionista radical denominada materialismo eliminativo. Va más allá del materialismo tradicional, que declara que las condiciones materiales determinan el mundo mental y afirma, sorprendentemente, que el mundo mental no existe —que todos nuestros pensamientos, convicciones, deseos, intenciones, percepciones y decisiones son ficciones; son ilusiones producidas por la química cerebral subyacente, sin efecto causal propio, como la espuma batida por las olas del mar o las chispas que hace una máquina.

«Nuestro supuesto básico como científicos debe conceder que a ciertos niveles de conciencia tiene que haber una ilusión», afirma el psicólogo de Cambridge Nicholas Humphrey. «La razón es obvia: Si nada en el mundo físico tiene las características que parece tener la conciencia, entonces la conciencia no puede existir como cosa en el mundo físico». Al parecer —según su punto de vista—, si algo no es «una cosa en el mundo físico», entonces no puede existir.

Pero si la conciencia es una ilusión, ¿cómo es Humphrey consciente de ese hecho? Y ¿por qué habríamos de confiar en el pensamiento de científicos que afirman que no hay tal cosa como el pensamiento? Como señala un filósofo, el materialismo eliminativo «se refuta a sí mismo, ya que incluso una ilusión supone la presencia de una experiencia» en la conciencia de algún sujeto.[8]

A pesar de las contradicciones lógicas (que comentaremos en el Principio #4), el mismo reduccionismo radical es defendido por varios pensadores destacados. Francis Crick, bien conocido por descifrar el código del ADN, más adelante intentó refutar la existencia del alma o yo. Escribió: «Usted, sus alegrías y sus tristezas, sus recuerdos y sus ambiciones, su sentido de identidad y de libertad, no son, en realidad, nada más que el comportamiento de una gran asamblea de células y sus moléculas asociadas». Evocando un renglón de Alicia en el país de las maravillas, concluye diciendo: «No eres más que un montón de neuronas».

De igual manera, el psicólogo Daniel Wegner, de Harvard, argumenta que el libre albedrío es una ilusión y que todos nuestros actos son realmente efectos de causas físicas inconscientes. Su libro se titula precisamente *The illusion of Conscious Will.* En una entrevista él admite que el libre albedrío es «una ilusión muy persistente:

sigue reapareciendo». Pero lo aborda como si fuera mero truco de magia: «Aun cuando uno sabe que es un truco, es engañado una y otra vez. Los sentimientos no desaparecen».[9] (Cabe pensar que cuando una teoría es refutada por experiencias persistentes que «no desaparecen», dicha persistencia debería contar como evidencia contra esa teoría. Desarrollaremos este argumento en el Principio #3.)

A muchas personas les impresiona la radicalidad de afirmar que los seres humanos carecen de libre albedrío o de identidad personal. ¿Por qué ha de proponer alguien una teoría tan contraria a la experiencia común? El razonamiento descansa en una metáfora popular entre científicos cognitivos: que el cerebro es una computadora. Por ejemplo, el neuro-científico Steven Pinker define el cerebro humano como una compleja máquina que «procesa o computa información». Ahora bien, sabemos que las computadoras funcionan perfectamente bien sin ser conscientes. Entonces ¿por qué somos conscientes? La respuesta reduccionista es: no lo somos. La idea de que hay un yo interior que unifica nuestros pensamientos y experiencias es una ilusión. En palabras de Pinker: «Hay considerable evidencia de que el yo unificado es una ficción».[10]

¿De dónde procede tal ficción? La teoría proclama que la selección natural la ha programado en nuestros genes porque nos permite predecir y controlar el medio ambiente más fácilmente. Por ejemplo, podemos predecir más fácilmente que Sally se acercará al frigorífico si sabemos que quiere una bebida y que hay un cartón de leche en la nevera. Pero, en realidad, la teoría afirma que ciertos estados internos como desear y pensar no existen. El lenguaje común es sólo una taquigrafía cómoda que usamos, porque sería extremadamente complejo apelar a un registro exacto de las leyes físicas que gobiernan las neuronas que bullen en el cerebro de Sally.[11]

Profunda irracionalidad

Tenemos que dar crédito al materialismo eliminativo por ser completamente lógico. Después de haber hecho un ídolo de la materia, rechaza todo lo que escapa a la esfera material. No obstante, no todos los materialistas se conforman con ese desenlace. Señalan el hecho obvio de que somos seres conscientes. De algún modo, alegan, la conciencia debe surgir de la materia. Este punto de vista recibe el nombre de emergentismo.[12]

Pero la afirmación de que las propiedades mentales surgen de estados cerebrales es sumamente improbable. Al fin y al cabo los estados mentales no se parecen en nada a los estados físicos. Un objeto físico, como una rosa, puede ser roja y espinosa, pero el pensamiento acerca de la rosa no es ninguna de las dos cosas. Los objetos físicos son públicos: pueden ser observados por muchas personas. Pero los estados mentales (como los sentimientos, el dolor o la alegría) son privados. No pueden ser directamente observados por nadie más. Explicamos los estados físicos invocando una ley causal general (como en la ciencia). Pero los estados mentales los explicamos invocando intenciones, deseos y decisiones personales. Por último, los estados mentales son siempre acerca de algo. «Son» simplemente.[13]

Parece ser que la conciencia y la materia difieren en categoría (cualitativamente), no sólo en grado (cuantitativamente). Por tanto, alegar que la conciencia surge, de algún modo, de la materia es como intentar sacar algo de nada —como sacar un conejo de la chistera—. El filósofo Evan Fales lo llama misterio: «La evolución darwinista implica que los seres humanos surgieron a través de las operaciones ciegas de fuerzas naturales. Es misterioso cómo tales fuerzas pudieron generar algo no físico».[14]

El filósofo Colin McGinn lo considera equivalente a un milagro. «No sabemos cómo la conciencia pudo haber surgido por procesos naturales a partir de cosas materiales preexistentes», escribe. «Uno siente la tentación, aunque a regañadientes, de acudir al auxilio divino:... Hace falta un mago sobrenatural para extraer la conciencia de la materia». Recurriendo a la analogía bíblica, McGinn pregunta: «¿Cómo convirtió la evolución el agua del tejido biológico en el vino de la conciencia?».[15]

El filósofo Mark Bedau asegura que la idea del surgimiento «incomoda como la magia». De este modo «incomoda a las formas razonables de materialismo».[16] Las formas más razonables de materialismo sostienen que si los seres humanos proceden de la materia, entonces sólo constan de materia —y la mente es una ilusión.

¿Por qué mucha gente tiene dificultades en aceptar esta conclusión «razonable»? Porque va en contra de la experiencia cotidiana más apremiante. En palabras del filósofo Galen Strawson, la negación de la conciencia «es con seguridad la cosa más extraña que ha sucedido en la historia del pensamiento humano». Demuestra que «el poder de la credulidad humana es ilimitado, que la capacidad de la mente humana para dejarse apresar por la teoría, por la fe, es verdaderamente ilimitada». Revela «la profunda irracionalidad de la mente humana».[17]

Esta es una crítica impresionante. Strawson asevera que el materialismo eliminativo es «fe» —una fe gravemente «irracional» cuando se compara con lo que sabemos por la experiencia del sentido común.

El filósofo del siglo XVIII Thomas Reid infirió que tal insistencia lógica radical frente a datos contrarios es una forma de demencia. Cuando uno consiente en abandonar la razón de lo que sabe por sentido común, por el mero hecho de que un sistema filosófico lo exige, a esto «cabe llamarlo locura metafísica», escribió.[18]

Al fin y al cabo, la meta de la filosofía es explicar los datos de la experiencia, no negarlos. Cualquier otra cosa es eludir el tema. El problema del reduccionismo es que en vez de explicar las cosas, intenta ocultarlas.

Fuera de la torre de marfil, a la gente común no le interesa una cosmovisión que desarrolla un sistema lógico y coherente, y al mismo tiempo contradice la experiencia humana. Lo que busca es una cosmovisión que dé sentido al mundo en el que realmente habita, que explique los datos irrefutables de la experiencia humana, no que suprima tales datos en aras de su propia coherencia lógica interna.

Además, los datos que suprime el materialismo son exactamente las cosas que más importan a la gente —el mundo de la experiencia consciente—. Gran parte de lo que hace que la vida valga la pena consiste de experiencias: amor, felicidad, ideales morales, sentido de la vida, etcétera.[19]

Finalmente, la gente común es sensible a las consecuencias prácticas y morales de las cosmovisiones. Las concepciones reduccionistas radicales de la persona no son meras especulaciones inofensivas —pasatiempos vanos de filósofos—. Lo que las clases dominantes asumen como verdadero tiende a conformar las costumbres sociales y políticas. Si las élites abrazan un materialismo que reduce a los seres humanos a computadoras, entonces los tratarán como tales. El pensamiento quedará reducido a computación: neuro-electrofisiología del cerebro. La gente será evaluada exclusivamente por lo bien que ejecuten las funciones asignadas. Y cuando dejen de funcionar, serán arrojadas al montón de basura con los demás desechos electrónicos.

La venganza de los románticos

Lo probable es que en una universidad típica esta forma radical de reduccionismo se sostenga en el departamento de ciencias, donde se espera que una mayoría de profesores abracen el materialismo. Pero si uno atraviesa el campus para acceder a los edificios de artes y humanidades, allí descubrirá que muchos profesores abrazan el posmodernismo. En muchos sentidos, ambas cosmovisiones son diametralmente opuestas. No obstante, ambas conducen a un reduccionismo deshumanizador.

A muchas personas el término posmoderno les puede parecer arcaico, pero es más fácil de entender si rastreamos su desarrollo. Sus raíces se remontan al movimiento romántico, comentado brevemente en el Principio #1. Uno de los héroes del romanticismo fue Schopenhauer, quien dijo que «el materialismo es la filosofía del sujeto que olvida tenerse en cuenta a sí mismo».[20] Sin embargo, el mundo interior de la conciencia es igualmente parte de la realidad que las cosmovisiones deben explicar.

Pero los románticos no sólo se interesaron en recuperar la mente individual. Se enamoraron de la idea kantiana de un ego trascendente o ego universal, con poderes divinos para crear el mundo de la experiencia. Para muchos, fue un trampolín hacia el panteísmo. El teólogo Ian Barbour dice que, para los románticos, «Dios no es el creador trascendente de una máquina impersonal, sino un espíritu que impregna la naturaleza».[21]

Los románticos deseaban subvertir la imagen del universo, propia de la Ilustración, como inmensa máquina, y sustituirla por una imagen orgánica —el universo como organismo—. Desde su perspectiva, explica Randall, «el mundo no era una máquina; estaba viva, y Dios no era tanto su creador como su alma, su vida».[22]

Como vimos anteriormente, esto se designa con la etiqueta filosófica de idealismo, la afirmación de que el verdadero poder causal en el universo radica en el ámbito mental de las ideas. Los románticos querían derribar el ídolo del materialismo (en última instancia la realidad es material), de manera que propugnaron el ídolo del idealismo (la realidad última es mental). Querían combatir las cosmovisiones que absolutizan la materia, por lo cual, absolutizaron la mente. El novelista Walker Percy dice que el materialismo lo mete todo en la «caja de las cosas», mientras que el idealismo hace lo propio en la «caja de la mente».[23] O volviendo a la figura de las dos plantas de un edificio, cada movimiento intenta vivir en una planta.

La filosofía occidental se divide en dos «troncos»

ROMANTICISMO

La caja de la mente

ILUSTRACIÓN

La caja de las cosas

Estas dos corrientes dieron lugar a una red de filosofías profusamente interrelacionadas, que hoy se conocen como tradición analítica y tradición continental. La tradición analítica se remonta a la Ilustración y tiende a enfatizar la ciencia, la razón y los datos sensibles. La tradición continental se remonta al movimiento romántico y trata de defender la mente, el sentido y la moral.[24]

Las cosmovisiones no son una dispersión de ideas desconectadas; tienden a agruparse por semejanzas familiares. Una vez conocidos los temas que enlazan cada familia, será más fácil identificar su forma de reduccionismo.

El alma superior de Emerson

Cuando los románticos buscaron instrumentos conceptuales para defender su visión espiritual del mundo, revivieron el neoplatonismo, una versión del idealismo cuyas raíces se remontan al siglo III. Los cursos universitarios de filosofía suelen pasar por alto el neoplatonismo. (Yo no lo conocí hasta la escuela de posgrado.) Pero tuvo una influencia significativa en la historia de Occidente.[25]

Como el mismo nombre indica, el neoplatonismo surgió a partir del pensamiento de Platón, remendado con fragmentos tomados de otras escuelas griegas de pensamiento y sazonados con panteísmo oriental. De estas diversas fuentes, el neoplatonismo elaboró una cosmovisión de «amplia base», que se podría concebir como el movimiento de la Nueva Era de la antigüedad, por combinar elementos de Oriente y Occidente.

El postulado principal del neoplatonismo es que el mundo es una emanación de una sustancia espiritual llamada el Uno o lo Absoluto. Como un manantial que baja en cascada por varios niveles, del Uno emana una serie descendente que fluye por distintos niveles: de las entidades espirituales a los seres humanos, después a las criaturas sensibles (animales), organismos (plantas), y finalmente a las cosas materiales (rocas). Esto recibía el nombre de escalera de la vida o gran cadena del ser. La meta de la vida espiritual era volver a ascender por la escalera, escapar de la materia y reunirse con el Uno.[26]

Lo que atrajo a los románticos al neoplatonismo fue la idea de que la naturaleza está llena de alma o espíritu. Para los idealistas, dice Eagleton, el Absoluto hacía las veces de «una divinidad secularizada». No era un Dios personal que piensa, siente, desea y actúa. Era una esencia o sustancia impersonal y espiritual. Ralph Waldo Emerson lo denominó el Alma Superior: «El alma del todo... el UNO eterno».[27]

La deidad evolutiva de Hegel

El neoplatonismo recibió un giro novelesco del filósofo Hegel, quien añadió el concepto de desarrollo histórico o evolución. Hasta entonces, la escalera de la vida había permanecido estática. Era una lista fija o inventario de las cosas que existen en el universo. Pero con Hegel, la escalera se hizo dinámica. Para representar el cambio, cabe pensar en una escalera que se inclina y se convierte en escalera mecánica, y el universo progresa en ascensión a través de una serie de fases. Hegel denominó esta deidad panteísta el Espíritu Absoluto o Mente Universal. Y como era el alma del mundo, se decía que evolucionaba con el mundo.[28]

Lo que Hegel ofreció fue una versión espiritualizada de la evolución. (Nietzsche llegó a declarar incluso que «sin Hegel no habría habido Darwin».) La diferencia es que Hegel no aplicó el concepto de evolución a la biología sino al mundo de las ideas. Él afirmó que todas las ideas —ley, moral, religión, arte, ideales políticos— proceden de una «actualización gradual de la Mente Universal» en el curso de la historia. Todo queda atrapado en un vasto proceso histórico que avanza hacia un estado final perfecto.[29]

Para muchas personas, la ley del progreso histórico funcionaba como un sustituto de la divina Providencia. «Cuando la ciencia intentó expulsar a Dios del universo, los hombres tuvieron que deificar alguna fuerza natural, como la "evolución"», explica Randall.[30] Una versión de la evolución orientada hacia una meta consolaba a la gente con la esperanza de que todo suceso tienen una razón, un propósito, en el progreso ascendente del universo como totalidad.

La filosofía de Hegel es una forma de historicismo, la doctrina de que todas las ideas son productos de fuerzas históricas —lo que es verdad en una fase de la historia dará paso a una verdad superior en la fase siguiente—.[31] En el fondo, Hegel analizó todas las filosofías y cosmovisiones contrapuestas, todas las proclamas religiosas contrarias, todos los bandos y culturas beligerantes, y propugnó superar el conflicto tratándolas a todas como verdades parciales y relativas en la progresión ascendente de la Mente, evolución de la conciencia.

¿Cuál es el defecto lógico del historicismo? Se refuta a sí mismo. La reivindicación de que toda idea es una verdad parcial y relativa debe incluir su propia afirmación. Como toda otra idea evolutiva, es relativa a su propio momento histórico, y por tanto no es verdadera en un sentido transciende la historia. Como dice el filósofo John Passmore, no se puede «mantener como verdad filosófica intemporal que no hay verdades filosóficas imperecederas».[32]

Hegel evitó esta conclusión devastadora haciendo únicamente una excepción tácita para sí mismo. Escribió como si sólo él fuera misteriosamente capaz de elevarse por encima del proceso evolutivo —como si solo él fuera capaz de lograr una visión objetiva, atemporal y completa de todo el proceso histórico.

Pero, por supuesto, al hacer una excepción consigo mismo, Hegel implicó que había una sola cosa que su sistema no abarcaba: su propio pensamiento. De este modo, él introdujo una incoherencia lógica en su sistema. Y, por supuesto, toda incoherencia lógica en un sistema de pensamiento lo desacredita. (Muchas cosmovisiones están sujetas a este mismo defecto lógico. Lo examinaremos más detenidamente en el Principio #4.)

Triunvirato de raza, clase y género

Hemos avanzado mucho desde la época romántica hasta nuestros días, sin embargo la tradición continental sigue ejerciendo enorme influjo. Transitó desde el idealismo, a través de una serie de sucesores (como el existencialismo), que no vamos a comentar. En las últimas décadas, ha engendrado el posmodernismo. La trágica ironía es que aunque el romanticismo fue adoptado para contrarrestar el reduccionismo de la Ilustración, el posmodernismo ha venido a ser igualmente reduccionista e inhumano.

En la vida cotidiana, a menudo nos topamos con el posmodernismo bajo la forma de corrección política. Esto es multiculturalismo. Política de identidad. Códigos de expresión. Normas para un lenguaje políticamente correcto. Todos ellos son obligatorios en muchas instituciones sociales: escuelas, periódicos, derecho, política. Un profesor de Harvard se queja de que en muchos campus universitarios los estudiantes son amordazados por códigos de expresión que no superarían el test de la risa si fueran cuestionados por la Primera Enmienda de la Costitución estadounidense, (el derecho de hablar libremente, sin represalia).[33] Estas normas definen las formas permitidas para hablar de raza, clase, género, etnicidad, identidad sexual, etcétera. El posmodernismo define prácticamente la identidad de una persona en términos de los grupos a los que pertenece.

¿Cómo pasamos de Hegel al posmodernismo? Para Hegel el auténtico actor en la historia no es el individuo sino la Mente Absoluta o Espíritu, que se expresa a través de las leyes, la moral, el lenguaje, las relaciones sociales de una sociedad. Hegel aceptó el idealismo de Kant, según el cual, el mundo está constituido por la conciencia, pero para él era una conciencia colectiva. Como explica un filósofo, la Mente Absoluta crea el mundo «por medio de los aspectos compartidos de una cultura, una sociedad y, sobre todo, una lengua común».

A decir verdad, para Hegel los individuos ni siquiera tienen ideas propias, originales. Sus pensamientos no son más que expresiones de la Mente absoluta. En sus propias palabras, los individuos «son en todo momento instrumentos inconscientes de la Mente universal que actúa en ellos».[34]

Con el tiempo, el panteísmo de Hegel fue secularizado y su Espíritu absoluto, reducido a una metáfora —el espíritu de la época o del tiempo, el *Zeitgeist*.[35] (En alemán, *Zeit* significa tiempo o época; y *Geist*, espíritu.) Pero lo que permaneció es la idea de que los individuos son «instrumentos inconscientes» del *Zeitgeist*. No son tanto productores de cultura como productos de una cultura particular.[36] Los individuos son moldeados por las comunidades a las que pertenecen, cada una con sus propias perspectivas, valores, hábitos, lengua y formas de vida.

En nuestro tiempo, esto ha conducido a la conclusión extrema de que las ideas de cada cual no son más que constructos sociales hilvanados por fuerzas culturales. Los individuos son poco más que portavoces de comunidades basadas en la raza, el género, la etnicidad y la identidad sexual.

¿Cuál es aquí el ídolo? El posmodernismo absolutiza las fuerzas de la cultura o la comunidad. Dooyerweerd la denomina «ideología de la comunidad».[37] La verdad ha sido redefinida como una construcción social, de manera que cada comunidad tiene su propia visión de la verdad, basada en su experiencia y perspectiva, que no puede ser juzgada por nadie que no pertenezca a la comunidad. Un teólogo posmoderno lo declara con estas palabras: «No hay verdad absoluta; más bien, la verdad es relativa a la comunidad en que uno participa». Rorty afirma que la verdad no es más que un «acuerdo intersubjetivo» entre personas de una misma comunidad.[38]

El posmodernismo es, pues, una forma de anti-realismo, la doctrina que sostiene que el carácter —y posiblemente la existencia— de la realidad depende de nuestra mente. El término anti-realismo fue acuñado por Nietzsche para describir su propia concepción, que resumió en el eslogan: «No hay hechos, sólo interpretaciones». O como lo expresa un escritor posmoderno: «La realidad ha venido a ser un montón de disparates y nuevas interpretaciones, una coalición cambiante de puntos de vista sueltos en continuo debate unos con otros».[39]

Si la realidad se ha fragmentado en interpretaciones contrapuestas, lo mismo sucede con la idea de identidad personal. El posmodernismo afirma que no hay yo unificado. Que el yo es, más bien, la sede de los puntos de vista cambiantes absorbidos por diversas comunidades interpretativas, cada una de las cuales defiende su propia «verdad». Recuerde que la Ilustración trató al individuo como una mente incorpórea, capaz de trascender el tiempo y el espacio para conseguir una visión global (consulte el Principio #1). Como reacción, el posmodernismo ata fuertemente la conciencia individual a comunidades cuya perspectiva está condicionada por la historia y la geografía.

Incluso la ciencia, becerro de oro del modernismo, no es considerada verdadera en sentido universal. Como las demás formas de conocimiento, la ciencia es una construcción social. Los posmodernistas están de acuerdo con Nietzsche, quien escribió: «Toda esa conformidad con la ley, que tanto admiramos en las estrellas y en los procesos químicos, coincide en el fondo con las propiedades que damos a las cosas».[40] Si la ciencia es sólo una creación más de la mente humana, ¿por qué se le habría de conceder un estatus especial por encima de otras formas de conocimiento?

Y si no hay verdad objetiva o universal, entonces toda pretensión de poseer la verdad objetiva será recibida como mero intento de una comunidad interpretativa por imponer su propia perspectiva limitada, subjetiva, sobre todos los demás. Un acto de opresión. Un acaparamiento de poder.

Raíces de la corrección política

Como los otros ídolos, el posmodernismo consigue acertar en algunas cosas. Ha hecho un buen servicio oponiéndose al individualismo solitario del yo autónomo de la Ilustración. Rechaza el proyecto modernista de pensadores como Bacon y Descartes para empezar nuevamente la historia desde cero dentro de la aislada conciencia individual. Niega que se pueda alcanzar una base infalible de conocimiento por intuición directa en los contenidos mentales del individuo.[41]

En el proceso, los posmodernistas echaron por tierra las pretensiones de la Ilustración de alcanzar un conocimiento neutral, intemporal, sin juicios de valor. Insisten en que los individuos reales, vivos, siempre ponen en la mesa una compleja panoplia de compromisos previos, intereses, metas y ambiciones —incluso en campos como la ciencia, en los que la objetividad es la norma previsible.

No obstante, hace mucho tiempo que los pensadores cristianos ofrecieron la misma perspectiva. La Biblia está llena de pasajes que advierten que la idolatría conduce a una especie de ceguera espiritual e intelectual. Romanos 1 advierte que cuando se rehúsa reconocer a Dios, la mente se vuelve «fútil» y el corazón se «entenebrece» (Ro. 1:21). Los teólogos llaman a esto efectos noéticos del pecado, de la palabra griega nous, que como vimos anteriormente, no sólo significa la mente, sino el corazón del ser. Los reformadores protestantes enseñaron que el abandono de Dios en el corazón produce un efecto en todo lo que se hace, y también en el pensamiento. Nos acercamos a las mesas de trabajo o laboratorios con una compleja serie de motivaciones y predisposiciones ya establecidas, que predeterminan hasta cierto punto lo que aceptamos como plausible o verdadero. Lejos de ser pizarras en blanco, neutrales, las mentes están predispuestas para interpretar nuevos datos a la luz de las convicciones que ya tenemos —lo que queremos que sea verdad.

Sin embargo, el posmodernismo va, normalmente, mucho más allá: de esta percepción bíblica de sentido común a la pretensión mucho más radical de que no existe verdad extra mental. Reduce postulados verdaderos a construcciones sociales. Y reduce los individuos a marionetas de las fuerzas sociales. De ahí se deduce que las personas defienden ciertas ideas no por buenas razones, sino porque son blancas o negras, hombre o mujer, asiáticas o hispanas, o lo que sea.

Esto es radicalmente deshumanizador. Implica que el individuo es incapaz de elevarse por encima de la comunidad a la que pertenece. Es una forma de reduccionismo que disuelve la identidad individual en la identidad grupal. Y la lista de la identidad de grupo sigue aumentando. La *Kennedy School of Politics* de Harvard anunció recientemente que se exigirá a los nuevos estudiantes que ingresan se sometan a «una facultad preceptiva y formación privilegiada que tenga en cuenta componentes de raza, sexo, clase socioeconómica, orientación sexual, capacidad, religión, estatus internacional y diferencias de poder».[42]

En muchas universidades los departamentos de artes liberales ya no enseñan a los clásicos, sino que sumergen a los estudiantes en obras contemporáneas sobre políticas raciales y sexuales. Y si se enseñan clásicos de literatura y filosofía, es probable que incluyan «disparadores de alertas». Una edición general de las tres *Críticas* de Kant incluye una advertencia en primera página: «Este libro es un producto de su tiempo y no refleja los mismos valores que si hubiera sido escrito hoy. Sería conveniente que los padres comentaran con sus hijos cómo han cambiado las ideas relativas a raza, género, sexualidad, etnicidad y relaciones interpersonales desde que este libro fue escrito antes de permitir que lean esta obra clásica». Es irónico que Kant ejerciera enorme influencia en el desarrollo del concepto anti-realista de la verdad. Pero eso no les preocupa a los educadores. Lo que les preocupa es la violación kantiana de lo políticamente correcto.[43]

El posmodernismo está a leguas de distancia del materialismo rampante en el departamento de ciencias, pero es igual de deshumanizador. El materialismo reduce los seres humanos a productos de las fuerzas físicas. El posmodernismo reduce los seres humanos a productos de las fuerzas sociales. Siempre que una filosofía absolutiza algo inferior a Dios —no importa lo que sea— resulta el reduccionismo, una concepción inferior de la persona. Los posmodernistas etiquetan su perspectiva de «anti-humanismo», dando a entender que el sujeto humano no tiene poder para trascender condiciones sociales e históricas —el *Zeitgeist*.

Pero en ese caso, el individuo carece de postura independiente para criticar el *Zeitgeist*. Como señala Dallas Willard, «el posmodernismo apenas provee una pata lógica en que apoyarse para oponerse… al espíritu de la época».[44]

Por el contrario, el cristianismo ofrece una verdad trascendente —una perspectiva no sujeta al espíritu del tiempo—. Libera al individuo para pensar críticamente sobre el sistema de valores predominante.

La caída del posmodernismo

Cuando pronunciaba un discurso en una facultad evangélica, un estudiante me interpeló: «Vivimos en tiempos posmodernos en los que nadie se interesa ya por la verdad. ¿Cómo hablaremos con personas que no se persuaden por hechos ni razones?». Es cierto que los posmodernistas quizá no se dejan impresionar por una apologética basada en los hechos. Pero pueden ser alcanzados por razonamientos que usan su propio lenguaje conceptual.

Comiéncese por su idea de la verdad. Los posmodernistas rechazan toda proclamación de una verdad universal, objetiva o eterna. Insisten en que toda perspectiva se «sitúa» en un contexto particular, local e históricamente contingente. Pero, por supuesto, cabe aplicar la misma crítica a las pretensiones posmodernistas —ellos también se «sitúan» en un contexto histórico y particular—. Al fin y al cabo, ¿de dónde procede el posmodernismo? Como hemos visto, es una consecuencia de la cultura europea moderna. Deriva de la filosofía continental post-hegeliana con su noción de que los individuos se constituyen socialmente por sus comunidades y formas de vida.

Los posmodernos suelen acusar a los cristianos de intolerancia y estrechez de miras. Pero el posmodernismo está él mismo confinado a una rama de la historia intelectual occidental. Así pues, ellos están tan encerrados en su propio horizonte histórico como la gente más tradicional que tienden a despreciar. Y son tan exclusivos como cualquiera en insistir que su perspectiva capta las cosas como realmente son.

En suma, el mismo razonamiento que usan los posmodernistas para desacreditar las ideas tradicionales de la verdad es aplicable a sus propias concepciones.

Algunos posmodernistas han actualizado el historicismo de Hegel vinculándolo a teorías de la evolución basadas en la ciencia. Valga como ejemplo Rorty, quien arguye a partir de la evolución darwinista que no hay verdades eternas —que todas las ideas son «producto del tiempo y el azar»—.[45] Pero su conclusión descansa en la asunción de que la evolución darwinista es verdadera —precisamente en el sentido que él niega que algo pueda ser verdadero.

Una vez fui invitada a un programa de radio para entablar un debate con un profesor de seminario que se declaraba posmoderno. Yo le pregunté que por qué un cristiano iba a querer abrazar el posmodernismo. Si éste da por descontado que el posmodernismo desinfla la reivindicación modernista de una verdad universal mostrando que el modernismo es un punto de vista limitado, históricamente condicionado. Pero lo mismo sucede con el posmodernismo. Como cristiana, ¿por qué iba a comprometerme con una idea que no es más que una construcción social?

La Biblia describe los ídolos como invenciones humanas, «obra de mano de hombres» (Sal. 115:4; 135:15). Sus «artífices mismos son hombres» (Is. 44:11). Los que adoran ídolos «se han arrodillado ante la obra de sus manos y ante lo que fabricaron sus dedos» (Is. 2:8). ¿Por qué van a querer los cristianos asentar sus vidas sobre una idea producida por el pensamiento humano, «la sabiduría del mundo» (1 Co. 1:20)? El corazón humano tiene hambre de una verdad trascendente y eterna. Dios «ha puesto eternidad en el corazón de ellos» (Ecl. 3:11).

Lo finito no puede alcanzar lo infinito. Así pues, la única manera de conocer la verdad eterna es que Dios se la comunique a la raza humana —ofreciéndole su perspectiva trascendente—. Y esta es exactamente la arrolladora afirmación que hace el cristianismo: que la Escritura es un mensaje de Dios que nos proporciona información de sí mismo, el cosmos y la historia. Incluso los cristianos dan muchas veces esta idea por sentada. Porque equivale a hacer una declaración asombrosa: que tenemos acceso a la visión divina del mundo, a una perspectiva más allá del mero conocimiento humano, a una verdad intemporal y trascendente.

Por supuesto, nuestra comprensión de la verdad nunca es completa o exhaustiva. Nuestro entendimiento es filtrado en mentes humanas falibles, caídas, influidas por nuestra cultura y nuestras circunstancias. Pero son ventanas a la trascendencia. La palabra de Dios en la Escritura nos da acceso a verdades que no son «invención humana» (Gál. 1:11, NVI). Frente al historicismo y el relativismo posmodernos, el cristianismo hace la liberadora proclamación de que los seres humanos tienen acceso a verdades que trascienden la historia porque Dios mismo ha hablado.

En un pasaje sorprendente, Rorty admite que la idea misma de verdad objetiva se apoya en la convicción cristiana de que el universo fue «creado por una persona». La idea de una verdad más allá de la subjetividad humana, escribe, «es un vestigio de la idea que el mundo es creación divina, obra de alguien que... habló una lengua en la que describía su propio proyecto».[46] Es decir, la verdad objetiva sólo es posible si el Creador ha hablado a la raza humana, mostrando su perspectiva eterna, trascendente, no sólo acerca de la cuestión de la salvación, sino también de la historia y el cosmos. Adaptando el título de dos libros de Schaeffer, no basta con que Dios esté ahí, es también crucial que Él no este callado.

Sólo si Dios se ha comunicado, revelado su infinita condescendencia hacia lo finito, será posible liberarnos —no seguir atrapados en mentes individuales, como estuvieron los pensadores de la Ilustración, o atrapados en una mente común, como los pensadores posmodernos—. Una estrategia de apologética bíblica le ayudará a librar a los que han estado cautivos «con la vana y engañosa filosofía que sigue tradiciones humanas» (Col. 2:8, NVI). Le enseñará a desenmascarar los ídolos temporales»[47] y a mostrar a la gente la verdad eterna.

El panteísmo frente a usted

Hasta aquí, hemos seguido la pista a dos formas muy distintas de reduccionismo, resultantes de dos filosofías muy extendidas: el materialismo y el posmodernismo. Una estrategia apologética a partir de Romanos 1 también nos brinda instrumentos para diagnosticar el reduccionismo que origina la religión. Practiquemos aplicando esos instrumentos al panteísmo oriental y al islam.

Anteriormente descubrimos que los pensadores románticos abrazaron una versión occidental del panteísmo. No sorprende, pues, que también se abrieran a versiones orientales. A fines del siglo XIX, Schopenhauer fue el primer filósofo que importó el budismo completo a Occidente. En nuestros días, el movimiento de la Nueva Era ha elevado las religiones orientales a rango chic de la elegancia en Hollywood.

El panteísmo se resume comúnmente como la doctrina de que dios es el universo y el universo es dios (pan significa todo; teísmo significa dios); dios es el Uno o el Todo. El mundo es como una manifestación o emanación de la esencia divina.

¿Es esto un ídolo? Obviamente.

Los panteístas habitualmente sostienen que la enseñanza bíblica de un Dios trascendente nos ha alienado de la naturaleza —lo que ha provocado que la cultura occidental saquee y expolie la tierra—. Alegan que si cultivamos una conciencia de unidad espiritual con la naturaleza, tendremos un mayor respeto por toda vida.

Cualesquiera cosa que una cosmovisión identifique como divino pasa a ser la lente a través de la cual contempla todo, el cernedor que usa para cribar lo real. En el panteísmo, lo divino es una unidad espiritual subyacente, el Uno. Lo que se cuela por la criba es, pues, diversidad, diferencia, individualidad. En el hinduismo, la identidad individual es designada maya, que significa ilusión. Es considerada causa del mal, el egoísmo, la codicia y la guerra. El objetivo de la meditación es disolver la conciencia de un yo separado mediante la fusión con el Uno cósmico, el Todo indiferenciado, como una gota de agua que desaparece en el mar. En el budismo, la palabra nirvana significa literalmente «extinguirse».[48]

La pérdida del yo es expresada en un poema del poeta chino Li Po. El poema trata de la caída de la tarde, y termina con estas palabras:

> Nos sentamos juntos, la montaña y yo,
> Hasta que sólo queda la montaña.

El poema se suele citar en libros de meditación como manifestación conmovedora de unidad con la naturaleza. Pero fíjese que en tal unidad se pierde el «yo» —se disuelve en las rocas de la ladera—. Como explica un poeta contemporáneo, la montaña representa el Uno eterno: «Observando esta montaña de presencia eterna el tiempo suficiente, en profunda quietud, descubrirá que usted no aparece por ninguna parte. Se sorprenderá al descubrir que todo lo que llamó reflexivamente "yo" nunca estuvo allí».[49]

El mensaje implícito es que el yo individual vale tan poco que debería disolverse en el Uno. Porque «realmente nunca estuvo allí». Era una ilusión.

Otra razón por la que el panteísmo conduce a una visión inferior de la vida humana es que lo divino no es personal. En el panteísmo clásico, la noción de lo divino no es una deidad personal que piensa, desea, siente y actúa, sino un sustrato espiritual impersonal que no piensa ni actúa, subyacente a todas las cosas. Un ex budista Zen (convertido al cristianismo) explica que, en el panteísmo, lo divino es «una esencia inconsciente e impersonal que puede ser llamada dios, naturaleza, absoluto, unidad».[50]

En consecuencia, sorprende que el panteísmo no difiera mucho del materialismo. Es la otra cara de la misma moneda. El materialismo declara que todo es realidad material. El panteísmo afirma que todo es realidad espiritual. Ambos son impersonales. De modo que ninguno puede explicar las dimensiones personales de la naturaleza humana. Y lo que no pueden explicar lo suprimen y, en última instancia, lo niegan.

Tal es el patrón reduccionista. Toda cosmovisión basada en ídolos procura introducir toda la realidad en una caja. No obstante, inevitablemente, algo sobresaldrá. Algo se resistirá a encajar en sus categorías conceptuales. Tanto el materialismo como el panteísmo definen la realidad última en términos impersonales —por tanto, ninguno de ellos puede explicar la personalidad humana—. Y así, acaban negando, denigrando y devaluando las características singulares de los seres humanos. Éstos son reducidos a productos de fuerzas impersonales. El individuo se disuelve en las rocas de la montaña.[51]

Todo sistema que comience con fuerzas impersonales, al final, suprime la personalidad humana. Reduce las personas a componentes de una matriz ciega, inconsciente, del ser.

El agua no se puede elevar por encima de su fuente.

La cuestión más desconcertante es por qué estas cosmovisiones son tan populares. Después de todo, lo que más anhelamos es ser conocidos y amados por lo que somos como personas singulares —un anhelo que sólo puede ser satisfecho si lo divino es una Persona—. El Dios del cristianismo no borra nuestra identidad personal, más bien la afirma. Nos llama a alcanzar plenamente la individualidad singular a la que fuimos destinados. En contra del misticismo oriental, la meta no consiste en suprimir los deseos, sino en dirigirlos a lo que verdaderamente satisface —a una relación apasionada de amor con la Persona suprema, trascendente.

El islam frente a la dignidad humana

Todas las religiones que hemos considerado —orientales o paganas— encajan en el diagnóstico de Romanos 1. Adoran a la criatura en vez del Creador. Absolutizan algo dentro del cosmos. Y debido a que su dios es una cosa inferior al Dios de la Biblia, conducen a una concepción inferior de la persona. Como asegura el Principio #2, conducen al reduccionismo.

La excepción a esta regla son las otras religiones monoteístas, el judaísmo y el islam, que comparten con el cristianismo el concepto de Creador trascendente. También aceptan al menos parte de las mismas escrituras. Voy a dejar de lado el judaísmo debido a su compleja relación con el cristianismo. Los cristianos sostienen que doctrinas como la Trinidad se encuentran en el Antiguo Testamento, aunque se enseñen más explícitamente en el Nuevo. Por eso el evangelio fue «al judío primeramente» (Ro. 1:16). El término «judeocristiano» enfatiza las muchas continuidades y similitudes.

¿Qué decir del islam? El islam se ha convertido actualmente en una poderosa fuerza geopolítica, y los cristianos tratan de entenderlo mejor. El islam acepta segmentos de las Escrituras cristianas como revelación divina (la Torá hebrea, los salmos de David y los Evangelios).[52] Sin embargo, su noción de Dios difiere de manera importante de la teología cristiana clásica —más obviamente, rechazando la idea de la Trinidad.

El Corán enseña que Jesús no es Dios, sino «solamente un mensajero de Alá».[53] El erudito islamista Seyyed Hossein Nasr escribe: «El Corán enfatiza continuamente la Unidad y la Unicidad de Dios, y cabe afirmar que la raison d'être (razón de ser) del islam es afirmar de manera definitiva y categórica la Unidad de Dios y la nada o insignificancia de todo delante de la Majestad del Uno». Debido al énfasis que pone el islam en la unidad de Dios, algunos eruditos se atreven a afirmar que está más cerca del panteísmo neoplatónico y del hinduismo que del cristianismo.[54]

Como consecuencia, en el concepto islámico de divinidad faltan elementos primordiales de la personalidad. Por ejemplo, considere las cualidades asociadas con la relación. Solamente en una relación puede Dios expresar atributos interpersonales como el amor, la simpatía, la intimidad, la abnegación y la comunicación. Sólo entre personas distintas es posible dar y recibir, iniciar y responder, intercambiar y auto-descubrirse, la unión y la comunión.

Por tanto, para que Dios sea plenamente personal, capaz de amar y de asociarse, debe de haber una pluralidad genuina en la divinidad. La teología cristiana enseña que estos atributos interpersonales se expresan desde la eternidad entre las tres Personas de la Trinidad. De esta manera, el cristianismo puede mantener en la Divinidad la noción más alta de lo que significa el ser personal.

«Toda clase de personas gustan repetir la afirmación cristiana "Dios es amor"», escribe C. S. Lewis, «pero no se dan cuenta de que estas palabras ("Dios es amor") no significan nada a menos que Dios esté compuesto de más de una persona. El amor es algo que una persona muestra a otra. Si Dios fuera una sola persona, entonces, antes de que el mundo existiese, Él no era amor».[55] (O si tenía capacidad de amar no tenía forma de ejercerla. Para realizar su naturaleza tendría que crear un mundo —en cuyo caso, dependería de la creación, que no es la clase de deidad que enseña el islam o el cristianismo.)

Solo un Dios de amor es plenamente personal. De modo que la Trinidad es esencial para mantener un concepto de Dios plenamente personal. Como escribe el teólogo Robert Letham: «Solo un Dios trino puede ser personal... Una mónada solitaria no puede amar, y, como no puede amar, tampoco puede ser una persona». Por lo tanto, «no tiene posibilidad de explicar, ni incluso de mantener, la personalidad humana».[56]

Increíblemente, la Enciclopedia de Filosofía Stanford aclara que el islam ni siquiera tiene idea de la persona: «No hay equivalente conceptual de la noción filosófica occidental de la "persona" en árabe ni en la filosofía islámica clásica». Este hecho parece «confirmar la importancia del origen específicamente cristiano del término».[57]

Si es verdad que el islam carece de un claro concepto de la persona, esto explicaría por qué tiende a ser fatalista, resaltando la absoluta sumisión a la voluntad de Alá (islam significa sumisión). Como explica Udo Middelmann: «El islam es una religión de resignación... Alá hizo el mundo, y hay que acatar la manera en que se relaciona con uno, aunque le mate. No se permiten preguntas ni dudas ni responsabilidad individual. La salvación radica en negar el yo».

Esto explica también por qué gran parte del culto musulmán consiste en rituales casi mecánicos: sus fieles recitan el Corán al unísono, palabra por palabra, de memoria, en el árabe original. (La palabra Corán significa «lo que se recita».) Citando una vez más a Middelmann: «Su espiritualidad es repetitiva e impersonal, no un amor a Dios escogido y deliberado de todo corazón, alma y mente».[58]

Ni siquiera se exige a los musulmanes entender lo que recitan. Muchos no son árabes y no hablan el idioma. Un libro escrito por dos autores musulmanes declara: «No es raro encontrar gente que se sabe mucho texto de memoria pero no tiene la más mínima idea de la concepción del mundo que lo permea». Pero esto es aceptable, dicen los autores, porque en el islam «el entendimiento es secundario», y la recitación y el ritual, lo principal.[59]

Así pues, el islam demuestra una vez más el principio reduccionista: que una noción inferior de Dios conduce a una visión inferior del valor, posición y dignidad de la persona.

De ídolos seculares a campos de exterminio

Una de las formas más eficaces de relacionarse con buscadores y escépticos es ayudarles a identificar sus propios ídolos. Y los ídolos son más fáciles de reconocer cuando se viven en la práctica —especialmente cuando son encarnados en la política y la gestión pública—. Hemos aplicado el Principio #2 a filosofías y religiones; mostremos ahora el efecto del reduccionismo encarnado por dos teorías políticas —el nazismo y el comunismo—. Ambas ilustran el poder oscuro y destructivo de los ídolos.

La historia occidental se suele narrar como una épica religiosa, asegura el antropólogo Richard Schweder. «La historia de la Ilustración tiene su propia versión del Génesis, y los temas son bien conocidos: El mundo despertó del letargo de la «edad del oscurantismo», entró por fin en contacto con la verdad y se hizo bueno hace unos 300 años, en Europa del norte y del oeste». Esta fe secular ofrece su propia versión de la salvación: «Cuando la gente abrió los ojos, la religión (equiparada con la ignorancia y la superstición) dio paso a la ciencia (equiparada con los hechos y la razón)».

Durante siglos, este mito de la Ilustración fue enarbolado como modelo de progreso y libertad. No obstante, «como teoría de la historia», comenta Schweder secamente, «ha tenido una utilidad predecible de aproximadamente cero».[60] Ya que el auge del secularismo no condujo a una libertad creciente. Al contrario, convirtió el siglo XX en un baño de sangre y destrucción. La mayor parte de las atrocidades fueron perpetradas por regímenes devotos a ideologías políticas tales como el nacional socialismo (nazismo) y marxismo (comunismo).

Los historiadores a menudo se han preguntado cómo una barbarie de tal calibre pudo acontecer en la Europa moderna y civilizada. La respuesta estriba en el poder de los ídolos. La doctrina nazi fue organizada en torno al ídolo de la raza. La raza del individuo —se dijo— (aria o judía o eslava) determinaba las opiniones, el carácter e incluso el valor de la persona. La ideología comunista se organizó en torno al ídolo de la clase económica. Se esgrimió la clase económica de la persona (capitalista o proletaria) como factor decisivo y determinante.

Como hemos visto, en toda cosmovisión basada en ídolos, algunas partes de la creación no caben en la caja. Algunos datos de la revelación general son suprimidos. Pero cuando se aplican cosmovisiones centradas en ídolos a la esfera política, habrá personas que no caben en la caja prescrita por el Estado —que serán literalmente suprimidas e incluso asesinadas—. Bajo el nazismo, los que no cabían en la caja prescrita de la raza, como los judíos, los gitanos, serbios, polacos, ucranianos y otros. Fueron transportados a campos de concentración, donde murieron o fueron fusilados unos veinticinco millones de personas. Bajo el comunismo, no cabían en la caja prescrita de la clase económica los capitalistas, kulaks y otros. Fueron sometidos a hambruna o torturados en duros campos de trabajos forzados, donde se estima que entre ochenta y cinco y cien millones de personas murieron o fueron fusiladas. (Ambos regímenes acorralaron a los cristianos disidentes.)[61]

En la Segunda Guerra Mundial, estos mismos absolutos falsos condujeron a un conflicto global. Como observó Gilson por aquel tiempo: «Millones de hombres padecen hambruna y se desangran porque dos o tres… abstracciones deificadas están en guerra. Porque cuando los dioses luchan entre sí, los hombres tienen que morir».[62]

La lección aprendida es que las ideologías basadas en ídolos son invariablemente deshumanizadoras y, si no se toman medidas, conducen a la represión, coerción, opresión, guerra y violencia. Solo en el siglo XX, han segado más vidas y causado más estragos que todas las cazas de brujas por motivos religiosos, inquisiciones y guerras de los siglos precedentes.

«Los materialistas están listos para adorar sus construcciones o creaciones baratas como si fueran el Absoluto», escribió Aldous Huxley. Esto «les permite satisfacer sus pasiones más abyectas con una conciencia clara, en la certidumbre de que actúan por el Mayor bien».[63] El derramamiento de sangre y los campos de exterminio producidos por ideologías idólatras no fueron una violación de sus principios (como las guerras de religión fueron violación de los principios cristianos); sino manifestaciones lógicamente coherentes de su cosmovisión.

El filósofo John Gray, aunque se declara ateo, escribe que «cuando el ateísmo se erige en un proyecto político, el producto inevitable es una religión sucedánea que únicamente puede ser mantenida por medios tiránicos»[64] —por la policía secreta y los campos de exterminio.

De libertadores a déspotas

El estudio de las cosmovisiones no es sólo una cuestión teórica que ha de ser debatida hipotéticamente en las aulas. Los ídolos acarrean consecuencias de vida o muerte. Cuando Romanos 1 dice que Dios entrega al hombre a la influencia destructiva de los ídolos, no se refiere sólo a la conducta personal. Las cosmovisiones también se encarnan en las aulas, mesas directivas, tribunales, cámaras legislativas y escenarios de guerra.

El totalitarismo moderno ilustra la enseñanza de Pablo de que los que no conocen a Dios caen bajo el yugo de los ídolos. Son «esclavos de los que en realidad no son dioses» (Gál. 4:8, NVI).[65] Un grupo de ex comunistas famosos ha escrito un libro titulado *El dios que falló*, en el que relatan su gran decepción.

El historiador Isaiah Berlin observó una vez que toda filosofía ofrece un modelo de realidad que promete liberar a la gente del error: «Pero casi invariablemente acaban esclavizando a las personas, no acertando a explicar la totalidad de la experiencia. Comienzan como libertadores y acaban en alguna especie de despotismo».[66]

Para crear una sociedad humana es preciso identificar los ídolos que «fracasan en explicar la experiencia total» las cuales encierran a las personas en modelos de realidad parciales, unidimensionales. El único fundamento para asentar la dignidad y los derechos humanos genuinos es una cosmovisión bíblica completa. En vez de absolutizar una pieza del rompecabezas, el cristianismo ofrece la panorámica entera con todas las piezas armónicamente colocadas, creando una imagen de belleza encantadora. Proporciona una visión mucho más rica, más plena y más compleja de la realidad que cualquier otra cosmovisión. El cristianismo incluye las percepciones válidas de las demás cosmovisiones y excluye sus puntos débiles.

Más de lo soñado en su filosofía

¿Cuál es el hilo conductor de todos los ejemplos ofrecidos en este capítulo? Las religiones y las cosmovisiones que niegan al Dios bíblico deben asumir otra cosa como realidad última (Principio #1). Con la excepción de las otras religiones monoteístas, deifican algo dentro del cosmos. Absolutizan algún aspecto de la creación como explicación definitiva. Luego lo reducen todo a esa única categoría (Principio #2). El reduccionismo es como intentar ver el mundo a través de una sola lente. G. K. Chesterton llamó al reduccionismo una cárcel mental, «la prisión de un pensamiento».[67] Todo lo que no cabe en esa cárcel es negado y suprimido.

El resultado es siempre una visión del mundo más estrecha, más pobre, más oscura y menos humana que la de la perspectiva bíblica. La noción de humanidad de una cosmovisión no puede ser más elevada que su concepción de lo divino.

Romanos 1 comienza su enseñanza acerca de los ídolos diciendo que «la ira de Dios se revela desde el cielo». Probablemente no hay nada que la gente moderna odie más de la religión que hablar de la ira de Dios. Sugiere la imagen de una deidad enfadada y vengativa. Pero el concepto bíblico de ira suele simplemente hacer referencia a la implacable oposición de Dios al mal y la injusticia. No significa necesariamente un evento catastrófico, como un rayo que cae del cielo. En realidad, no significa necesariamente intervención divina en los asuntos humanos. Como hemos visto en el Principio #2, el juicio divino suele consistir en dar a la gente lo que quiere y dejarles experimentar las consecuencias auto-infligidas de sus decisiones. Él les permite escoger formas de pensamiento y de vida autodestructivas que derrumban el honor y la dignidad de otros y de sí mismos.

No puedo pensar en una mejor descripción de las cosmovisiones reduccionistas.

Cuando Romanos 1 advierte que los ídolos conducen a conductas deshonrosas, solemos pasar por alto la implicación —a saber, que la gente debe honrar a otros y a sí misma—. Como escribe Thomas Johnson, el texto implica que «hay maneras adecuadas de que la gente se honre a sí misma», a saber, aceptando la visión que Dios tiene de ella. «Cuando la gente acepta su condición de portadora de la imagen del Creador, que ha sido colocada en este mundo para cumplir sus mandatos, hay honor para todos». Pero cuando crea sustitutos de Dios y rediseña su auto-comprensión a imagen de un ídolo, entonces hay deshonor y destrucción para todos.[68]

Nuestros corazones deberían quebrantarse por la gente cuya cosmovisión es tenebrosa, deshumanizadora, degradante y deshonrosa para la persona. Hay una oportunidad abierta de par en par para presentar un cristianismo radicalmente humano y positivo. La cosmovisión bíblica no diviniza ningún aspecto de la creación ni establece un absoluto falso. En consecuencia, no conduce a un reduccionismo que devalúa o niega las otras dimensiones de la creación. No tiene que meter el universo en una caja y recortar todo lo que no quepa. No es exclusiva, sino incluyente; afirma la bondad y la realidad de la diversa y multifacética creación de Dios.

El cristianismo concuerda con Hamlet cuando éste dice a Horacio: «Hay más cosas en el cielo y en la tierra que lo soñado en su filosofía». Las cosmovisiones reduccionistas insisten en que hay menos cosas en el cielo y en la tierra. Vivir conforme a esas cosmovisiones es como vivir en un búnker de hormigón sin ventanas. La comunicación de la cosmovisión cristiana debería ser como invitar a la gente a abrir la puerta para que salga libre. Nuestro mensaje debe expresar gozo porque saca cautivos de un mundo pequeño y atestado y los traslada a otro amplio y liberador.

Ahora entendemos mejor por qué Pablo pudo plantarse ante el imperio romano y proclamar que él no se «avergonzaba del evangelio». Tenía la confianza de que el cristianismo además de ser más convincente que cualquier otra religión o cosmovisión contrapuesta es también más atractivo. En la Escritura, la expresión «sometido a vergüenza» no suele significar psicológicamente avergonzado. Significa confiar en algo que nunca defrauda, que nunca deja de ser realidad. «No sea yo avergonzado, no se alegren de mí mis enemigos» (Sal. 25:2). «Por cuanto el Señor omnipotente me ayuda, no seré humillado» (Is. 50:7, NVI). Así que cuando Pablo dice que «no se avergüenza del evangelio», en realidad confiesa que la cosmovisión cristiana no falla. No decepciona.[69] El cristianismo satisface el hambre del hombre de vivir con arreglo a una cosmovisión unificada, integrada. Cuenta con recursos intelectuales para proporcionar una guía holística, internamente consistente, para la vida.

Por supuesto, el que una cosmovisión sea atractiva no significa que sea verdadera. Para probar si es verdadera o falsa es necesario avanzar al Principio #3. Ante la pregunta de si una idea es verdadera, normalmente se quiere dar a entender lo siguiente: ¿Se adecua, concuerda con el mundo tal como lo conocemos? ¿Se corresponde con la realidad? En el Principio #3, veremos cómo Romanos 1 nos capacita con una potente serie de instrumentos para analizar cosmovisiones y descubrir la verdad.

PRINCIPIO #3

SALTOS SECULARES DE FE

Hace algunos años, la CNN publicó un artículo titulado «Por qué educo a mis hijos sin Dios». Instantáneamente se hizo viral. Su autora, una joven madre, Deborah Mitchell, mencionaba varias razones por las que evitaba que sus hijos oyeran hablar de Dios —muchas de ellas giraban en torno al problema del mal—. Mitchell argumentaba que un Dios amoroso no permitiría cosas como «asesinatos, abuso de niños, guerras, palizas brutales, torturas y millones de atrocidades cometidas en la historia de la humanidad».[1]

La respuesta cristiana clásica al problema del mal es que Dios creó a los seres humanos con libre albedrío —y ellos han generado un terrible caos y muchos problemas—. Esto se denomina defensa del libre albedrío y reconoce la trágica realidad del pecado y el sufrimiento, al tiempo que afirma la dignidad humana. Refleja a los seres humanos como agentes morales genuinos cuyas elecciones son tan importantes que alteran el curso de la historia e incluso de la eternidad.

Después de rechazar la respuesta cristiana, ¿qué ofreció Mitchell como alternativa? Propuso una cosmovisión materialista según la cual los seres humanos están completamente determinados, sin libre albedrío. «Somos una parte muy, muy pequeña de una máquina muy, muy grande», proclamaba, «y la influencia que ejercemos es minúscula». Debemos aceptar, «darnos cuenta de nuestra insignificancia».

¿Es esa una alternativa atractiva al cristianismo? ¿Qué los seres humanos sean pequeñas máquinas atrapadas en una máquina enorme? ¿Qué sus actos sean insignificantes? Mitchell alegaba que su visión materialista conducía a la «humildad». Pero no es una lección de humildad; es deshumanización pura y dura. Esencialmente, reduce los seres humanos a robots.

Más importante aún, no es verdad. Su visión de la humanidad es contraria a los datos de la experiencia. Todas las civilizaciones que han desfilado por la historia han reconocido que los seres humanos son agentes morales capaces de tomar decisiones responsables. No hay sociedad sin código moral. El testimonio de la experiencia humana universal es que los seres humanos no son pequeños robots.[2]

Al fin y al cabo, ¿qué es lo que pretende explicar una cosmovisión? Debe ofrecer una explicación sistemática de los datos ineludibles, insoslayables, de la experiencia, accesibles a todas las personas, de todas las culturas, en todas las fases de la historia. En términos bíblicos, esos datos constituyen la revelación general. Los filósofos a veces los denominan colectivamente mundo de la vida, o experiencia vital, o experiencia pre-teórica.[3] El propósito que mueve a construir sistemas teóricos es explicar lo que los seres humanos conocen por su experiencia pre-teórica o anterior. Este es el punto de arranque de toda filosofía. Los datos que trata de explicar. Si no acierta a explicar los datos de la experiencia, entonces falla la prueba. Es falsa.

La gravedad de los datos

Esta puede ser la prueba práctica de una cosmovisión. Al igual que los científicos contrastan una teoría analizándola en el laboratorio y mezclando elementos químicos en un tubo de ensayo para ver si los resultados la confirman, así se examina una cosmovisión, analizándola en el laboratorio de la vida corriente. ¿Puede ser vivida consecuentemente en el mundo real sin violar la naturaleza humana? ¿Funciona la vida como prescribe la cosmovisión? ¿Encaja con la realidad? ¿Se corresponde con lo que conocemos del mundo?

Podríamos afirmar que el propósito de una cosmovisión es explicar lo que conocemos del mundo. Si una cosmovisión contradice nuestra experiencia fundamental del mundo —lo que conocemos por revelación general— es señal de que debe desecharse. Como dice Dooyerweerd, toda filosofía «se debe confrontar con el dato de la experiencia ingenua para comprobar su capacidad de explicación de una manera satisfactoria». Toda filosofía que «no puede explicar los datos de manera satisfactoria debe ser errónea».[4]

El filósofo J. P. Moreland asegura que una cosmovisión es puesta a prueba por la manera en que explica los «datos recalcitrantes», los datos tozudos que toda teoría debe explicar —de lo contrario, se ha de considerar falsa.[5]

Y podemos estar seguros de que todas las cosmovisiones basadas en ídolos son falsas. Todas fracasan en explicar al menos alguno de tales datos pertinaces. ¿Por qué? Porque, como vimos en el Principio #2, son reduccionistas. Intentan definir la totalidad en términos de una parte. Inevitablemente sus categorías conceptuales serán demasiado estrechas y limitadas. Algunas partes de la realidad sobresaldrán de la caja.

Considere el artículo de la CNN que se hizo viral. Propugnaba una filosofía materialista que reduce los seres humanos a máquinas determinadas por fuerzas materiales. ¿Qué sobresale de esa caja? La libertad humana. El hecho innegable es que los humanos toman decisiones. Este hecho pone en evidencia que la persona no es «una parte muy, muy pequeña de una máquina muy, muy grande». En vez de ello, los humanos son seres personales capaces de desear y escoger —lo que significa que su origen ha de ser un Ser personal, no las fuerzas ciegas de la naturaleza.

Recuerde que, en filosofía, personal no significa afectuoso y cordial, sino un ser con capacidad de pensar, sentir, escoger y actuar, a diferencia de una sustancia no pensante cuya operación es automática. Considere lo que sucede cuando se mezcla sodio con cloro: los átomos reaccionan entre sí y producen cloruro sódico (sal de mesa). Los átomos no toman la decisión consciente de reaccionar. No escogen transferir electrones para formar un enlace iónico. El proceso tiene lugar simplemente por fuerzas físicas automáticas. El materialismo proclama que, asimismo, la conducta humana se puede explicar exclusivamente por fuerzas físicas que actúan en la química cerebral. La existencia del libre albedrío refuta esa teoría. Proporciona evidencia de que los seres humanos no fueron creados por fuerzas físicas automáticas, sino por un Agente personal.

Resulta irónico que los que rechazan el cristianismo —que creen que sin Dios pueden por fin ser libres— acaben en las garras de filosofías que niegan la libertad humana.

Para acostumbrarnos a la prueba práctica, examinaremos varios ejemplos. La ventaja de usar ejemplos es que uno aprende a analizar las mismas palabras y razonamientos que usan los pensadores seculares en situaciones del mundo real. Lo más increíble que descubriremos es que muchos de ellos, cuando se ven acosados, reconocen realmente que su cosmovisión no encaja con los datos. Los ejemplos de este capítulo le ayudarán a abogar su caso valiéndose de las palabras de ellos.

Yo, robot — Nosotros, máquinas

No se deje tentar pensando que este tipo de cuestiones de cosmovisión son esotéricas —irrelevantes para la gente común y corriente—. Cuando yo era adolescente, ya pugnaba con las mismas cuestiones suscitadas por la joven madre que escribió para la CNN. Después de rechazar mi crianza luterana, abracé el determinismo físico y social. Lo consideré como un clavo más en el ataúd del cristianismo, porque la Biblia enseña claramente que los seres humanos ejercen responsabilidad moral: «Mira, yo he puesto delante de ti hoy la vida y el bien, la muerte y el mal... escoge, pues, la vida, para que vivas tú y tu descendencia» (Dt. 30:15, 19).

Por supuesto, los teólogos debaten sobre la naturaleza exacta de la libertad humana. Los reformadores Lutero y Calvino enfatizaron que los seres humanos no pueden hacer nada para contribuir a la salvación. El mensaje liberador del evangelio es que no tenemos que hacer nada para ganar o merecer la salvación; que tanto la justificación como la santificación se obtienen por «el oír con fe» (Gál. 3:2, 5). Pero los reformadores no quisieron decir que no podamos escoger si preferimos jamón o pavo en el bocadillo del almuerzo.

Por el contrario, el materialismo sostiene que los seres humanos sólo piensan que están escogiendo jamón o pavo; que en realidad su comportamiento es impulsado por fuerzas físicas como las asociaciones de neuronas en el cerebro —como el sodio que reacciona con el cloro—. Todos los cristianos concuerdan en rechazar esta concepción materialista de los seres humanos como meros robots o máquinas de carne.[6]

La Biblia enseña que los seres humanos son pecadores caídos, pero la caída no nos hizo ser menos humanos. No nos convirtió en máquinas.

Obviamente, los seres humanos no somos libres para hacer todo lo que se nos ocurra, porque somos criaturas, no el Creador. También estamos plantados en un universo físico y un mundo social; cada uno tiene un historial personal que afecta a sus decisiones. Sin embargo, dentro de estos parámetros, tenemos cierto margen para tomar decisiones genuinas y somos responsables. Nuestros actos no son simples eslabones de una cadena cerrada de sucesos físicos causalmente conectados. Tenemos la capacidad de ser primeras causas, de iniciar una nueva cadena de causa y efecto.

No obstante, hasta que fui a L'Abri no escuché argumentos convincentes a favor del libre albedrío. Los argumentos se centraban en la universalidad de la experiencia humana. El testimonio de todas las culturas conocidas en toda la historia registrada es que los seres humanos ejercen libertad y responsabilidad moral. De vez en cuando, ha habido individuos extravagantes que han planteado objeciones, pero las civilizaciones en su conjunto no pueden sobrevivir sin la convicción de que las personas han de ser tenidas por responsables de sus actos.

Incluso los materialistas suelen admitir que, en la práctica, es imposible para los seres humanos vivir de otra manera. Un filósofo bromea diciendo que si la gente niega el libre albedrío, entonces, cuando hacen un pedido en un restaurante, deberían decir: «Tráigame lo que las leyes de la naturaleza han determinado que debo obtener».[7] Parece que nos vemos obligados a aceptar la realidad del libre albedrío. Los seres humanos están constituidos de tal manera que no pueden funcionar sin éste. Es uno de esos datos tozudos que deben ser explicados por cualquier cosmovisión.[8]

Estos fueron algunos de los argumentos con que me topé cuando estudiaba en L'Abri. En consecuencia, comencé a considerar seriamente si mi cosmovisión determinista podría estar equivocada. Me dio la sensación de que, después de todo, los seres humanos están dotados de libertad moral. Y si mi cosmovisión no era capaz de explicarlo, bueno, tenía que buscarme otra que fuera válida. Fue el principio de un viraje intelectual. El cristianismo me empezó a parecer mucho más plausible.

¿Cómo podemos hacer que el cristianismo sea más plausible para nuestros amigos y familiares buscadores, agnósticos o escépticos?

Principio #3

Pruebe el ídolo: ¿Contradice lo que conocemos del mundo?

Hemos tratado dos principios en el análisis de una cosmovisión. El primero fue la identificación del ídolo. El segundo, identificar su reduccionismo. Ahora nos preguntaremos si las cosmovisiones basadas en ídolos se corresponden con el mundo real.

Sigamos con las cuestiones que suscita el libre albedrío porque es fundamental para la dignidad humana. La posibilidad de escoger entre varias alternativas hace posible toda una gama de capacidades específicamente humanas —la creatividad y la resolución de problemas, el amor y las relaciones (los robots no aman), e incluso la racionalidad (si las mentes estuvieran pre-programadas para abrazar ideas, no tomarían decisiones racionales). «A menos que los seres humanos sean moralmente responsables», dice el profesor de leyes Jerome Hall, «la justicia es sólo un espejismo». A menos que los seres humanos tengan libre albedrío, no desarrollaremos un sentido de identidad o de autoestima (porque todo lo que hacemos sería realmente obra de fuerzas inconscientes, automáticas).[9]

Lo que está en juego es nada menos que el «respeto a las personas», dice cierto filósofo. Ya que si el determinismo fuera verdadero, «nosotros seríamos, a fin de cuentas, meros juguetes de la fortuna».[10]

Así pues, el libre albedrío ha venido a ser un sustituto para toda la gama de cualidades humanas que dependen de él. En un curso de Introducción a la Filosofía, es casi seguro que el libro de texto incluya una sección de libre albedrío frente a determinismo. En los últimos años, el tema ha pasado a un primer plano en filosofía.[11] Por lo tanto, es uno de los factores más destacados de la revelación general que puede servir para poner a prueba las cosmovisiones.

Por qué los secularistas no pueden vivir con el secularismo

Practiquemos aplicando el Principio #3 a varios ejemplos, usando las palabras y los escritos de los propios secularistas. Un ejemplo especialmente claro es Galen Strawson, filósofo que declara con jactancia que «la imposibilidad del libre albedrío... se puede probar con total certidumbre».

Sin embargo, en una entrevista, Strawson admite que, en la práctica, nadie acepta tal visión determinista. «Para ser honesto, ni yo mismo puedo aceptarla», confiesa. «No puedo convivir con este factor cotidiano. ¿Puede usted?».

Pero si los seres humanos «no pueden convivir con» las implicaciones que impone una cosmovisión, ¿será ésta un mapa fiable para sortear la realidad? Vigile frases como estas cuando analice otros ejemplos. Suelen ser indicio de que alguien intenta vivir según una cosmovisión que no encaja con el mundo real —de que él o ella han chocado contra alguna de las realidades insolubles que apuntan hacia el Dios bíblico.

Además, Strawson insiste en que no está solo, que incluso los científicos cognitivos que publican libros y artículos de revista a favor del determinismo no lo aceptan como teoría viable para vivir. Puede que la acepten en «sus batas blancas de laboratorio, pero estoy segura de que son como el resto de nosotros cuando se mueven por el mundo —están convencidos de la realidad radical del libre albedrío».[12]

En suma, sus costumbres contradicen lo que profesan. Están atrapados en la disonancia cognitiva.

Strawson expone el conflicto en términos chocantes: «Poderosas razones lógicas o metafísicas para suponer que no podemos tener un libre albedrío sólido siguen oponiéndose a razones psicológicas igualmente poderosas por las que no podemos dejar de creer que lo tenemos... Parece que no podemos vivir o experimentar nuestras decisiones como determinadas, aunque el determinismo sea verdadero».[13]

¿Qué expresiones reveladoras aparecen en este texto? Que hay ideas que «no podemos dejar de creer». Que «no podemos vivir» apoyados en ideas contrarias, aunque pensemos que son verdaderas. Cuando un concepto (como el del libre albedrío) sigue manando ineludible e irresistiblemente en la mente de quien lo desaprueba —cuya cosmovisión lo niega directamente—, es un indicio claro que se trata de una verdad de revelación general que está siendo suprimida. El orden creado se niega a entrar en la caja de toda cosmovisión basada en ídolos.

No importa cuánto se esfuerce la gente por suprimir su conocimiento de Dios, la creación misma sigue desafiándoles. «La vida humana es una pelea continua contra Dios y su orden creado», escribe Thomas Johnson.[14] Cuando uno habla con escépticos y agnósticos, puede mostrarles que su cosmovisión falla en explicar la realidad tal como ellos la experimentan. Las verdades de la revelación general no se pueden suprimir definitivamente.

Una cosmovisión es como un mapa interno que nos orienta para navegar por la realidad. Puesto que los ídolos deifican una parte de la creación, producen mapas que sólo cubren una parte de la realidad. En consecuencia, en el curso de la vida corriente, los seres humanos siguen desviándose del mapa. Sucede siempre que se ven «obligados a creer» en el libre albedrío o la responsabilidad moral, o en cualquier cosa no cubierta en su mapa cognitivo —siempre que no «pueden vivir» dentro de los reducidos límites del mapa—. La vida misma les empuja fuera de su propio mapa. Nadie puede vivir consecuentemente apoyado en una cosmovisión tan restringida.

Secularistas tibios e indecisos

Considere otros pocos ejemplos de la vida real. En *What Science Offers the Humanities* (Qué ofrece la ciencia a las humanidades), Edward Slingerland, se identifica como materialista y reduccionista descarado. Un crítico de la revista Science manifestó su esperanza de que el libro «*Inicie experiencias de conversión*» a una cosmovisión materialista. (¿Experiencias de conversión? ¡Y uno se preguntaba si el materialismo podría catalogarse como religión!)

Slingerland razona que el materialismo darwinista conduce lógicamente a la conclusión de que los seres humanos son robots —que la percepción que se tiene de una voluntad, o yo, o conciencia, es una ilusión—. No obstante, admite que es una ilusión que es imposible sacudirse. Nadie «puede evitar actuar —y a cierto nivel sentirse—, como ser libre». Somos «constitucionalmente incapaces de experimentarnos a nosotros mismos y a otros congéneres [humanos] como robots».

E incluso una sección de su libro se titula: «Somos robots diseñados para no creer que somos robots».

¿Reconoce usted el lenguaje de la revelación general? Consiste en esas verdades fundamentales que los seres humanos «no pueden dejar» de experimentar y de sentir, aunque contradigan su propia cosmovisión. En cierto pasaje, Slingerland escribe: «Estamos constituidos de tal manera» que «inexorable» e «ineludiblemente» experimentamos la «realidad vital» de ser agentes morales.

¿Cómo propone Slingerland resolver la contradicción entre la «realidad vital» y su filosofía determinista? Ni siquiera lo intenta. Sin embargo, dice que «tenemos que resolver el dilema de... vivir con una conciencia dualista, cultivando la capacidad de considerar a los seres humanos simultáneamente bajo dos categorías: como sistemas físicos y como personas».[15] Es decir, él recomienda explícitamente construir una dicotomía mental, una división en dos plantas:

Cultivo de una «conciencia dualista»

PERSONAS

Agentes libres

SISTEMAS FÍSICOS

Robots

Tal pensamiento compartimentado es lo que George Orwell denominó célebremente «doblepensar», que funciona aquí como un mecanismo filosófico de adaptación. Cuando una cosmovisión no da cuenta de toda la realidad, ¿qué hacen sus adeptos? ¿Dicen acaso: «Supongo que mi teoría es falsa; será mejor que me deshaga de ella?». Mucha gente no se rinde tan fácilmente. En lugar de ello, suprimen las cosas que su cosmovisión no puede explicar, las aíslan en una zona conceptual separada de la realidad —una planta superior de ficciones útiles—. Deseos insatisfechos. Ilusiones.

Una conciencia dualista es indicio de que se está suprimiendo la evidencia contraria de la revelación general. Como vimos en el Principio #2, toda cosmovisión no bíblica acaba en alguna forma de «conciencia dualista» o dualismo. Siempre habrá contradicción entre las realidades que reconoce (lo que cabe en la caja) y las realidades que niega (lo que sobresale de la caja). Un conflicto entre lo que profesa y lo que suprime.

Pérdida de la verdad total

No obstante, el precio por aceptar tan brusca dicotomía es la pérdida de una verdad unificada. Las dos concepciones de la persona humana de Slingerland son lógicamente contradictorias. Porque si en verdad somos robots que actúan puramente por causas naturales, entonces es imposible la libertad. No hay cosmovisión lógicamente coherente, unificada, que pueda abarcar ambas concepciones contradictorias de la persona humana.[16]

Desde tiempos inmemoriales, la gente se ha aferrado al ideal de la unidad de la verdad. El universo mismo es una totalidad integrada y coordinada, y por lo tanto, la verdad acerca del universo debe ser una totalidad integrada y coherente. Puede que todavía no seamos capaces de ver cómo encaja todo. Pero sabemos que dos declaraciones contradictorias no pueden ser verdaderas.

Hasta aproximadamente los años treinta, la educación superior estadounidense se basaba en lo que se denominaba explícitamente «unidad de la verdad» —«la convicción de que todas las verdades concuerdan y en última instancia se relacionan con otras en un sistema único», escribe Julie Reuben, historiadora de Harvard.[17] Pero actualmente, hasta las personas bien educadas aceptan una visión de la verdad contradictoria y fragmentada en dos plantas. Por una parte, abrazan una cosmovisión radicalmente reduccionista. Por otra, no pueden negar las verdades que les impone la experiencia cotidiana —las verdades de la revelación general—. Por tanto, han hecho lo que para generaciones anteriores hubiera resultado inconcebible. Han renunciado al ideal de la unidad de la verdad.

Un salto de duda

Los pensadores que hasta aquí hemos comentado son sorprendentemente sinceros. Reconocen la flagrante contradicción entre lo que practican y lo que profesan. Pero es raro que la gente sea tan perspicaz. Muchos se abstienen de calcular las consecuencias finales de su cosmovisión. Se limitan a vivir sumidos en una amalgama de ideas dispares. Una estrategia apologética eficaz es ayudar a la gente a ver más claramente hacia donde conduce su cosmovisión. Cuando se dan cuenta de que las cosmovisiones basadas en ídolos suspenden la prueba práctica, tal reflexión puede impulsarles a investigar la cosmovisión bíblica.

Considere a Marvin Minsky, del MIT (Instituto de Tecnología de Massachusetts), famoso por acuñar la enjundiosa expresión de que el cerebro humano no es nada más que «una computadora de tres libras de carne». Obviamente, las computadoras no tienen capacidad de elección; de donde se deduce que tampoco la tienen los seres humanos. Sin embargo, asombrosamente, Minsky se pregunta: «¿Significa esto que debemos abrazar la postura científica moderna y dejar de lado el antiguo mito de la elección voluntaria? No. No podemos hacer eso».

¿Por qué no? Minsky prosigue diciendo: «No importa que el mundo físico no dé cabida a la libertad de la voluntad; ese concepto es esencial para nuestros modelos en el ámbito mental». Nunca podremos «renunciar a éste. Nos vemos prácticamente forzados a mantener esa creencia, aunque sepamos que es falsa».[18] Es decir, falsa según la cosmovisión materialista de Minsky.

Este es el caso asombroso de doble-pensar orwelliano. Minsky afirma que la gente se ve «forzada a mantener» la convicción del libre albedrío, aunque su propia cosmovisión les dice que «es falsa». Obviamente, él no se refiere a meras costumbres o tradiciones culturales que difieren de una sociedad a otra. Estas son verdades que los seres humanos no pueden conocer.

El hecho insoslayable de que somos seres personales demuestra que nuestro origen es un Ser personal. ¿Cómo escapa Minsky a la fuerza irresistible de tal evidencia? La reduce a la condición de una falsedad necesaria. La traslada a la planta superior:

«Mitos antiguos» que nos vemos «obligados a mantener»

FALSEDADES NECESARIAS

Libertad de voluntad

OPINIÓN CIENTÍFICA

Computadora de carne

Esto no es otra cosa que un salto secular de fe. Los materialistas empiezan afirmando la planta inferior como explicación de lo que es real y verdadero. Pero cuando los datos de la experiencia se resisten a encajar en su cosmovisión, dan un salto de fe a la planta superior y abrazan esos datos, de manera ambigua, como creencias falsas —aunque necesarias.[19]

Debemos recalcar que esto dista mucho del concepto bíblico de fe. La Biblia no define la fe como un salto hacia algo que no tiene justificación lógica según su propia cosmovisión —una falsedad útil—. Cuando Pablo escribe: «Por fe andamos, no por vista» (2 Co. 5:7), algunos cristianos creen que él habla metafóricamente y significa «por fe, no por la razón». Pero Pablo habla literalmente y quiere decir vista. Las realidades inmateriales son invisibles. No se pueden ver. La fe es «la convicción de lo que no se ve» (He. 11:1). Sin duda, hace falta una fe tremenda para actuar dando por sentadas realidades invisibles, pero no es una contradicción lógica. Dada la evidencia, tales actos pueden ser sumamente razonables, como es igual de razonable para los físicos contar con fuerzas y campos reales que ellos no pueden ver.

El proyecto secular conduce al suicidio del intelecto y la desintegración de la persona. Por el contrario, la cosmovisión cristiana es maravillosamente positiva, afirma tanto la unidad de la verdad como el compromiso holístico de la persona pensante.

Ateísmo versus civilización

Pablo advierte, en Romanos 1, que los ídolos conducen a conductas destructivas, al desmoronamiento moral y social. Asombrosamente, algunos pensadores seculares reconocen la verdad de la advertencia de Pablo.

El filósofo Saul Smilansky es un determinista que cree que el libre albedrío es una ilusión. Pero una ilusión «afortunada» porque hace posible la vida civilizada. Insta a las élites sociales a persuadir a la gente de que son agentes responsables (aunque en realidad no lo son) para poder mantener un sano sentido de obligación y responsabilidad moral. De otro modo podrían excusar conductas hostiles alegando que no tenían otra opción en el asunto. El libre albedrío es una ficción necesaria —«moralmente necesaria»— para fortalecer el orden social.

Smilansky lo resume diciendo: «No podemos vivir adecuadamente con... completa conciencia de la ausencia de libre albedrío». Así pues, «debemos aferrarnos a convicciones esenciales, aunque incoherentes o contradictorias, en la cuestión del libre albedrío».[20]

¿Qué frases indican que está siendo cuestionado por la revelación general? Su admisión de que «no podemos vivir» basándonos en lo que enseña su cosmovisión. Que «debemos aferrarnos a» una creencia contradictoria en el libre albedrío.

Por supuesto, la cosmovisión materialista de Smilansky no da pie a ninguna «obligación» moral porque esta palabra implica que los seres humanos son capaces de tomar decisiones morales. Un examen de su libro revela que él aboga por un sistema «de dos niveles»: «Por un lado están los expertos (mayormente filósofos y científicos) que se dan cuenta de la verdad naturalista sobre nosotros mismos, y por otro, el resto de los mortales —la inmensa mayoría que debe ser inducida al engaño en cuanto a su naturaleza real, para que no se desmoralice».[21]

Cuando se oye hablar a la gente de ideas falsas, aunque necesarias para sostener un orden social humano, es señal indicativa de que se han topado con la áspera contundencia de una realidad que no encaja en su cosmovisión. Tropiezan en las verdades de la revelación general. Y procuran suprimirlas rebajándolas a ficciones útiles. Es notable el sentido que tiene la descripción paulina de Romanos 1 de la dinámica de supresión de las cosmovisiones modernas.

La «intolerable» cosmovisión de Dawkins

El más famoso de los nuevos ateos es Richard Dawkins. En sus libros, argumenta que los seres humanos no son sino «máquinas supervivientes —vehículos robot ciegamente programados» por sus genes—. Por tanto, no tiene sentido exigir a nadie responsabilidad por lo que hace. Al fin y al cabo, señala, «cuando una computadora funciona mal no la castigamos. Buscamos el problema y lo resolvemos». Insta a una revisión del sistema de justicia penal: «¿No es el asesino o el violador una máquina con un componente defectuoso?».

A Dawkins le gusta ilustrar evocando un episodio de la comedia británica *Fawlty Towers*. Como el cochecito rojo de Basil Fawlty no arrancaba, al principio reprende al auto, como un padre a su hijo desobediente. Luego cuenta tres. Finalmente empuña una vara y propina al auto una buena paliza. «Por supuesto que nos hace gracia», escribe Dawkins. Pero, «¿Por qué no nos reímos del juez que castiga a un criminal?... ¿Acaso una verdadera concepción científica, mecanicista, del sistema nervioso no convierte en un despropósito la idea misma de responsabilidad?».[22]

En la mente de Dawkins, una persona no tiene más libertad que un cochecito rojo.

No obstante, cuando un joven le acosó al respecto, después de una conferencia pública, Dawkins admitió que no practica lo que predica. No concibe la idea de la responsabilidad como un sinsentido. Tiene por responsables a las personas por los actos que cometen: «Culpo a las personas, les doy reconocimiento».

«¿Pero no ve usted incoherencia en su punto de vista?», le preguntó el joven. Dawkins repuso: «Supongo que sí. Pero es una incongruencia con la que tenemos que vivir, de otro modo la vida sería intolerable».[23]

Fue una admisión increíble: en la práctica nadie puede vivir conforme a la cosmovisión naturalista que fomenta —sus consecuencias serían «intolerables».

El dilema de Einstein

De todos estos ejemplos se descubre que muchos pensadores prominentes viven una existencia bipolar en dos plantas. En su labor profesional adoptan una filosofía reduccionista que considera a las personas básicamente como pequeños autos rojos. Pero cuando salen de sus laboratorios y llegan a casa tienen que cambiar a un paradigma contrario para poder tratar a la gente justa y humanamente, para evitar una vida «intolerable».

Incluso el gran Albert Einstein quedó atrapado en el mismo dilema. Por una parte, escribe, «los seres humanos no son libres para pensar, sentir y actuar sino que están ligados causalmente como las estrellas en su movimiento». Por otra, dice: «Me veo obligado a actuar como si existiese el libre albedrío porque si quiero vivir en una sociedad civilizada debo actuar responsablemente».[24]

La expresión de Einstein «como si» es un indicio que anuncia un salto irracional de fe. El origen de la expresión se halla en los escritos de Emmanuel Kant. Por una parte, Kant pensó que la ciencia llevaba a la conclusión de que los seres humanos son piezas de una vasta máquina que opera sometida a las leyes de la física. Por otra, manifestó que para rescatar la moral, debemos actuar como si fuésemos libres. Y para ratificar nuestras normas morales, debemos actuar como si Dios existiese. Y debido a que la moral no tiene sentido a menos que prevalezca al final la justicia, debemos actuar como si hubiese vida después de la muerte. De otro modo, «todas las leyes morales han de ser consideradas vanas quimeras».

Según la concepción de Kant, es imposible saber si estas enseñanzas teológicas son verdaderas. Pero para estimular la conducta moral, dijo, debemos vivir como si fueran verdaderas. La expresión como si apunta a una idea que se ha trasladado a la planta superior.[25]

Vivir «como si» el cristianismo fuese verdadero

LO QUE ACEPTAMOS «COMO SI»

Libertad, Dios, moral, vida después de la muerte

LO QUE SABEMOS

Materialismo, determinismo

Desde Kant, la expresión como si ha venido a indicar verdades que la gente se ve obligada a abrazar, aun cuando no puedan dar cuenta de ellas según su propia cosmovisión. Viven como si el cristianismo fuese verdadero, aunque su cosmovisión lo niega. En vez de renunciar a su cosmovisión frente a datos incompatibles, soportan una grave esquizofrenia mental.

El misticismo secular

Todavía vivimos a la sombra de Kant. En *What is Thought?* (¿Qué es el pensamiento?), el científico informático Eric Baum sostiene que la mente es básicamente un programa computacional producido por procesos evolucionarios. Así pues, el libre albedrío es una ilusión. El argumento lógico es «hermético», insiste Baum. Lo chocante es que luego añade: «Pero, ¿a quién le importa realmente, a efectos prácticos? Es mucho más razonable y práctico para mis genes hacerme creer en el libre albedrío, y que yo actúe y piense como si tuviera libre albedrío». Es una ficción útil.

Pero una ficción útil sigue siendo una ficción. Y sostenerla, cuando tu propia cosmovisión la niega, es irracional. Podríamos incluso designarla una forma de misticismo secular. Baum lo admite. «El libre albedrío es una teoría muy útil» para describir la conducta humana, escribe. Pero sigue estando «equivocada». Para ser exactos, «ni siquiera está equivocada» —porque «no se le puede dar una interpretación lógica» (al menos, según su cosmovisión). Y así, Baum concluye: «La creencia es sencillamente mística».[26]

Un grupo de pensadores ha sido incluso calificado de «misterianos». Ellos alegan que la inteligencia humana no está equipada para resolver el misterio de la conciencia —que evolucionó para resolver problemas puramente prácticos como obtener alimentos y fabricar herramientas—. Un representante de este grupo, Colin McGinn, escribe: «La conciencia debe haber evolucionado, de algún modo, de la materia, pero nada que podamos inventar o imaginar parece ofrecer la más mínima explicación. . . Carecemos de la facultad de comprensión que nos permitiría borrar la sensación de misterio».[27]

Francis Schaeffer, en *The God Who Is There* (El Dios que está ahí), observa que toda cosmovisión que admite un dualismo de dos plantas conduce en última instancia al «misticismo», en el sentido de que sus adeptos deben afirmar verdades que su propia cosmovisión no puede explicar racionalmente.[28] Resulta irónico que muchos pensadores que se jactan de ser campeones de la racionalidad hayan aceptado una forma de misticismo —abocados a tal postura extrema por el afán de suprimir los datos que contradicen su cosmovisión preferida.

Psicópatas darwinistas

Romanos 1 asegura que Dios «entrega a las personas» para que vayan aún más lejos, en pos de sus ídolos, y aumente la brecha entre lo que profesan y lo que practican. Podemos imaginar que las cosmovisiones se ubican en una continuidad de distintos niveles: Cuanto más consecuentemente la gente elabora la lógica de su cosmovisión, más reduccionista será el resultado, más ancha la brecha y mayor el salto hacia el misticismo irracional. La elección que tienen por delante se torna aún más clara: ¿Abrazarán la evidencia de la revelación general o se aferrarán a sus teorías y negarán la evidencia?

Veamos una serie de ejemplos para observar por nosotros mismos cómo se ensancha la brecha y se torna más preocupante.

Comenzamos con Slingerland; veamos ahora cómo acaba. Como darwinista y materialista, él reconoce que su visión reduccionista de los seres humanos, básicamente al nivel de los robots, es contraria a la experiencia común. Es «extraña y a menudo repugnante desde cualquier perspectiva humana normal». Llamando la atención sobre su propia hija, Slingerland escribe: «A un nivel importante e inextirpable, pensar que mi hija es un robot complejo que porta mis genes a la próxima generación es extraño y repugnante para mí». Tal perspectiva reduccionista «inspira en nosotros una especie de resistencia emocional e incluso de aversión».

Ciertamente, escribe, si usted no siente tal aversión, algo no anda bien: «Desde luego, puede haber individuos que carecen de este sentido, que pueden sin problemas, perfectamente, pensar en sí mismos en términos puramente instrumentales, mecanicistas, pero a esa clase de gente les llamamos "psicópatas", y con razón tratamos de identificarles y apartarles en algún sitio para proteger al resto de la sociedad».[29]

¿Qué podemos decir cuando alguien nos insta a adoptar una concepción de la humanidad que él mismo admite es extraña y repugnante? ¿Una concepción que debería inspirar aversión? ¿Una concepción tan peligrosa que, cuando se pone en práctica, estaría justificado calificar a las personas de «psicópatas» y encerrarlas?

Surge un grave conflicto entre lo que su materialismo darwinista le dicta (en la planta inferior) y lo que su experiencia vital le aconseja (en la planta superior). ¿Cuál de las dos opciones aceptará como verdadera?

Para describir este choque, hemos venido usando la expresión disonancia cognitiva, pero estas palabras pueden ser demasiado dóciles, ya que se da una aguda contradicción. Pablo escribe que los que basan sus vidas en ídolos se «envanecen en sus razonamientos, y su necio corazón es entenebrecido» (Ro. 1:21). La palabra griega equivalente a fútil significa improductivo, ineficaz, que no cumple su propósito. Como este ejemplo indica claramente, las cosmovisiones basadas en ídolos no producen lo que una filosofía de la vida debería de ofrecernos —una cosmovisión coherente, lógica y satisfactoria que dé sentido a la vida entera.

La palabra griega equivalente a necio refuerza el tema. Su raíz (syniēmi) significa sintetizar, ordenar las cosas en la mente, y de ahí, entender, ser sabio. De manera que ser necio equivale a fracasar en conectar ideas o asociarlas en una estructura significativa, en un todo coherente. La Escritura nos proporciona una descripción in situ de la cosmovisión fragmentada, fracturada, internamente contradictoria, de doble planta, que resulta cuando se erigen ídolos.

No es de extrañar que Pablo escriba que los que rechazan al Creador «no tienen excusa» (Ro. 1:20). La expresión significa «sin defensa», y originalmente aludía a la defensa legal en un juicio, ante un tribunal. En griego se emplea la palabra anapologétos, que tiene la misma raíz que la palabra apologética. El pasaje implica que los que adoptan sustitutos del Creador acaban con una cosmovisión de dos plantas no justificable, por no ser lógicamente consecuente, coherente o realista. Sus cosmovisiones no se corresponden con la realidad tal como ellos la experimentan.

La fuerza de este enfoque es que prueba por qué las cosmovisiones fallan en sus propios términos. Rara vez convence el criticar otras concepciones desde la propia perspectiva. Lo único que queda claro es que uno no está de acuerdo con otros puntos de vista. Hay que penetrar imaginativamente en las otras perspectivas para mostrar desde dentro por qué carecen de poder explicativo.

Profesor del MIT: Mis hijos son máquinas

Cuando Dios entrega a las personas a sus ídolos, ellas experimentan un conflicto cada vez más agudo entre su cosmovisión y su realidad vital. Cuando enseño estas ideas en el aula, un ejemplo que mis alumnos hallan especialmente patético es *Flesh and Machines* (Carne y máquinas), por Rodney Brooks, profesor emérito del MIT. Brooks escribe que un ser humano no es nada más que una máquina —una «gran bolsa de piel repleta de biomoléculas», que reaccionan sometidas a las leyes de la física y de la química.

Por supuesto, en la vida ordinaria resulta difícil contemplar a la gente de esa manera. Pero, dice él, «cuando miro a mis hijos, puedo, si me obligo..., veo que son máquinas».

Pero ¿acaso les trata como tales? Por supuesto que no: «No les trato así... Interactúo con ellos a un nivel completamente distinto. Cuentan con mi amor incondicional, el más alejado del análisis racional que puedo obtener». Ciertamente, si se considera «racional» una cosmovisión materialista según la cual los seres humanos son máquinas, entonces amar a sus hijos es irracional. No tiene fundamento según la cosmovisión de Brooks. Sobresale de su caja.

¿Cómo reconcilia él tal disonancia cognitiva desgarradora? No lo hace. Brooks acaba diciendo: «Mantengo dos sistemas de creencias incompatibles».[30] Ha renunciado a todo intento de conciliar su teoría con su experiencia. Ha abandonado toda esperanza de una cosmovisión unificada, lógicamente coherente. No tiene defensa.

Esta es la tragedia de la época posmoderna. Las cosas que más importan en la vida, necesarias para una sociedad humana —ideales como la libertad moral, la dignidad humana, e incluso el amor a los hijos—, quedan reducidas a meras ficciones útiles. Son arrojadas al ático, que se convierte en un vertedero cómodo para todo lo que el paradigma materialista no puede explicar.

La Biblia enseña que, sin Dios, las personas están moralmente perdidas. Pero también lo están intelectualmente, porque intentan vivir dentro de los límites de una cosmovisión demasiado estrecha y reducida para dar cuenta de su propia humanidad. Se ven obligados a poner toda su esperanza de dignidad y de sentido en el ámbito de la planta superior que ellos mismos consideran irracional e incognoscible —nada más que falsedades necesarias.

Trágicamente, con el tiempo, esos ideales humanos perderán inevitablemente su vigencia. A fin de cuentas, somos creados a imagen de Dios como seres lógicos; por lo cual, tendemos a arrastrar las consecuencias lógicas de nuestras premisas. Es psicológicamente imposible aceptar ideas que se consideran ficciones, no importa cuán útiles sean. Si alguien como Brooks piensa realmente que sus hijos no son más que mecanismos que operan con engranajes chirriantes, esa convicción erosionará eventualmente el «amor incondicional» que siente por ellos. Si las clases dirigentes de una sociedad piensan realmente que la gente son máquinas, esa convicción erosionará eventualmente la libertad política. Los ídolos acarrean consecuencias prácticas.[31]

Chesterton: El cristianismo es «demasiado bueno para ser cierto»

Actualmente los cristianos gozan de una oportunidad sin precedentes para presentar la cosmovisión bíblica como positiva y vivificante.

Si uno comienza con la materia operando con fuerzas ciegas, mecánicas, entonces, lógicamente, los seres humanos no pueden ser en última instancia más que mecanismos complejos. Los supuestos de partida limitan las categorías disponibles.

Pero si uno comienza con un Agente personal trascendente, contará con una explicación perfectamente lógica del porqué los seres humanos son también agentes personales. La causa se adecúa al efecto. Los mismos fenómenos, tan problemáticos para el materialismo científico —el libre albedrío, la conciencia, el amor—, pueden ser lógicamente explicados por una cosmovisión cristiana. Ninguna parte de la experiencia humana queda fuera de sus categorías. Nada sobresale de la caja. El ser humano ya no es un inadaptado en un mundo determinista. No hay división entre la planta alta y la planta baja porque no es necesario un ático místico para esconder las cosas que no caben en su cosmovisión. El cristianismo afirma la unidad de la verdad como una totalidad coherente, lógicamente congruente. En Cristo, «todas las cosas subsisten» (Col. 1:17).

G. K. Chesterton se atreve a apostar que los secularistas rechazan el cristianismo no porque sea una teoría mala, sino porque parece «demasiado bueno para ser cierto». Para el materialista, «el universo es una prisión universal». Ata a los seres humanos con una cadena de causa y efecto. De modo que cuando un secularista se topa con la visión bíblica, «creer en esa libertad es como creer en un país de hadas».

Si los secularistas hallan que el cristianismo es «increíble», concluye Chesterton, es porque es increíblemente positivo en afirmar una excelsa concepción de la libertad y la dignidad humanas.[32]

Los pensadores seculares suelen acusar al cristianismo de irracional. Sin embargo, resulta irónico que la cosmovisión bíblica concuerda hoy con un sistema lógicamente coherente. Libera de la disonancia cognitiva e imparte profunda paz y unidad internas. Concuerda con el anhelo natural humano de una vida íntegra y plena. (Íntegro/integral/integridad provienen de una palabra latina que significa totalidad.) Cuando hablamos con gente secular, podemos mostrarles cómo el cristianismo satisface sus más altas esperanzas e ideales.

Por supuesto, no todo aquel que acepta el materialismo o el naturalismo sigue adelante hasta aceptar el determinismo. Pero sugiero que esto es simplemente porque las personas no se cuidan de calcular las consecuencias lógicas de sus premisas. A menudo la gente acepta ideas que parecen atractivas o sofisticadas, pero no las desarrollan hasta alcanzar sus implicancias finales. Dando ejemplos de científicos y filósofos como los que hemos visto en el Principio #3, podemos proporcionar una verificación de la realidad. Es más probable que la gente se persuada cuando descubre las consecuencias negativas del materialismo y el ateísmo en los propios escritos de los materialistas y los ateos.

Alejamiento del mapa del posmodernismo

Hasta aquí hemos aplicado la prueba práctica a las cosmovisiones de la Ilustración. ¿Qué sucede cuando aplicamos el Principio #3 a la otra cara de la moneda: la tradición continental que surge del movimiento romántico? Como vimos antes, en vez de absolutizar la planta baja (la materia), el idealismo filosófico absolutiza la planta superior (la mente). Proclama que la realidad última es el ámbito mental de las ideas. Schopenhauer describió el idealismo diciendo que toma las «verdades eternas» que constituyeron la base de toda la filosofía precedente, «investiga su origen, y descubre que éste se halla en la cabeza del hombre».[35]

Pero si las verdades eternas se ubican realmente «en la cabeza del hombre», la conclusión lógica es que, a fin de cuentas, no son eternas. No son más que constructos humanos, relativos y mudables. En nuestro tiempo, el posmodernismo ha llegado a esta conclusión. Sostiene que los seres humanos no tienen acceso a un mundo objetivo o extra mental. Según la escueta frase de Rorty, la «verdad se hace, no se encuentra».[34]

Si el materialismo guarda sus viejos baúles en el ático, podríamos asegurar que el posmodernismo guarda los suyos en el sótano, etiquetados con jerga posmoderna, con términos como «logo-céntrico», «post-colonialista», «meta-narrativa», y «falsa conciencia».

Hagámonos la misma pregunta que planteamos a las cosmovisiones de la Ilustración: ¿Explica el posmodernismo la realidad de la experiencia humana universal? ¿Puede ser vivida en la práctica sin contradicción en el mundo real? ¿O conduce a un dualismo insostenible?

La respuesta es que en la práctica los posmodernistas no viven consecuentemente según la base de su propia filosofía. No tratan todas las ideas como constructos humanos. Sino que, como cualquier otra persona normal, contrastan sus contenidos mentales con el estado de cosas extra mentales de múltiples maneras. Pensaban que el pan estaba en el refrigerador, pero estaba en el mueble de la cocina. Pensaban que las llaves estaban encima de la mesa, pero las encontraron en un bolsillo. ¿Cómo? Comparando sus pensamientos con el estado de cosas en el mundo exterior.

En la vida cotidiana, los posmodernistas se preocupan tanto de las verdades objetivas como cualquier hijo de vecino. Dallas Willard comenta: «He notado que los posmodernistas más tajantes se vuelven modernos tibios cuando hablan de sus beneficios adicionales o de asuntos que suponen mucha diferencia en su vida práctica».[35] Recurriendo a la metáfora de que una cosmovisión es un mapa mental, los posmodernistas siguen desviándose del suyo. Es demasiado pequeño para explicar la amplia geografía de quiénes son.

Como vimos en el Principio #2, el posmodernismo es una forma de anti-realismo; concibe que la realidad es un constructo social. No obstante, los seres humanos no pueden evitar funcionar como si el mundo exterior fuera real y nuestro conocimiento del mismo, básicamente fiable. Los que niegan tener acceso a una realidad externa no dejan de mirar a ambos lados de la calle antes de cruzarla. Evitan saltar desde balcones. Contienen su respiración debajo del agua. Es decir, saben que existe una realidad extra mental a la que deben adaptar su conducta; de otro modo las consecuencias serían desastrosas.

Todos aprendimos esta verdad básica cuando éramos pequeños. Cuando gateábamos, o chocábamos contra la pared, o nos caíamos de la silla y nos golpeábamos contra el suelo, fuimos descubriendo de manera penosa que el universo tiene una estructura objetiva. Cuando la caja de juguetes no contenía lo que nosotros queríamos, descubrimos que la realidad no se doblega a nuestros deseos subjetivos. Todo lo que nos vemos obligados a afirmar, para poder simplemente funcionar en el mundo, forma parte de la revelación general.

El cristianismo explica por qué la verdad no es meramente una construcción humana. El mundo no es creación de mi propia mente. Es obra de Dios. La mente humana no puede usurpar el papel y la función del Creador. El concepto bíblico de creación proporciona una base lógica para sostener lo que los seres humanos ineludiblemente concluimos por experiencia desde nuestra más tierna infancia.

De manera llamativa, Rorty concede que la idea misma de verdad objetiva —una verdad que «está ahí»— sólo tiene sentido desde la base de una cosmovisión cristiana. «La sugerencia de que la verdad está ahí... Es legado de una época en la que el mundo se consideraba creación de un ser que tenía un lenguaje propio», un «lenguaje no humano» escrito en el cosmos.[36] Rorty rememora una imagen que los cristianos han abrazado desde los padres de la iglesia —la idea de que hay dos libros: el libro de la palabra de Dios (la Biblia) y el libro del mundo de Dios (la naturaleza). Y dado que el mundo es una especie de libro, hay un mensaje con un significado inscrito en el cosmos. Los seres humanos deberían ser capaces de «leer» ciertas verdades fundamentales en la creación. Deberíamos ser capaces de discernir la evidencia de Dios en la revelación general, como enseña la epístola a los Romanos.

No me imponga sus datos

Anteriormente descubrimos que los ídolos conducen a un dualismo o dicotomía mental —y el posmodernismo no es una excepción—. El filósofo William Lane Craig señala que prácticamente nadie aplica el posmodernismo coherentemente de modo generalizado: «La gente no es relativista cuando se trata de asuntos de ciencia, ingeniería y tecnología; antes bien, son relativistas y pluralistas en cuestiones de religión y de ética».[37]

En pocas palabras, aplican su escepticismo posmodernista selectivamente. Piense en ello de esta manera: La gente suele decir: «No me imponga su religión». Pero nunca oímos que la gente diga: «No me imponga sus datos». ¿Por qué no? Porque se asume que los datos sensibles son objetivos y universales, vinculantes para todos.

Resulta que mucha gente funciona como modernistas y posmodernistas —dependiendo de la situación—. Cuando tratan de la religión y la moral, mucha gente ya no piensa en términos de verdadero y falso. Ya no buscan en la religión un sistema explicativo que responda a las cuestiones cósmicas de la vida. «En vez de ello escogen una religión del mismo modo que escogen un estampado de papel para la pared o un plato del menú», dice el filósofo Ernest Gellner. Ha venido a ser una esfera de la vida en la que se considera aceptable actuar sobre la base de preferencias o sentimientos puramente personales. Por el contrario, Gellner afirma que cuando «están en juego asuntos serios», como ganar dinero o cubrir necesidades médicas, la gente quiere soluciones basadas en el «conocimiento real». Quieren saber los resultados probados de la ciencia y la investigación objetivas.[38]

Esto significa que mucha gente experimenta vidas fragmentadas. En el mundo privado del hogar, la iglesia y las relaciones, actúan apoyándose en una visión de la verdad posmoderna, subjetiva y relativa. Pero en el mundo público del trabajo, la empresa y la economía, actúan sobre una concepción de la verdad modernista, objetiva y verificable. En suma, ya no viven como personas íntegras con una filosofía de la vida coherente y consecuente.

No es extraño que el filósofo Louis Dupré manifieste que el problema principal de nuestro tiempo es la falta de una verdad integradora: «Experimentamos una cultura fragmentada; vivimos con pedazos de información y carecemos de una visión general que los mantenga cohesionados». Como resultado de ello, la gente siente una necesidad intensa de auto-integración. El cristianismo tiene poder para integrar nuestras vidas y crear una estructura personal coherente, pero sólo si lo abrazamos como Verdad suprema con V mayúscula que aglutina otras verdades menores. El compromiso con la verdad cristiana «no puede mantenerse como parte separada de la vida», dice Dupré; debe «integrar todos los aspectos de la existencia».[39] Cualquier otra cosa no es lo bastante hermosa ni convincente como para encender nuestra pasión y transformar nuestro carácter.

La admisión de un profesor de Harvard

Una vez hice una presentación que incluía varios ejemplos usados en este capítulo. Después se acercó a mí un oyente, profesor de Harvard, visiblemente molesto. Al fin y al cabo, yo había criticado la labor de profesores universitarios de una institución como Harvard —a sus propios colegas—. «Ellos saben que sus teorías no explican la vida corriente fuera del laboratorio», dijo enfáticamente. «Pero ¿por qué arrojárselos en la cara?».

La primera cosa que me sorprendió fue que dejara escapar una confesión tan asombrosa. ¿Saben esos científicos y filósofos que sus teorías no se ajustan al mundo real? En Romanos 1, Pablo dice que el testimonio de la revelación general está al alcance de todos. ¿Confirmaba involuntariamente este profesor lo que afirma Pablo?

Al leer en Romanos 1 que los que adoran ídolos «no tienen excusa», estas palabras pueden parecer ásperas. No obstante, en este capítulo hemos conocido a varios eruditos que reconocen abiertamente que sus teorías reduccionistas chocan con los datos de la experiencia. Son conscientes, a cierto nivel, de albergar graves contradicciones. Derek Parfit dice que este tipo de conflicto interior es realmente bastante común. Dirigiéndose a sus colegas filósofos, escribe: «A un nivel reflexivo o intelectual, podemos estar convencidos que cierta concepción es verdadera; pero a otro nivel, que se vincula más directamente con las emociones, podemos seguir pensando y sintiendo como si otra concepción fuera verdadera». Y concluye: «Sospecho que muchos de nosotros cobijamos creencias incoherentes acerca de las cuestiones metafísicas que más nos preocupan», tales como el libre albedrío, la conciencia y el yo.[40]

¿Cómo justifican los filósofos el vivir con «creencias inconsecuentes»? Karsten Harries, filósofo de Yale, se atreve a decir que muchos se aferran a la teoría de la «doble verdad». Están «programados» para sostener ciertas ideas como verdaderas en términos de experiencias de primera persona —pero alegan que las mismas ideas son falsas de acuerdo con la ciencia—. He aquí como lo expresa Harris: «Como agentes inteligentes nos vemos obligados a creer ciertas cosas, de las cuales las más importantes son que nuestra voluntad es libre, que somos yos que perduran a través del tiempo, que hay verdades morales que se pueden universalizar, creencias que como individuos entregados a la ciencia sabemos, no obstante, que son falsas». Es decir, «falsas» conforme a la concepción materialista de la ciencia.[41]

Es fascinante que haya incluso algunos que admiten que el objetivo de sus teorías reduccionistas es precisamente deshacerse de Dios. Por ejemplo, Francis Crick, quien se hizo famoso después que él y James Watson descubrieran la estructura de doble hélice del ADN. Crick admite sin ambages que él buscó teorías reduccionistas porque quería desacreditar la religión. «Me orienté a la ciencia por motivos religiosos, no cabe ninguna duda al respecto», declaró en una entrevista. «Me pregunté cuáles son las dos cosas que parecen inexplicables y se usan para defender las creencias religiosas». Y resolvió que esas dos cosas eran el origen de la vida (naturaleza física) y el de la conciencia (naturaleza humana). Su meta fue soslayar ambas reduciéndolas a causas físico-químicas.

En la misma entrevista, Watson también expresó su motivación religiosa. El descubrimiento de la doble hélice, asegura, da «pie a pensar que los poderes considerados tradicionalmente propiedad exclusiva de los dioses pueden ser un día nuestros».[42]

Al menos para algunas personas, el afán de proponer teorías reduccionistas es negar al Creador y privarle de su poder divino.

El secularismo es demasiado reducido para los secularistas

La segunda cosa que me impresionó del comentario del profesor de Harvard fue que caracterizara el análisis de su cosmovisión con la expresión «arrojárselo a la cara». El propósito del análisis de las cosmovisiones no debe ser nunca atacar a los que las defienden, sino abrir sus mentes a una mejor alternativa. La gente suele sostener ideas superficiales que deberían rechazar si entendieran más claramente hacia donde conducen. De manera que erigen una especie de zona de seguridad para protegerse, no reconociendo las consecuencias ilógicas e inhumanas de sus cosmovisiones. Un método eficaz de apologética puede ser el presionar ligeramente a las personas a pensar más críticamente para desmontar sus capas protectoras, para ver con más nitidez las implicaciones de sus puntos de vista. Sólo entonces serán verdaderamente libres para tomar decisiones difíciles respecto a sus convicciones fundamentales.

Pero al invitar a la gente a asumir la lógica de sus conclusiones, debemos actuar con amor y empatía, porque cuando la gente percibe la amplitud del alcance de sus ideas puede sentirse bastante perturbada.[43]

La Escritura afirma que cuando Pablo vio los muchos ídolos que salpicaban el paisaje de Atenas, se «enardeció», palabra que también se traduce por agitó, afligió, preocupó o entristeció (Hch. 17:16). El motivo de la apologética del cristiano debiera ser un sentimiento de pena de inspiración divina por la suerte de los perdidos. Deberíamos quebrantarnos ante los reduccionismos deshumanizadores que deshonran y destruyen a nuestros semejantes. Deberíamos llorar por las personas cuyas oscuras cosmovisiones niegan que sus elecciones vitales tengan sentido o significado moral. Deberíamos conmovernos de pena por las personas cuya educación les ha enseñado que sus amores, sueños y más altos ideales no son nada más que impulsos eléctricos que saltan por causa de las sinapsis del cerebro. Deberíamos lamentarnos por los posmodernos que piensan (como dijo Schopenhauer) que las «verdades eternas» sólo están en el cerebro.

Al hablar con personas atrapadas en una cosmovisión secular, podemos ayudarlas a reconocer que su sistema no les ofrece base fidedigna para responder a las realidades de la vida que a ellos más les preocupan. El hecho mismo de que no puedan vivir dentro de sus estrechos límites es síntoma de que fueron creados para vivir en un universo conceptual más amplio y más rico. El secularismo es demasiado pequeño para los secularistas. Deberíamos empezar mostrando solidaridad con sus anhelos más profundos de sentido y propósito —y después, probar que, según la cosmovisión bíblica, esos anhelos no son puras ilusiones o ficciones útiles, sino realidades vivas.

A menudo se oyen estereotipos en torno a que el cristianismo es negativo y represivo, que considera la naturaleza humana corrupta y sin valor; que concede escaso valor a la vida en este mundo. Pero en realidad la cosmovisión cristiana tiene una concepción mucho más digna de la vida humana que cualquier sistema rival. Ofrece una base lógica para cimentar los datos de la experiencia que niegan las cosmovisiones seculares dominantes de nuestro tiempo: la libertad, la creatividad, el amor, la trascendencia personal y la verdad genuina.

¿Cómo no hemos de mostrarnos amorosos y gozosos para comunicar un mensaje tan vivificante?

Otro estereotipo negativo, común, es que el cristianismo es irracional y oscurantista. En el próximo capítulo, veremos cómo revertir esta acusación —mostrar que en realidad son sus ídolos los que conducen a cosmovisiones irracionales y contradictorias—. Conocerá una estrategia sencilla, pero demoledora, para demostrar de qué manera las cosmovisiones idólatras se disparan en el pie.

PRINCIPIO #4

POR QUÉ COMETEN SUICIDIO LAS COSMOVISIONES

¿Tienen los cristianos que revisar la ciencia de ellos a la puerta de la iglesia? Michael Egnor, destacado neurocirujano, solía pensar que sí. Después de años de rigurosa instrucción científica, él estaba seguro de que una cosmovisión científica era incompatible con toda forma de religión.

Irónicamente, fue la propia ciencia la que le mostró cuán equivocado estaba.

«Fui criado como agnóstico y crecí como materialista científico», me dijo Egnor.[1] Él llegó a considerar el cristianismo como una inspiradora serie de cuentos morales —de lecciones espiritualmente edificantes, pero falsas.

¿Por qué estaba tan seguro? Porque, en su opinión, la ciencia había desmentido decisivamente toda reclamación teísta. «Por estudiar la especialidad de ciencias en la universidad», confesó Egnor, «me sumergí en la evolución darwinista, que parecía demostrar que la vida podía ser perfectamente explicada exclusivamente por mecanismos materiales. No había razón para invocar a Dios». Parecía que la teoría de Darwin había desacreditado el argumento clásico del designio.

Los estudios de Egnor incluyeron a Freud, cuyas teorías le persuadieron de que «la religión nace de deseos insatisfechos —es producto de la búsqueda de una figura paternal, una vía de escape para nuestros temores y deseos». Como consecuencia de sus estudios universitarios, me dijo, «cada vez que consideraba el cristianismo, me detenía en seco ante la posibilidad de que significara abandonar la integridad científica».

Con los años, Egnor escaló a la cima de su especialidad. Fue nombrado profesor y vicepresidente de neurocirugía de Stony

Brook, Universidad del Estado de Nueva York, neurocirujano galardonado y elegido uno de los mejores médicos de Nueva York por la revista New York Magazine. Una de sus especialidades es el tratamiento de hidrocefalia («agua en el cerebro»). Mientras desarrollaba una teoría del flujo de la sangre al cerebro, su investigación dio un vuelco sorprendente. Se dio cuenta de que el sistema craneal que estudiaba se asemeja a un artilugio ingeniosamente diseñado. El filtro que protege los delicados capilares de la fuerza de los latidos cardiacos «es un mecanismo muy preciso, análogo a los amortiguadores de vibración usados en ingeniería. De hecho, gran parte de lo que yo necesitaba saber no se encontraba en textos de biología, sino en textos de ingeniería».

Y los ingenieros, por supuesto, se dedican a diseñar cosas.

Al final, Egnor se dio cuenta de que prácticamente toda la investigación biológica opera sobre la presunción del designio. Por ejemplo, un procedimiento estándar en biología recibe el nombre de «ingeniería inversa», inspirada en la línea de pensamiento que uno seguiría si se topara con un artilugio y no supiera cómo funciona. Uno lo desmontaría pieza por pieza, en orden inverso, para reproducir el proceso mental del ingeniero cuando lo diseñó. Esa es exactamente la clase de análisis que los biólogos hacen en el laboratorio. Descomponen moléculas, como proteínas o genes, y se preguntan qué función ejecuta cada parte y cómo interactúan para cumplir su función.

En esencia, los biólogos operan sobre la base del designio en todo tiempo —independientemente de la teoría que sostienen.

El filósofo Michael Ruse, aunque darwinista declarado, asegura que la biología depende inexorablemente de un «pensamiento tipo diseño». La mejor manera de explicar los seres vivos es descubrir el propósito que cumplen sus partes. El propósito del corazón es bombear sangre. El del ojo, ver. Las aletas han sido diseñadas para nadar y las alas para volar. Todos los componentes trabajan en común de una manera coherente y coordinada para conseguir un objetivo.

«Tratamos los organismos —sus partes al menos— como si fueran manufacturados, como si fueran diseñados, y luego intentamos descubrir sus funciones», escribe Ruse. «El pensamiento orientado hacia un objetivo —pensamiento teleológico— es pertinente en biología porque, y sólo porque, los organismos parecen como si hubieran sido manufacturados, como si hubieran sido creados por una inteligencia y puestos a trabajar».[2]

Asombrosamente, ni el mismo Darwin negó que el mundo pareciera haber sido diseñado. Se limitó a argüir que la apariencia del designio es engañosa —que el mismo orden teleológico puede ser creado por fuerzas materiales.[3]

Como vimos en el Principio #3, la expresión como si revela disonancia cognitiva. Indica que ciertas ideas son inevitables en la práctica, no importa lo que dicte la cosmovisión de una persona. El tener que asumir un concepto (tal como el designio) para poder entender los sistemas vivos, indica que forma parte de la revelación general.

No es neurocirugía... bueno, sí lo es

En su obra de laboratorio como médico investigador, Egnor se topó una y otra vez contra la misma disonancia cognitiva. «Me sorprendió cuán escasamente contribuía el paradigma darwinista a mi obra», me dijo. «Por el contrario, el paradigma del designio armonizaba bien con los aspectos más importantes de mi investigación». Finalmente tuvo que tomar una decisión. Constatada la contradicción entre la teoría y los datos, ¿cuál de las dos opciones habría de seguir?

El principio rector de Egnor fue seguir la evidencia dondequiera que ésta guiase. Resolvió que la mejor solución para explicar por qué los seres vivos funcionan como si hubieran sido diseñados, es que fueron diseñados. «Pude ver que el darwinismo es un prejuicio filosófico más que una ciencia coherente. Los procesos darwinistas pueden explicar algunos modelos y cambios de frecuencia de genes en poblaciones, pero la evidencia no sustenta ni por asomo la afirmación de que el azar y la necesidad den plena cuenta de la aparición del designio complejo en los seres vivos».

¿Qué decir de Freud? La idea freudiana de que la religión nace de deseos insatisfechos puede tornarse contra su propia teoría», dice Egnor. «En realidad, es mucho más plausible que el ateísmo, no el cristianismo, sea una forma de deseo insatisfecho. Ya que si Dios no existiese, nadie estaría observando, no habría responsabilidad moral, y uno podría hacer lo que quisiera (mientras se pudiera salir con la suya)». Como observa el poeta polaco Czeslaw Milosz, hay un gran alivio en «creer que no hay nada después de la muerte —el inmenso consuelo de pensar que no vamos a ser juzgados por nuestras traiciones, codicia, cobardía y asesinatos».[4]

Egnor se dio cuenta finalmente de que si iba a atender a los datos dondequiera que guiasen tendría que aceptar el cristianismo. Y por tener como científico respeto a los mismos, esto fue lo que hizo. Descubrió inmediatamente un nuevo sentido de unidad e integridad. El Dios bíblico demostró ser núcleo integrador suficiente para unificar todas las áreas de su vida, tanto profesional como personal. El cristianismo es una cosmovisión conceptualmente rica y suficiente para dar cuenta de toda la experiencia humana.

«Ahora veo la ciencia como otra forma de apreciar la belleza de la creación de Dios», me dijo. «Llevo la ciencia a la iglesia conmigo. La verdad es unitaria».

Pruebas de la verdad

El caso de Egnor ilustra las dos formas principales de poner a prueba una filosofía o cosmovisión. ¿Se corresponde con la realidad objetiva? ¿Y es lógicamente coherente? Estas son las mismas preguntas que se plantean para probar cualquier idea —ya sea en un laboratorio de ciencias, tribunal de justicia, o cuando se pregunta a un amigo por qué ha llegado tarde. En primer lugar, ¿encaja la explicación con lo que conocemos del mundo? Esta fue la pregunta que hicimos en el Principio #3. En segundo lugar, ¿se puede mantener lógicamente esa explicación? Esta es la cuestión que vamos a considerar en el Principio #4.

Las contradicciones internas son fatales para cualquier cosmovisión porque los enunciados contradictorios son forzosamente falsos. «Este círculo es cuadrado» es una sentencia contradictoria, de modo que tiene que ser falsa. La Biblia asume que dos contradicciones lógicas no pueden ser ambas verdaderas: «Ninguna mentira procede de la verdad» (1 Juan 2:21); Dios «que no miente» (Tito 1:2); Dios «no puede negarse a sí mismo» (2 Ti. 2:13).

Una forma especialmente perniciosa de contradicción es la absurdidad autorreferencial —que significa que una teoría establece una definición de la verdad que ella misma no cumple. Por tanto, se refuta a sí misma.

Probablemente usted habrá oído plasmar el argumento de la absurdidad autorreferencial en conversaciones ordinarias, aunque no lo llamara así. Para el relativista que afirma que no hay absolutos, ¿no hay absolutos absolutamente? Para el escéptico que afirma que no podemos saber nada con seguridad, ¿lo sabe él a ciencia cierta? En cada caso, la crítica hace recaer tal pretensión sobre sí para demostrar que se menoscaba a sí misma. Es contraproducente.

El apologista Greg Koukl gusta decir que así es como se suicida una filosofía. Cuando se aplica a sí misma sus propios criterios, se suicida. Se corta el cuello.[5]

La gente a veces desecha esta clase de razonamiento tildándolo de ágil aplastamiento o juego de salón. Un estudiante universitario que acababa de abandonar su educación cristiana dijo a sus padres que se había dado cuenta de que no hay verdades absolutas. Cuando le preguntaron si esa misma declaración era absolutamente verdadera, él rechazó su pregunta como truco retórico y rehusó seguir conversando. En el Principio #4 descubriremos por qué no es un truco sino una forma argumental válida y poderosa.

De hecho, descubriremos que prácticamente todas las cosmovisiones basadas en ídolos se refutan a sí mismas. ¿Por qué? Porque son reduccionistas. Si se aplica el reduccionismo a la mente humana, se reduce la razón a algo inferior. Porque éste alega que las ideas en la mente son productos de la selección natural (darwinismo) o condiciones económicas (marxismo) o respuestas electroquímicas en el cerebro (neurociencia contemporánea).

No obstante, al desacreditar a la razón socava su propio caso. Se refuta a sí mismo.

Por supuesto, muchas cosmovisiones están plagadas de una variedad de dificultades y contradicciones lógicas. Seguir la pista de cada una de ellas sería una tarea interminable. Pero debido a que todas las cosmovisiones centradas en ídolos son reduccionistas, este defecto fundamental es predecible.[6] Aprender a identificarlo le proporcionará una estrategia muy precisa que se puede aplicar a cualquier, a toda cosmovisión que uno se encuentre.

Tan pronto como los cristianos suscitan el problema de las contradicciones, es probable que reciban la acometida de gente que proclama que también el cristianismo contiene contradicciones. El punto de la doctrina de la Trinidad, o las sentencias paradójicas de Jesús como «Todo el que procure salvar su vida la perderá». Pero estas no son contradicciones genuinas, lógicas. En lógica, la ley de no contradicción establece que dos proposiciones antitéticas no pueden ser al mismo tiempo, y en el mismo sentido, verdaderas. La teología bíblica no afirma que Dios es Uno en el mismo sentido que es Trino. Y Jesús usó un lenguaje paradójico para aclarar algunos puntos (una paradoja es una contradicción aparente). Sus proclamaciones fueron juegos de palabras para llamar la atención de la gente, pero no contradicciones lógicas.

Además, el cristianismo no es autorreferencialmente absurdo. Porque no es reduccionista por lo que respecta a la razón humana, no se refuta a sí mismo. No comete suicidio.

Principio #4

Ponga a prueba el ídolo: ¿Se contradice a sí mismo?

Para ver por qué el argumento de la absurdidad autorreferencial no es un truco, comencemos con un ejemplo histórico. A través de buena parte del siglo XX, el academicismo estadounidense estuvo dominado por una forma extrema de empirismo llamado positivismo lógico. Como vimos anteriormente, el empirismo clásico mete todo en la caja de los sentidos. Todo postulado que no pueda retrotraerse a las impresiones sensoriales se rechaza como falso. El positivismo lógico llevó esta afirmación aún más lejos: insistió en que toda proclamación que no fuera reductible a las impresiones sensoriales no sólo era falsa, sino cognitivamente sin sentido —es decir, ni siquiera está sujeta a las pautas de lo verdadero y de lo falso.

Tómese, por ejemplo, una sentencia moral como «La esclavitud es injusta». La justicia no es algo que se pueda embutir en un tubo de ensayo o analizar con un microscopio. Los positivistas lógicos argumentaban que la frase «La esclavitud es injusta» carece de contenido cognitivo. No es más que una expresión de sentimientos o preferencias personales. Realmente significa: «No me gusta la esclavitud». Esta concepción de la moral recibe a veces el nombre de emotivismo porque reduce las sentencias morales a expresiones de emoción, como si se exclamase «¡cariño!» o «¡hurra!». Y «¡hurra!» no es ni verdadera ni falsa. Una sentencia moral puede ser importante para la persona que la pronuncia, pero según el positivismo lógico, carece cognitivamente de significado. Es literalmente una tontería.

Esta concepción de la moral ha calado en todos los niveles de la sociedad. Después de todo, es mucho más fácil desestimar puntos de vista ajenos exclamando: «Eso es sólo un juicio de valor» y tratarlo como preferencia subjetiva en vez de examinarlo seriamente como candidato válido de la verdad.

¿Qué sucedió, pues, cuando la prueba del positivismo lógico fue aplicada a sí mismo? Su principal alegación es que los enunciados sólo tienen sentido cuando son empíricamente comprobables. Pero ¿es este enunciado empíricamente comprobable? Por supuesto que no. No es una observación empírica. Es una regla metafísica —una definición arbitraria de lo que se considera conocimiento—. Así pues, cuando se aplicó al positivismo lógico su propio criterio, fue objeto de descrédito. Se auto condenó.

El positivismo lógico influyó tanto durante mucho tiempo que su colapso causó conmoción en todo el mundo intelectual. Su caída fue «el más importante acontecimiento filosófico del siglo XX», asegura William Lane Craig.[7]

La estrategia de aplicar el estándar de la verdad de una filosofía a sí misma demostró no ser un mero truco retórico. Es un potente instrumento para poner a prueba muchas pretensiones de verdad. Y se puede aplicar a otras muchas filosofías para probar que se autodestruyen de la misma manera.

Dar en el blanco

La clave para identificar cómo comete suicidio una cosmovisión es descubrir su forma particular de reduccionismo. Toda teoría que alegue: «Las pretensiones sobre la verdad no son más que X» es susceptible de auto-refutación. Por ejemplo, Karl Marx proclamó que las pretensiones sobre la verdad no son más que racionalizaciones de intereses económicos: Las leyes las crean los ricos para proteger sus propiedades. La religión «es el opio del pueblo», para aplacar a los pobres con falsas promesas de un más allá feliz.[8] Pero ¿qué sucede si aplicamos la regla de Marx a su propia teoría? ¿La creó él para racionalizar sus propios intereses económicos? Si es así, podemos descartarla como seria pretensión de verdad. La teoría se suicida.

O pongamos por caso Friedrich Nietzsche. Él sostuvo que toda actuación humana es impulsada por la voluntad de poder: la moral ha sido inventada por los débiles para poder influir en los fuertes. La religión es una «mentira piadosa» que se usa para controlar a la gente.[9] Pero ¿qué decir de la propia teoría de Nietzsche? ¿Fue motivada por su propia voluntad de poder? Entonces ¿por qué debemos los demás prestarle atención? La teoría se menoscaba a sí misma.

Sigmund Freud insistió en que los pensamientos se conforman por causa de necesidades emocionales inconscientes: la personalidad se moldea con cosas como la temprana instrucción en el uso del inodoro. Gran parte de la conducta humana resulta de la represión sexual. Pero ¿qué implica esto acerca del origen de la propia teoría de Freud? Túmbese usted mismo en el diván, Dr. Freud.

El conductista B. F. Skinner sostuvo que los seres humanos no son más que mecanismos estímulo-respuesta que responden a premios y castigos. Su conducta es explicable en términos de refuerzo operante, como los pichones de sus experimentos, picoteando palancas para obtener alimento granulado.[10] Pero ¿no es la teoría de Skinner producto de su propio condicionamiento? La teoría se refuta a sí misma.

Todas estas filosofías comparten la negativa a tomar estas pretensiones al pie de la letra. Más bien las interpretan como encubrimiento de motivos ocultos e intereses disimulados. Esta afición a desprestigiar ha sido denominada «hermenéutica de la sospecha» (hermenéutica es la ciencia de la interpretación). Los que la practican son apodados «maestros de la sospecha».[11] No obstante, para ser lógicamente coherentes, esos maestros deberían practicar la misma sospecha a sus propios puntos de vista —lo cual, muy rara vez hacen, si es que lo hacen.

Como instrumento de pensamiento crítico, la hermenéutica de la sospecha puede resultar útil para poner de manifiesto fallos humanos comunes —para diagnosticar maneras en que se puede distorsionar el pensamiento con cosas como intereses económicos o impulsos psicológicos—. La Biblia enseña que nos engañamos a nosotros mismos constantemente por lo que respecta a nuestras verdaderas motivaciones: «Engañoso es el corazón más que todas las cosas... ¿quién lo conocerá?». (Je. 17:9). No obstante, en sus propios términos, una hermenéutica de la sospecha es radicalmente reduccionista. Abandona el asunto de la verdad y lo reduce a cuestiones de poder y de deseo.

Desenmascaramiento de los demoledores

El principio de la absurdidad autorreferencial debería figurar en la caja de herramientas de todo el mundo. Normalmente es usado por apologistas y filósofos, pero sin ningún método o lógica subyacente. Lo excepcional del enfoque de Romanos 1 es que explica por qué funciona el argumento y cómo aplicarlo a cualquier cosmovisión. Descubra el reduccionismo: ese es el punto en el que se suicida. Una concepción inferior de la humanidad incluye una visión inferior de la mente —lógica, razón, racionalidad—.

Reduce la racionalidad humana a alguna fuerza o proceso no racional. Los demoledores acaban derribando sus propias teorías. O deberían hacerlo si fueran coherentes. Para evitar desacreditar sus propios puntos de vista, los demoledores se excusan tácitamente a sí mismos de la crítica que usan para desacreditar a los demás. Actúan como si ellos no hubieran sido cegados por las mismas fuerzas irracionales que distorsionan y sesgan las perspectivas ajenas —son misteriosamente capaces de elevarse por encima de las fuerzas que esclavizan a los demás—. Sólo ellos son capaces de lograr una perspectiva impoluta de la realidad. Aunque embuten el universo entero en una caja, extrañamente, ellos no quedan atrapados dentro. Ostentan, de una manera u otra, el poder de flotar sobre la caja y de interpretar sus propias teorías como objetivamente válidas y verdaderas.

Pero, por supuesto, al reservarse una excepción para sí mismos, introducen una incoherencia lógica en su sistema. Declaran que hay una sola cosa (a saber, su propio pensamiento) que no cubre su sistema.

De uno u otro modo, pues, las cosmovisiones basadas en ídolos son lógicamente contradictorias —lo que significa que fracasan.

Por el contrario, una cosmovisión cristiana no es reduccionista. No reduce la razón a algo inferior, y por tanto, no se autodestruye. Una epistemología cristiana (teoría del conocimiento) comienza con el Creador trascendente, quien con su Palabra llamó a la existencia a todo el universo: «Y dijo Dios» (Gn. 1:3). «En el principio era el Verbo» (Juan 1:1). Juan usa la palabra griega Logos, que además de Palabra significa razón o racionalidad —el principio subyacente que unifica el mundo en un cosmos ordenado, en oposición a la aleatoriedad y el caos—. Los griegos que oyeron el evangelio de Juan entendieron que él proclamaba que Cristo es la fuente del orden y la coherencia del universo.

Esta perspectiva bíblica supone dos implicaciones cruciales. La primera, que el orden inteligible del universo refleja la mente del Creador. La segunda, que dado que Dios creó a los seres humanos a su imagen, nuestras mentes también se correlacionan con ese orden. Hay una congruencia entre la estructura del mundo y la del conocimiento humano —una correlación entre sujeto y objeto en el acto de conocer—. Como escribe Plantinga: «Dios nos creó a nosotros y al mundo de tal manera que hay cierta afinidad o correspondencia entre el mundo y nuestras facultades cognitivas».[12]

En la Edad Media se usaba la expresión *adaequatio intellectus ad rem*, que significa que el intelecto se adecúa a la realidad. Por supuesto, los seres humanos son criaturas quebrantadas, caídas, y como resultado de ello nuestros procesos de pensamiento son oscuros y distorsionados. Sin embargo, a pesar de la caída, aún somos humanos. Todavía conservamos la imagen de Dios. A través de la historia, la Biblia ha inspirado confianza en la fiabilidad esencial de las facultades cognitivas humanas.

La epistemología bíblica está respaldada experimentalmente por la revelación general. Para funcionar día tras día, los seres humanos tenemos que asumir que conocemos una gran cantidad de cosas —que el mundo material es real (la silla en que estoy sentado me sustentará), que el universo funciona sujeto a causa y efecto (si dejo caer esta computadora, sin duda caerá), que las verdades matemáticas son universalmente válidas (5 más 7 siempre serán igual a 12), que los recuerdos son básicamente fiables (hoy me comí un bocadillo para almorzar), que otras personas tienen mentes (aunque no se puedan ver directamente), y que las leyes de la lógica son válidas (para desacreditar la lógica, tengo que apoyarme en ella). En nuestros actos cotidianos tenemos que asumir la veracidad básica del conocimiento humano. Si fuéramos totalmente escépticos, quedaríamos paralizados, seríamos incapaces de actuar.

Cualquier cosa que haya que asumir para poder funcionar en el mundo forma parte de la revelación general. Los datos innegables de la experiencia reflejan la estructura creada de la naturaleza física o de la naturaleza humana, o de ambas. Son indicadores que señalan al Dios de la Biblia. Sólo una cosmovisión bíblica explica por qué es posible que los seres humanos alcancen un conocimiento fiable.

La conclusión es que todas las cosmovisiones tienen que tomar prestada la epistemología cristiana —por lo menos en el momento en que hacen sus proclamas—. Deben asumir tácitamente la fiabilidad de la razón y de la racionalidad, las cuales sólo la cosmovisión cristiana apoya. Tienen que funcionar como si el cristianismo fuera verdadero, aunque lo rechazan.

C. S. Lewis desenmascara el materialismo

Para practicar la pericia en detectar la absurdidad autorreferencial, analicemos algunos ejemplos más. Dado que el materialismo o naturalismo es un supuesto indiscutible en buena parte del mundo académico, comencemos por él. El materialismo proclama que el pensamiento es producto de los fenómenos físicos. ¿Qué significa esto? Significa que cuando calculo que 5 más 7 es igual a 12, o cuando percibo que una rosa es roja, o cuando juzgo que torturar a la gente es malo, lo que sucede realmente es que mi cerebro está realizando cosas físicas, como producir reacciones químicas y causar que las neuronas se activen.

Como ejemplo ilustrativo, un libro de reciente aparición comenta el materialismo y expone que las ideas son «estados físicos de la materia en el cerebro». De modo que un proceso de pensamiento es «una serie de estados cerebrales, una serie de configuraciones físicas de la materia que se suceden unas a otras con arreglo a las leyes deterministas que gobiernan las interacciones de los objetos físicos».[13] Es decir, el pensamiento que produce su mente equivale al sudor que segregan sus glándulas o al jugo digestivo que produce su estómago.

El problema es que la digestión no puede ser verdadera o falsa; es sólo un hecho biológico. Si los pensamientos son también hechos biológicos, determinados por leyes biológicas, tampoco pueden ser verdaderos o falsos.

Pero eso tiene que incluir los pensamientos acerca del materialismo —lo que socava su pretensión de verdad—. Cuando las implicancias del materialismo se aplican a éste, comete suicidio.

C. S. Lewis expone un argumento similar en varios de sus escritos. He aquí un ejemplo: «Si las mentes dependen enteramente de los cerebros, y los cerebros de la bioquímica, y la bioquímica (a la larga) del flujo sin sentido de los átomos, no entiendo por qué el pensamiento de esas mentes ha de tener más sentido que el sonido del viento en los árboles». Lewis muestra luego por qué esta visión se rechaza a sí misma: «Pero si no puedo confiar en mi propio pensamiento, por supuesto, tampoco puedo confiar en los argumentos que conducen al ateísmo, y por tanto no tengo ninguna razón para ser ateo, ni ninguna otra cosa».[14]

¿Cómo evitan los ateos o los materialistas una conclusión que se refuta a sí misma? Hacen lo que Lewis denomina una «excepción tácita» con su propia teoría —al menos, en el momento que declaran su pretensión—. Para defender su caso, ellos deben confiar implícitamente en su propio pensamiento. Deben exceptuarse a sí mismos de sus propias categorías analíticas reductoras. Como dice cierto filósofo, el materialista funciona como si él fuera un «observador angélico», capaz de flotar milagrosamente por encima de la jaula determinista en la que encierra a todos los demás.[15]

En el fondo, el materialista debe asumir tácitamente una epistemología cristiana, al menos cuando defiende su pretensión.

Ciertamente, el mero acto de hacer valer el materialismo se contradice a sí mismo. Si yo digo: «Todo lo que existe es material», ¿es material este enunciado? ¿Es sólo una serie de ondas acústicas? Si escribo el enunciado, ¿son sólo trazos en un pedazo de papel? Por supuesto que no. El enunciado tiene un significado lingüístico. Tiene propiedades lógicas. Cumple una función social (se comunica a otros) —todo lo cual trasciende la dimensión material—. Irónicamente el materialismo ni siquiera se puede enunciar sin que se refute a sí mismo.

Puesto que los seres humanos somos seres completos e integrados, cabría esperar que los pensamientos fueran acompañados de fenómenos físicos en el cerebro. Pero si se reducen los procesos mentales a procesos cerebrales, resulta una contradicción lógica.

La evolución no puede sobrevivir

Otro ejemplo de absurdidad autorreferencial es la teoría llamada epistemología evolucionista, un enfoque naturalista que aplica la evolución al proceso del conocimiento. La teoría propone que la mente humana es producto de la selección natural. De ahí se desprende que las ideas en la mente son escogidas por su valor de supervivencia, no por su verdad.

Pero ¿qué ocurre si se aplica esa teoría a sí misma? Entonces también ella se escoge por supervivencia, no por la verdad —lo que desacredita su pretensión de verdad. La epistemología evolucionista comete suicidio.

Insólitamente, muchos pensadores destacados han abrazado la teoría sin detectar su contradicción lógica. El filósofo John Gray escribe: «Si la teoría darwinista de la selección natural es verdadera... la mente humana sirve al éxito evolucionista, no a la verdad».[16] ¿Qué contradicción encierra este enunciado?

Gray viene a decir básicamente que si la teoría de Darwin fuera verdadera, «serviría al éxito evolucionista, no a la verdad». Es decir, si la teoría de Darwin fuera verdadera, entonces no sería verdadera.

La absurdidad autorreferencial se asemeja a la bien conocida paradoja del mentiroso: «Este enunciado es una mentira». Si el enunciado es verdadero, entonces (tal como dice) no es verdad, sino mentira.

Otro ejemplo es Francis Crick. En *The Astonishing Hypothesis*, escribe: «A fin de cuentas, nuestros cerebros altamente desarrollados no evolucionaron bajo la presión de descubrir verdades científicas, sino para permitirnos ser lo bastante listos como para sobrevivir».[17] Pero esto significa que la propia teoría de Crick no es una «verdad científica». Aplicada a sí misma, la teoría comete suicidio.

Por supuesto, es probable que la intensa presión por sobrevivir produzca algunas ideas correctas. Una cebra que piensa que los leones son amables no vivirá mucho. Pero las ideas falsas pueden resultar útiles para la supervivencia. Los evolucionistas lo admiten: Eric Baum afirma: «A veces es más probable que uno sobreviva y se propague si cree una falsedad que si cree una verdad». Steven

Pinker escribe: «Nuestros cerebros se conformaron para adaptarse, no para la verdad. A veces la verdad es adaptativa, pero a veces no».[18] De donde se concluye que la supervivencia no es garantía de verdad. Si la supervivencia fuera la única norma, nunca podríamos conocer qué ideas son verdaderas y qué ideas son adaptativas, aunque falsas.

Para complicar aún más el dilema, los evolucionistas nos cuentan que la selección natural ha producido toda suerte de conceptos falsos en la mente humana. En el Principio #3 leímos acerca de los materialistas evolutivos que sostienen que el libre albedrío es una ilusión, como también la conciencia, e incluso el sentido del yo —y que todas estas ideas falsas fueron sólo escogidas por su valor de supervivencia.

Así pues, ¿cómo podremos saber si la teoría de la evolución no es una de esas ideas falsas? La teoría se menoscaba a sí misma.

Cabe conceder que algunos pensadores reconocen el problema. El crítico literario Leon Wieseltier escribe: «Si la razón es producto de la selección natural, ¿cuánta confianza se puede tener en un argumento racional para defender dicha selección natural?... La biología evolutiva no puede invocar el poder de la razón al tiempo que lo destruye».[19]

En una nota similar, el filósofo Thomas Nagel se pregunta: «¿Es la hipótesis evolucionista realmente compatible con la confianza constante en la razón como fuente de conocimiento?». Responde que no: «Tengo que ser capaz de creer... que sigo las reglas de la lógica porque son correctas —no sólo porque he sido biológicamente programado para hacerlo—». De aquí que, «en la medida en que la hipótesis evolutiva depende de la razón, se mina a sí misma».[20]

El escepticismo selectivo de Darwin

La gente tiene a veces la impresión de que el propio Darwin reconoció el problema. Suele citar el famoso pasaje de la «horrible duda» en la que se cuestiona si la mente humana es digna de confianza si es un producto de la evolución: «La horrible duda que siempre me acompaña suscita si las convicciones de la mente humana, que se ha desarrollado a partir de la mente de los animales inferiores, son de algún valor o fidedignas».

Por supuesto, la propia teoría de Darwin fue una «convicción en la mente de un hombre». Así pues, ¿por qué habría de ser «digna de confianza?».

Sorprende, no obstante, que Darwin nunca confrontara esta contradicción interna en su teoría. ¿Por qué no? Porque expresó su «horrible duda» selectivamente —únicamente cuando consideró el caso de un Creador.

De vez en cuando Darwin admitió que aún hallaba persuasiva la idea de Dios. Una vez confesó su «convicción... que el universo no es resultado del azar». En la siguiente frase expresó su «horrible duda». De modo que desconfiaba de la persistente «convicción» de que el universo no es resultado del azar.

En otro pasaje Darwin admitió: «Me siento obligado a considerar una Primera causa con una mente inteligente en cierta medida análoga a la del hombre». No obstante, una vez más, cambió en seguida de rumbo hacia el escepticismo: «Pero entonces surge la duda: ¿se puede confiar en la mente humana, en la cual, estoy plenamente convencido, se ha desarrollado a partir de una mente tan ínfima como la de los animales inferiores, cuando llega a tan grandes conclusiones?».

Es decir, ¿se puede confiar en ella cuando llega a «grandes conclusiones» sobre una Primera Causa? Tal vez la idea de Dios no es más que un instinto programado en nosotros por la selección natural, añade Darwin, «como el temor instintivo de un mono y su repulsión ante una serpiente».

En suma, de vez en cuando la mente de Darwin le guio a la conclusión deísta de desestimar la mente como no fiable.[21]

No acertó a reconocer que para ser lógicamente coherente tenía que aplicar el mismo escepticismo a su propia teoría.

Los modernos seguidores de Darwin siguen aplicando la teoría selectivamente. El paleontólogo de Harvard Stephen Jay Gould escribió: «Darwin aplicó una filosofía materialista consecuente a su interpretación de la naturaleza», en la que «la mente, el espíritu, y Dios también, sólo son palabras que expresan los resultados maravillosos de la complejidad neuronal».[22] Es decir, Dios es una idea que aparece en la mente humana cuando el circuito eléctrico del cerebro ha evolucionado hasta cierto nivel de complejidad.

No obstante, para ser lógicamente consecuente, Gould debería haber dedicado el mismo escepticismo a las ideas de Darwin, lo cual nunca hizo. Gould aplicó su escepticismo evolutivo selectivamente para desacreditar la idea de Dios.

Aplicado consistentemente, el darwinismo no sólo se menoscaba a sí mismo, sino también a la totalidad de la empresa científica. Kenan Malik, autor formado en neurobiología escribe: «Si nuestras capacidades cognitivas fueran simplemente disposiciones evolucionadas, no habría manera de saber qué capacidades conducen a creencias verdaderas y cuáles a creencias falsas». Por tanto, «el considerar a los seres humanos como poco más que animales sofisticados... socava la confianza en el método científico».[23]

Así de simple. La ciencia misma está en juego. John Lennox, profesor de matemáticas en la universidad de Oxford, escribe que, según el ateísmo, «la mente que hace ciencia... es resultado de un proceso irracional, no dirigido. Ahora bien, si usted supiera que su computadora es producto de un proceso irracional no dirigido, no confiaría en ella. De modo que, para mí, el ateísmo socava la racionalidad que necesito para hacer ciencia».[24]

Por supuesto, el ateo que se dedica a investigar no tiene más remedio que depender de la racionalidad, como todos los demás. La cuestión es que él no cuenta con base filosófica para hacerlo. Sólo los que admiten un Creador racional hallan fundamento para confiar en la racionalidad humana.

La razón por la que tan pocos ateos y materialistas reconocen el problema es que, como Darwin, aplican su escepticismo selectivamente. Lo aplican para socavar ideas que ellos rechazan, especialmente ideas sobre Dios.[25] Hacen excepción tácita del compromiso con su propia cosmovisión.

Por qué la ciencia es un «milagro»

Así pues, queda claro por qué el cristianismo jugó un papel importante en el lanzamiento de la revolución científica. Sólo una cosmovisión bíblica proporciona una epistemología adecuada para la ciencia. En primer lugar, un Dios racional creó el mundo con una estructura inteligible, y en segundo lugar, creó seres humanos a su imagen. En palabras del historiador Richard Cohen, la ciencia precisaba el concepto de un «creador racional de todas las cosas», junto con el corolario de que «nosotros, como seres racionales inferiores podíamos, en virtud de esa racionalidad divina, ser capaces de descifrar las leyes de la naturaleza». El teólogo Christopher Kaiser declara sucintamente la misma idea: Los primeros científicos asumieron que «el mismo Logos responsable de su ordenación, se refleja también en la razón humana».[26]

Para los primeros científicos, la imagen de Dios no era una doctrina árida con la que se limitaran a asentir cognitivamente. Tampoco era una «fe» puramente privada. La consideraban verdad pública, fundamento epistemológico de toda empresa científica. Su objetivo, decían, era ir en pos de los pensamientos de Dios.[27] En el tiempo de la revolución científica, la epistemología bíblica garantizaba que la mente humana está equipada para obtener un conocimiento auténtico del mundo.

Y lo sigue haciendo hoy. Un ensayo ampliamente citado de Eugene Wigner se titula «La irrazonable eficiencia de las matemáticas en las ciencias naturales». Wigner se pregunta por qué las fórmulas matemáticas que concebimos en la mente funcionan tan bien para describir el universo exterior. La correspondencia que hay entre ellos «es algo que raya en lo misterioso». Ciertamente, «no hay explicación racional que lo aclare». Es decir, no hay explicación en el materialismo científico.

«Es difícil evitar la impresión de que tenemos un milagro delante», cavila Wigner. Como mínimo, «ciertamente resulta difícil de creer que nuestro poder de razonamiento llegara, por el proceso de selección natural de Darwin, a la perfección que ha alcanzado».[28]

Al contrario, la cosmovisión bíblica ofrece una explicación perfectamente razonable de la eficiencia de las matemáticas —a saber, que un Dios racional creó a los seres humanos a su imagen para ir en pos de sus pensamientos.

En realidad, al examinar la historia, hallamos que, antes de producirse algún descubrimiento científico real, había una confianza bíblicamente inspirada en la estructura matemática del universo. El matemático Morris Kline escribe: «Los primeros matemáticos estaban seguros de la existencia de leyes matemáticas detrás de todo fenómeno natural y persistieron en investigarlas porque estaban convencidos a priori de que Dios las había incorporado en la construcción del universo».[29]

La gente debe antes estar convencida de que hay un orden matemático en la naturaleza. De otra manera no lo buscarán y la ciencia no despegará.

Esto significa que, incluso hoy, todo aquel que se interese por la ciencia tiene que adoptar una epistemología derivada de una cosmovisión bíblica —al menos en la práctica—. Para hacer ciencia, hasta el ateo más recalcitrante debe funcionar como si el cristianismo fuera verdadero.

Cárcel posmoderna

¿Qué decir del posmodernismo? ¿Qué sucede cuando se le aplica la prueba de la absurdidad autorreferencial?

Como vimos antes, el posmodernismo absolutiza el grupo social. Proclama que los individuos se integran mayormente como miembros de una comunidad. Cuando absorbemos el lenguaje de nuestra comunidad, en el proceso absorbemos su cosmovisión —la trama o hilo argumental invocado para explicar el mundo—. De modo que cuando hablamos, sólo externalizamos una línea narrativa previamente asimilada.

Los posmodernistas expresan esta idea haciendo declaraciones paradójicas como: «La lengua nos habla, no la hablamos nosotros».[30] Señalan que ni siquiera podemos pensar aparte de la lengua que hemos asimilado en nuestra comunidad. Nietzsche, con su estilo peculiar, escribió que estamos atrapados en la «cárcel casera del lenguaje».

Dado que las cosmovisiones se transmiten a través de la lengua, los posmodernistas usan la metáfora «juegos de lenguaje». Lo mismo que el béisbol y el fútbol americano son juegos prácticamente sin reglas comunes, también se dice que las cosmovisiones son juegos de lenguaje, cada uno con su propia serie singular de reglas. Cada comunidad tiene su propio lenguaje para dar sentido al mundo —lo que Jean-François Lyotard llama pequeñas narrativas—. Pero no hay narrativa universal —no hay «meta-narrativa»— que sea válida para todos los seres humanos en todo tiempo. En palabras de Lyotard: «No hay posibilidad de que los juegos de lenguaje puedan unificarse o totalizarse en un meta-discurso».[31]

Pero ¿qué razones nos ofrece Lyotard para que aceptemos esta teoría? ¿No es su propia concepción un juego de lenguaje como los demás? ¿No está él atrapado en la cárcel casera de su propio lenguaje, como los demás? Entonces, ¿por qué habríamos de hacerle caso?

El posmodernismo es un ejemplo de lo que se denomina «contradicción performativa, pragmática o realizativa», que significa que una postura se contradice en el instante mismo de ser afirmada.[32] Ejemplos cotidianos de contradicciones performativas son: «no puedo hablar español». O «no existo» (para emitir el enunciado, tengo que existir). Cuando un posmodernista asegura que no hay verdad universalmente válida, está proclamando implícitamente que su propia aseveración es universalmente válida y verdadera. Para hacer esta declaración tiene que ocupar el posicionamiento trascendental que el posmodernismo asegura no se puede ocupar. Así pues, cada vez que un posmodernista declara su postura, la contradice. Su postura se refuta a sí misma.

Barthes arrestado

Cuando se aplicó el pensamiento posmoderno a la teoría literaria, dio lugar a una ramificación denominada deconstruccionismo. Recuerde que para el posmodernismo los individuos se constituyen en miembros de una comunidad. De donde se deduce que los individuos no tienen realmente ideas originales o creativas: sólo reflejan las ideas de sus comunidades. Por ejemplo, el crítico literario Roland Barthes afirma que un texto no es más que un «tejido de citas» absorbidas de la cultura circundante.

Barthes es famoso por su eslogan «la muerte del autor», con lo cual quiere decir la muerte del concepto mismo de la creatividad individual. Desde su punto de vista, los escritores se asemejan a los bardos o los chamanes de la antigüedad, que no eran tanto inventores de sus historias cuanto transmisores de las historias de su clan, tribu o comunidad. Jacques Derrida expresa lo mismo en su enunciado paradójico: «Los textos no tienen autor».[33]

Además, todos pertenecemos a una variedad de comunidades basadas en atributos tales como la raza, la clase, el género, la etnia y la identidad sexual —con perspectivas e intereses contrapuestos—. En consecuencia, todo autor reflejará inconscientemente mensajes sociales contradictorios. Para Barthes, un texto es una combinación «en la que una variedad de escritos, ninguno de ellos original, se mezclan y colisionan».[34] La meta del crítico literario es escarbar bajo la superficie del texto para esclarecer y desenredar los significados contrarios.

Esto se ha dado en llamar deconstrucción del texto —de ahí el término deconstruccionismo.

¿Qué razón presenta Barthes para que se acepte tal teoría? Como escribe Alan Jacobs: «Tan pronto como los deconstruccionistas se dedican a aportar razones, entran forzosamente en el negocio de hacer proclamas y, por tanto, están sujetos a su propia crítica».[35] ¿Qué sucede si sometemos la perspectiva de Barthes a su propia crítica? Hemos de concluir que él también no es más que un portavoz de fuerzas sociales como la raza, la clase y el género. Sus «propios» escritos no ofrecen perspectivas originales o creativas, ya que sólo son collages de citas contradictorias absorbidas inconscientemente de las comunidades a que pertenecen. La «muerte del autor» debe incluir al propio Barthes.

En la práctica, la única manera en que pueden funcionar los deconstruccionistas es exceptuarse tácitamente a sí mismos de la crítica que aplican a los demás. Ellos presumen de estar por encima de la polémica, con la visión única de deconstruir los postulados de los demás como productos de intereses subyacentes y luchas de poder, mientras consideran sus propios escritos inmunes al proceso de deconstrucción. Escriben como si únicamente ellos fuesen capaces de trascender fuerzas sociales como la raza, la clase y el género que convierten a todos los demás en víctimas de falsas conciencias.[36]

Por tanto, irónicamente, los posmodernistas contradicen sus propios puntos de vista cada vez que escriben un libro o artículo. Los deconstruccionistas esperan que sus propios trabajos sean apreciados como una contribución valiosa de mentes creativas, no mera repetición de mensajes culturales. Pero siguen escribiendo libros que argumentan que no hay autor.

El teólogo posmodernista Mark C. Taylor, explica que la muerte del autor fue el resultado inevitable de la muerte de Dios: «La muerte de Dios supuso la desaparición del Autor que había inscrito verdad absoluta y sentido unívoco en la historia del mundo». Y dado que los seres humanos son creados a imagen de Dios, Taylor concluye: «La muerte de Dios implica la desaparición del autor».[37] Ya que si no hay Creador, los seres humanos no tienen el honor de ser sub-creadores. Son meros productos de fuerzas sociales e históricas.

Posmodernismo y terror

Para comprender la fuente del posmodernismo, debemos situar a sus fundadores en su contexto histórico. ¿Por qué se opusieron tanto a grandes meta-narrativas? Respuesta: las consideraron fuente de regímenes políticos brutales y opresores. Muchos de los fundadores del posmodernismo fueron europeos que habían sido testigos de primera mano de los sistemas políticos más sangrientos y opresivos de la historia —el nazismo y el comunismo—. Como vimos en el Principio #2, estos dos sistemas giraban en torno a un solo principio: la raza (el nazismo) o la clase económica (el comunismo). Ambos abrazaron una amplia visión de la historia avanzando inexorablemente hacia una sociedad ideal. Y ambos se volvieron totalitarios, se apoyaron en sus visiones utópicas para justificar la policía secreta y los campos de exterminio.

Después de la Segunda Guerra Mundial, muchos pensadores europeos que habían sufrido bajo regímenes opresores decidieron que la fuente del totalitarismo estribaba en las meta-narrativas «totalizadoras». Por «totalización» querían dar a entender una cosmovisión centrada en una sola dimensión de la experiencia humana, elevada a un absoluto falso, subordinando todo lo demás a sus categorías. Cuando una cosmovisión unidimensional, totalizadora consigue el poder político, los disidentes serán marginados, oprimidos, apartados, silenciados, dominados, señalados, controlados y coaccionados. Serán estigmatizados por ser diferentes, percibidos como «los otros», encerrados en campos de concentración. Todos deben inclinarse ante el ídolo de la imposición del estado, o ser quemados en el horno de fuego de la opresión.

La perspectiva posmodernista de la dinámica de los absolutos falsos debería resultar familiar. Hemos venido haciendo una crítica similar, mostrando cómo se crean los ídolos cuando una parte de la creación es absolutizada. El error que cometieron los posmodernistas fue creer que la fuente del problema era un compromiso con una verdad completa. En *The Postmodern Condition* (La condición posmoderna), Lyotard asegura que la convicción de que sólo hay una verdad, la verdad total, conduce inevitablemente al «terror»: «Los siglos XIX y XX han originado más terror del que podemos soportar. Hemos pagado un alto precio por sentir nostalgia del todo y del uno [la verdad]».

Los posmodernistas concluyeron que la mejor manera de oponerse a un poder absoluto era desafiar toda aspiración a la verdad absoluta. Como dice Eagleton, el posmodernismo «comete el error de suponer que toda convicción apasionada es incipientemente dogmática» y «acaba en el Gulag».[38]

¿A qué se debe tal error? A que se refuta a sí mismo. Al rechazar una verdad universal, el posmodernismo arruina su propia pretensión de verdad.

Además, sin una norma universal de justicia, no hay manera de oponerse a la injusticia y la opresión —precisamente las cosas que tanto preocupaban a los posmodernistas—. Como escribe cierto filósofo: «Sin principios morales perennes y universales no es posible criticar los valores de distintas épocas o culturas, no importa cuán repugnantes nos parezcan».[39]

Piénselo del siguiente modo: Si todas las reivindicaciones se pueden deconstruir, ¿qué cabe decir de la reivindicación que el rico no debe oprimir al pobre? ¿O qué se ha de resistir la intolerancia y el racismo? También estas reivindicaciones se pueden deconstruir. Por lo tanto, el posmodernismo puede parecer radical, pero, como escribe Jacobs: «De hecho, es incapaz de ofrecer resistencia al status quo político».[40] Aplicado consecuentemente, el posmodernismo conduce a la complicidad con el mal y la injusticia.

La tiranía de la diversidad

Vivida congruentemente, la teoría conduce también a la supresión coercitiva de la diversidad. Esto puede parecer irónico al principio, porque el posmodernismo fue el que puso de moda la manoseada palabra diversidad. Los posmodernistas resolvieron que, si los totalitarismos proceden de meta-narrativas totalizadoras, la manera de evitar concentraciones de poder es mantener una variedad de mini-narrativas. Celebrando la diversidad de las comunidades y sus juegos de lenguaje, los posmodernistas esperan evitar la coerción de una sociedad organizada por una sola categoría absolutizada.

No obstante, en la práctica, sólo se señalan grupos selectos para representar la «diversidad» —grupos certificados de víctimas basados en cosas como la raza, la clase, el género, el grupo étnico y la identidad sexual. Rara vez se aboga por la diversidad intelectual, o política, o teológica, cuando esas opiniones son contrarias al posmodernismo. Y el análisis del problema deriva, por lo general, del marxismo: se pregona que un grupo es victimizado u oprimido, y la senda que libera es la rebelión contra los opresores, a menudo a través del activismo político.

Esto explica por qué el campus universitario típico se ha politizado por completo. En muchos departamentos de inglés, la crítica literaria ya no trata cuestiones de estética como el estilo, la estructura y la composición, sino que se tiende a aplicar criticismo marxista, o criticismo feminista, o cualquier teoría preferida por el crítico. En *Crónica de educación superior*, un profesor de lengua y literatura inglesa manifestó que el objetivo del estudio literario es ayudar a los alumnos a decidir «qué bando adoptan en la lucha histórica mundial de clases: el de los propietarios de los medios de producción, o el de los trabajadores. Ésta, y solamente ésta, es la verdadera cuestión en la crítica de textos».[41]

Frank Lentricchia, crítico tan radical que una vez fue tildado de «El sucio Harry de la teoría literaria», al final se desilusionó cuando vio que sus propios alumnos desarrollaban un espíritu asfixiante de superioridad moral. Acusaban a ciertos autores de racistas, sexistas, capitalistas, imperialistas u homófobos, antes incluso de leer sus obras. Consternado, Lentricchia exclamó: «Díganme su teoría [literaria] y les diré por anticipado qué van a decir acerca de cualquier obra literaria, especialmente las que no han leído».[42]

Los cursos universitarios políticamente correctos no están liberando a los estudiantes a pensar por sí mismos. Están formando cuadros de reaccionarios ensimismados, listos para recibir órdenes de las más novedosas teorías del momento.

Del mismo modo, Bruno Latour, sociólogo de la ciencia, empezó a preocuparse por el influjo opresor de la teoría crítica que él mismo había ayudado a fundar. El criticismo posmoderno —escribe— atrae porque permite hacerse pasar por un pensador superior que humilla a los «creyentes ingenuos» deconstruyendo sus creencias. «¡Siempre tiene razón!», asegura Latour. «Su conducta es del todo dictada por la acción de poderosas causalidades que proceden de la realidad objetiva que otros no ven, pero que uno, uno solo, puede ver».[43]

El posmodernismo empezó con el noble ideal de desenmascarar el imperialismo implícito de las cosmovisiones modernistas. Pero, irónicamente, se ha vuelto él mismo imperialista, insistiendo en que sólo los posmodernistas tienen la capacidad de desenmascarar los intereses y los motivos escondidos de todo el mundo —para deconstruirlos y desacreditarlos—. De este modo silencia, básicamente, toda otra perspectiva.

Peor aún, si usted no comparte la definición posmodernista específica de diversidad, probablemente le será impuesta por la fuerza. Un artículo en Atlantic observa que «la corrección política se ha transformado en una tiranía de códigos discursivos, adiestramiento de sensibilidades y prohibición de libros».[44] La búsqueda de la diversidad, que se suponía era protectora de la libertad, ha venido a ser ella misma coercitiva y homogeneizadora. La diversidad se ha convertido en contraseña para una nueva forma de tiranía.

La pérdida del yo

Recientemente me encontré con unos amigos que estaban afligidos porque su hija había rechazado su crianza cristiana —inesperadamente, en una universidad cristiana conservadora—. Ella se especializó en lengua inglesa, disciplina que muchos padres consideran relativamente «segura», en la que los estudiantes leen a Shakespeare y Dickens. Hasta en las universidades evangélicas, muchos estudiantes han abrazado elementos del posmodernismo y el deconstruccionismo. Al poco tiempo, la hija de mis amigos se cuestionó si había tal cosa como verdad absoluta —incluida la verdad bíblica que le habían inculcado en el hogar y en la iglesia.

¿Cómo podemos preparar a los jóvenes para afrontar las teorías posmodernas que se van a encontrar en las aulas?

Como con toda cosmovisión, el posmodernismo ofrece perspectivas genuinas —especialmente por lo que respecta a su crítica del modernismo—. La Ilustración abrazó una visión exaltada del individuo autónomo en posesión de la Razón desencarnada (a menudo con mayúscula), que supuestamente lo elevaba por encima de su pequeña franja temporal y espacial para alcanzar una verdad eterna y objetiva. Por el contrario, el posmodernismo insiste en que el conocimiento es siempre contextual. Las personas no son conciencias incorpóreas. Son seres físicos instalados en comunidades, y sus cosmovisiones están teñidas de tradiciones culturales, intereses económicos y relaciones de poder.

Pero al reaccionar contra la Ilustración, el posmodernismo se cae del caballo por el lado opuesto. Reduce el individuo a una amalgama de fuerzas históricas y sociales, sin identidad personal estable. La razón retrocede al historicismo de Hegel, a la idea de que la humanidad está atrapada en el flujo incesante de la evolución. De ahí se deduce que no hay tal cosa como la naturaleza humana —no hay prototipo estable, ideal, de lo que significa ser humano; no hay norma universal que nos diga quiénes somos y cómo realizar nuestra verdadera naturaleza.

Como lo expone el existencialista Jean-Paul Sartre: «No hay naturaleza humana porque no existe Dios que la conciba».[45] Tal como las especies mutan y evolucionan constantemente, así los individuos deben dejar atrás toda norma estable y sumergirse en el flujo incesante de la vida, crearse y recrearse constantemente a sí mismos.

Usando términos posmodernos, el yo es fluido y fragmentario. Michel Foucault afirma que su meta es «la disociación del yo»; pone de manifiesto que nuestro sentido de coherencia es, en realidad, una «síntesis vacía» de sucesos pasados. ¿Qué significa eso exactamente? Un filósofo explica que para Foucault «nuestras identidades son, de todos modos, ficticias —cada uno es un plural, un cúmulo de fuerzas que tiran en todas las direcciones».[46]

Pero si nuestras identidades son «ficticias», ¿quién es Foucault? Y ¿quién nos habla realmente en sus escritos? Cuando un posmodernista declara que es imposible lograr la objetividad, ¿es este un enunciado objetivo? La teoría derriba su propia pretensión.

Además, es contraria a la experiencia humana. Cada uno de nosotros experimenta la sensación ineludible, irresistible, de un yo coherente —un centro activo de conciencia, no una ubicación pasiva de fuerzas sociales que chocan—. Incluso a medida que sufrimos cambios vitales, tenemos conciencia de ser un centro permanente de identidad personal. La universalidad de la conciencia en primera persona, incluso en aquellos cuya cosmovisión lo niega, indica que es intrínseca a la experiencia humana. Hemos sido constituidos de tal manera que no podemos vivir consistentemente a partir del reduccionismo radical de los posmodernistas. Ni ellos tampoco. En última instancia, no se pueden suprimir las verdades de la revelación general.

La Trinidad para los posmodernistas

El problema del equilibrio entre la identidad individual y la membresía comunitaria es una cuestión perenne conocida en filosofía como el problema de los particulares y los universales, o de la unidad y la diversidad. El cristianismo ofrece una respuesta sorprendente y singular. Enseña que la raza humana fue creada a imagen de Dios, quien es una tri-unidad —tres Personas tan íntimamente relacionadas que constituyen la Divinidad—. La naturaleza de Dios consiste en amor recíproco y comunicación entre las Personas de la Trinidad (Padre, Hijo y Espíritu). Ambas cosas, lo particular y lo universal, la individualidad y la relación, existen en la naturaleza divina.[47]

El equilibrio perfecto entre la unidad y la diversidad en la Trinidad ofrece un modelo para la vida social del hombre —y una solución a los polos opuestos del modernismo y el posmodernismo—. Contra la disolución del yo del posmodernismo, la Trinidad implica la dignidad del yo individual. Al igual que cada Persona de la Trinidad es distinta y desempeña una función singular en el drama de la salvación, así también cada persona individual tiene una identidad y un propósito singulares.

Pero contra el modernismo y su individualismo radical, la Trinidad implica que no estamos desconectados ni somos autónomos, sino creados para establecer relaciones. La sociedad se sustenta de la misma esencia de la naturaleza humana. Aparte de los efectos del pecado, hay una armonía intrínseca entre lo que nos realiza como individuos y nuestras relaciones —matrimonio, familia, trabajo, iglesia, etnia—. No hay conflicto interno entre ser fiel a uno mismo y participar en las relaciones que Dios ha ordenado y que nos conectan unos con otros.

El cristianismo concuerda con la crítica posmodernista al concepto ilustrado de la conciencia desencarnada. La Biblia enseña que Dios creó a los seres humanos como seres corporales, insertados biológicamente en familias, que residen en naciones particulares en periodos concretos de la historia. Estamos enraizados en el mundo físico y material —lo cual no es una limitación negativa que haya que trascender—. Al contrario, Génesis declara repetidamente que la creación material es intrínsecamente buena: «Y Dios vio que era buena».

En el libro de Hechos, Pablo enseña que nuestra ubicación física, social e histórica ha sido establecida por Dios como medio para atraernos a Él. Hablando de las naciones, (del griego etnos, raíz de etnia o grupo étnico), Pablo afirma que Él «determinó los períodos de su historia y las fronteras de sus territorios... para que todos lo busquen y, aunque sea a tientas, lo encuentren» (Hch. 17:26-27, NVI)[48]. Nuestra identidad biológica y social tiene por objeto ser de bendición para inspirarnos a buscar a Dios.

Al mismo tiempo, el cristianismo se opone a reducir el individuo a su comunidad, como hace el posmodernismo. Los cristianos renacen a una comunidad redimida que trasciende a todas las comunidades naturales. Incluso la familia, la comunidad biológica más básica, no determina nuestra identidad primordial. Todos los que llegan a ser cristianos son «hijos de Dios. Éstos no nacen de la sangre, ni por deseos naturales, ni por voluntad humana, sino que nacen de Dios» (Jn. 1:12-13, NVI). El mensaje liberador de la Biblia es la promesa de que es posible trascender el pecado y el desgarramiento de las comunidades naturales porque nuestra identidad primordial es el ser hijos de Dios.

Esta visión trinitaria produce un equilibrio maravilloso en la práctica. En la iglesia, la diversidad basada en el origen físico —nacimiento, familia, género, etnia, nacionalidad— se puede celebrar con gratitud como regalo de Dios. Al mismo tiempo, estas cosas no nos definen absolutamente: «Donde no hay griego ni judío, circuncisión ni incircuncisión, bárbaro ni escita, siervo ni libre, sino que Cristo es el todo, y en todos» (Col. 3:11).

Increíblemente, un filósofo ateo materialista ha escrito una referencia conmovedora al legado liberador del evangelio. Slavoj Zizek afirma que el cristianismo enseña que no estamos «esclavizados por las cadenas del pasado», que podemos «desconectarnos de la inercia que nos constriñe a identificarnos con el orden particular en que hemos nacido».[49] El cristianismo ofrece un singular equilibrio de unidad y diversidad, de particularidad y universalidad.

La propia iglesia está destinada a ser apologética poderosa: una expresión visible, viva, de la visión equilibrada de la Biblia.[50] «Toda iglesia local es una carta de Cristo... escrita no con tinta sino con el Espíritu del Dios vivo» (2 Co. 3:3). Cuando los de fuera «leen» esa carta, deberían ver la visión trinitaria de la comunidad puesta en práctica —no perfectamente, pero sí de una manera creíble—. Jesús dijo incluso que la gente juzgaría si el cristianismo es verdadero por el amor trinitario que ven en la iglesia. Como el Padre y el Hijo son uno, así oró Jesús que todos los cristianos «sean perfectos en unidad, para que el mundo conozca que tú me enviaste» (Juan 17:23).

Francis Schaeffer denominó la manifestación visible de amor entre los cristianos «apologética definitiva», es decir, lo que más atrae la atención de un mundo hastiado.[51] El mensaje comunicado en palabras solamente llevará fruto cuando esté respaldado con el ejemplo de nuestra vida.

Escape del reduccionismo

Entender el reduccionismo dota de un poderoso instrumento para «derribar argumentos... que se levanta(n) contra el conocimiento de Dios» (2 Co. 10:5). En el Principio #3, la identificación del reduccionismo fue clave para evidenciar cómo las cosmovisiones basadas en ídolos contradicen la realidad. En el Principio #4, la identificación del reduccionismo es esencial para mostrar cómo se destruyen las cosmovisiones.

Cuando se derroca un ídolo, es imperativo sustituirlo con algo mejor. Si la falla fundamental es el reduccionismo, la forma de hacer una buena defensa del cristianismo es mostrar que éste no es reduccionista. Puesto que no deifica ninguna parte de la creación, no tiene que embutirlo todo en un único conjunto de categorías. Resulta que el cristianismo abriga una ontología muy rica (teoría de lo que existe). Ofrece mayor respeto por la creación que cualquier cosmovisión rival. Considere cuán positivo es comparado con:

El **materialismo**: Para confrontar el materialismo, podemos mostrar que una cosmovisión bíblica enseña mayor respeto por el mundo material. El universo físico no es producto del azar. La tierra no es una roca que gira por el espacio vacío, sin propósito ni sentido superior. El universo físico recibió la existencia de un Dios de amor y belleza. Es producto de un plan y del designio.

Es fascinante que la iglesia primitiva también tuviera que defender un alto concepto del mundo material, aunque por distintas razones. La cultura de la antigua Grecia estuvo impregnada de filosofías como el gnosticismo y el neoplatonismo que consideraban la esfera material como un ámbito de muerte, deterioro y destrucción. El gnosticismo enseñaba que el mundo era tan malo que no podía ser creación de la deidad más excelsa, suprema, sino obra de una deidad inferior maligna. El Dios supremo no se degradaría a sí mismo ensuciándose con la materia. El gnosticismo denigraba el cuerpo físico como «prisión del alma». El objeto de la salvación era escapar del ámbito físico y dejarlo atrás.

En este contexto, el cristianismo no podía ser menos que revolucionario. Enseña que hay un solo Dios, y que Él creó la materia. Por tanto, ésta es intrínsecamente buena. No obstante, el mayor escándalo del cristianismo fue la encarnación —la proclama de que Dios mismo se había encarnado en un cuerpo físico—. No fue un mero fenómeno con apariencia humana (como enseñaban los gnósticos). Él realmente se hizo hombre. La encarnación otorga una asombrosa dignidad al mundo material.

Aún más revolucionario, después que Jesús «escapara» del mundo físico —después de su muerte— regresó. En una resurrección corporal. Para los griegos, esto no era progreso espiritual; era regresión. ¿Por qué iba alguien a querer volver al mundo material, la esfera del mal y la corrupción? La idea era completa locura para los griegos (1 Co. 1:23).

Finalmente, según la Escritura, ¿qué sucederá al fin de los tiempos? Dios no va a desechar la idea de un universo físico y reemplazarlo con un plano existencial puramente etéreo, como si hubiera cometido un error al principio. No, lo va a reemplazar con «una nueva tierra» (Ap. 21:1). Y usted y yo viviremos en esa nueva tierra en nuevos cuerpos físicos. Los cristianos afirman, en el credo de los apóstoles, «la resurrección del cuerpo». Esta es una fabulosa, estupenda, visión del mundo físico. El cristianismo imparte a la esfera material un valor mucho mayor que cualquier versión del materialismo.[52]

El **empirismo**: Para confrontar el empirismo los cristianos pueden mostrar que una cosmovisión bíblica ofrece un mejor fundamento para confiar en los sentidos. Como vimos antes, la falla del empirismo es que no puede garantizar para nada que lo que percibimos con los sentidos sea verdadero. No podemos salir de la cabeza para conseguir una posición ventajosa desde la que contrastar datos sensoriales con el mundo exterior. La única base adecuada para confiar en el conocimiento sensorial es la enseñanza bíblica de que un Creador diseñó el aparato sensorial para funcionar fiablemente en el mundo que Él creó.

La doctrina de la creación es la garantía epistemológica de que la constitución de las facultades humanas se corresponde con la estructura del mundo material. Forma parte del «plan del designio humano», escribe Plantinga, para confiar en la percepción de los sentidos. Cuando las facultades perceptivas funcionan bien, y en el medio para el que fueron diseñadas, confiamos naturalmente en que los colores y las formas que percibimos pertenecen a objetos reales en un mundo real».[53]

El alto valor concedido al conocimiento empírico fue una de las precondiciones esenciales que facilitó el auge de la ciencia moderna. Los cristianos tuvieron que resistir una larga tradición que se remontaba a los antiguos griegos, que habían menospreciado el mundo empírico como esfera variable de las sombras. Para Platón, era imposible adquirir conocimiento genuino del ámbito sensorial porque era el reino de las «apariencias», no de la realidad. Muchos historiadores sugieren que su baja estima del mundo empírico es una de las razones por la que los antiguos griegos no desarrollaron la ciencia moderna —y por qué fue necesario el cristianismo para establecer la base de la metodología empírica de la ciencia.[54]

El **racionalismo**: Para confrontar el racionalismo, podemos mostrar que el cristianismo reconoce la racionalidad humana como parte de la imagen de Dios. No por accidente histórico acaecido en la Edad Media coincidieron el florecimiento del cristianismo y los constructores de grandes sistemas racionales, como Anselmo y Tomás de Aquino. Su confianza en la razón fue insuperable porque la consideraban don de Dios. Estaban seguros de que el mundo es creación de un Dios razonable, por lo cual, tiene una estructura inteligible, cognoscible por la razón. E incluso hoy, como hemos visto, el cristianismo proclama una verdad lógica, unificada y coherente en contraposición a las plantas separadas, superior e inferior, que fragmentan las cosmovisiones modernas.

El cristianismo también destaca frente a los «maestros de la sospecha», que proclaman que la racionalidad humana está abrumada por fuerzas no racionales. El Dios bíblico nos invita a razonar y «estar a cuenta» (Is. 1:18). La santificación viene por medio de la «renovación del entendimiento» (Ro. 12:2), y el objetivo es aprender a amar a Dios «con toda tu mente» (Mt. 22:37). El término lógica procede de Logos, palabra usada para describir a Jesús en Juan 1:1. De donde se deduce que la lógica refleja la naturaleza de la mente y el carácter de Dios.

El **posmodernismo**: Para contrarrestar el posmodernismo, el cristianismo ofrece una perspectiva aún más radical de la contingencia del conocimiento humano. El posmodernismo reduce la reivindicación del conocimiento a expresiones de interés y poder basadas en la raza, la clase, el género, la etnicidad y la identidad sexual. Pero la enseñanza bíblica sobre los ídolos cala más hondo —hasta el máximo compromiso espiritual en el centro de la motivación humana—. La Biblia enseña que el factor decisivo en las elecciones que hacemos es el compromiso con el concepto de lo divino. Nuestras vidas se conforman por el dios que adoramos —ya sea el Dios de la Biblia o alguna deidad sustitutiva.

En todas las áreas, el cristianismo abarca las perspectivas válidas de las demás cosmovisiones, al tiempo que evita sus debilidades. Incorpora las mejores perspectivas de las filosofías basadas en ídolos, sin caer en ningún reduccionismo limitante, opuesto a la vida. Estas son auténticas buenas nuevas.

De hecho, el cristianismo es tan atractivo que los ateos siguen echando mano y tomando prestado de él. En el próximo capítulo hallaremos por qué motivo la verdad cristiana es tan atractiva —y por qué incluso los ateos siguen intentando reclamar partes de ella para sí mismos.

PRINCIPIO #5

ATEOS APROVECHADOS

Hace algunos años visité una concurrida iglesia urbana que atraía a estudiantes universitarios de toda la ciudad. El líder del grupo estudiantil de su facultad me contó que estaba preparando su doctorado en química.

—¡Excelente! —le dije—. ¿Ha considerado usted cómo se relaciona la química con su concepción del cristianismo? Por ejemplo, ¿ha estudiado usted teorías de química evolutiva y del origen de la vida?

—¡Oh no! —respondió él—. Por eso escogí química sintética, para no tener que lidiar con esos asuntos.

Esa misma tarde, mientras conversaba con varios estudiantes, conocí a una joven que estudiaba biológia.

—Fantástico —le dije—. ¿Ha leído usted algo relacionado con las controversias en su campo, como la evolución o el designio inteligente?

Me sorprendió que su respuesta fuese casi idéntica a la del joven químico:

—¡Oh no!, por eso escogí pre-medicina, para no tener que ocuparme de esos asuntos.

Esos jóvenes eran inteligentes, bien formados. Preferían usar su talento para educar a la iglesia en vez de ingresar en la palestra pública con una voz informada. Pero rehusaban asumir responsabilidades.

Muchos cristianos parecen tener dificultades en armar una cosmovisión bíblica adecuada para la esfera pública. Normalmente, se limitan a repetir la teología bíblica. Por ejemplo, George Barna realiza encuestas para averiguar cuántos cristianos propugnan una cosmovisión bíblica. Pero sus hallazgos se limitan a declaraciones teológicas: que la Biblia es «absolutamente veraz», que Jesús «vivió una vida inmaculada», que Satanás es «real», que «la gente no se puede ganar el cielo intentando ser buena», etcétera.[1] Pero una cosmovisión no es lo mismo que una teología. Una cosmovisión aplica verdades teológicas a campos como la filosofía, la ciencia, la educación, el entretenimiento y la política.

Principio #5

Reemplace el ídolo: Promocione el cristianismo

Una de las mejores maneras de elaborar respuestas bíblicas es escuchar más atentamente las preguntas. El mensaje cristiano será más relevante cuando se articule con arreglo a los puntos específicos en los que la gente reconoce fallos y defectos de sus propias cosmovisiones. En el Principio #3, por ejemplo, mencionamos pensadores que reconocen que sus cosmovisiones reduccionistas arrastran consecuencias que ellos mismos consideran «extrañas» y «repugnantes». Resultados con los que ellos mismos «no pueden convivir». En el Principio #4 conocimos personas que dependen implícitamente de una concepción bíblica de la razón humana. Cabe afirmar que los reduccionistas no pueden vivir dentro de los límites de la caja de su propia cosmovisión. De modo que hacen contrabando con escaleras de la cosmovisión cristiana para salir de la caja. Tienen hambre de una cosmovisión más plena, más humana, que la que sus ídolos les ofrecen.

Por increíble que parezca, la cosmovisión cristiana es tan atractiva que hasta los que la rechazan echan mano a ella, consciente o inconscientemente.

Justificar el cristianismo en todos los campos requeriría otro libro. Pero podemos empezar identificando los elementos que la gente toma clandestinamente de una cosmovisión cristiana. Nos muestran dónde fallan sus cosmovisiones y, al mismo tiempo, los aspectos más atractivos que ven en el cristianismo. Éstos nos proporcionan los puntos de partida para articular una cosmovisión bíblica en sintonía con las cuestiones de nuestro tiempo.

¿Puede un relativista oponerse al racismo?

Comencemos con algunos ejemplos muy difundidos. Muchas personas afirman hoy ser relativistas morales, argumentando que no hay ley moral eterna y universal. Sin embargo, es probable que se revuelvan e insistan en que los actos racistas o los abusos están mal —no sólo son desagradables, o personalmente ofensivos, sino genuinamente malos—. Y protestan vigorosamente si ellos mismos sufren algún tipo de engaño o de violencia. Ciertamente, la gente no puede ni siquiera funcionar unas horas sin emitir juicios morales: Él no debería decir eso. Ella es muy mala.

Irónicamente, los relativistas morales se jactan incluso de ser moralmente superiores a los demás. Al fin y al cabo, ellos son tolerantes y se abstienen de hacer juicios de valor. Ellos no son como las otras personas, insufriblemente fanáticas, de mentalidad estrecha, merecedoras de la más dura condena.

Toda persona traza, en algún lugar, una raya en la arena que le permite aparentar que es moralmente superior, como el fariseo de la parábola de Jesús que dio gracias a Dios por no ser como los demás (Lc. 18:11).

El relativismo moral puede aparentar tolerancia y humildad cuando en realidad suele albergar una actitud enormemente crítica y condenatoria.

En definitiva, mucha gente absorbe el lenguaje del relativismo moral, pero sus palabras no se corresponden con lo que realmente son como seres humanos plenamente operativos. Más bien es la cosmovisión cristiana la que realmente define lo que son. Debido a que los seres humanos son creados a imagen de Dios, están programados con una moral intrínseca. Romanos 2 afirma que los que no tienen la ley de Dios en forma escrita la tienen «inscrita en sus corazones» (Ro. 2:15). No pueden evitar hacer declaraciones morales que sólo tienen sentido atendiendo a la cosmovisión bíblica que rechazan.

Cabe decir que funcionan como si el cristianismo fuera verdad. El reconocer las verdades morales es un aspecto de la revelación general. No importa cuán firmemente la gente reprima ese conocimiento, sigue aflorando en la superficie.

Otro ejemplo son las personas que se declaran escépticas por lo que respecta al conocimiento. Por una parte, aseguran que no podemos estar seguros de nada. Por otra, probablemente insisten en que la ciencia ha demostrado sus teorías favoritas. En la vida práctica, seguramente comprueban sus cuentas bancarias para verificar que los apuntes son correctos. En resumidas cuentas, viven y actúan como si tuvieran acceso al conocimiento genuino.

No importa cuán escéptico pueda ser uno: es virtualmente imposible dudar de algunas cosas —al menos en la práctica—. Nadie duda que el mundo material sea real. (Miramos a ambos lados de la calle antes de cruzar.) Nadie duda de experiencias como el placer o el dolor. (Si digo que me duele la cabeza, nadie me pregunta que «cómo lo sé».) No ponemos en duda la realidad: causas y efectos. (Confiamos que el fuego calienta y el hielo enfría.) Nadie duda de su existencia personal (usamos la palabra «yo»). Si alguien niega estos hechos básicos, le llamamos demente —o filósofo.

E incluso los filósofos niegan tales datos elementales sólo provisionalmente. Como vimos antes, David Hume fue icono del empirismo extremo, que le condujo a un escepticismo radical. No obstante, Hume sabía que era imposible mantener su escepticismo cuando salía de su estudio (cuando se juntaba con sus amigos para jugar al backgammon, como él mismo reconoció). En las «ocupaciones de la vida cotidiana», escribió Hume, las dudas escépticas «se desvanecen como el humo y dejan al escéptico más acérrimo en la misma condición que el resto de los mortales».[2]

Podríamos afirmar que no hay escépticos en las trincheras de la vida real. Cuando ellos tienen que operar en el mundo común, su escepticismo «se desvanece como el humo». Se ven obligados a actuar como si tuvieran acceso al conocimiento genuino, cosa que su propia cosmovisión niega que sea posible.

En suma, deben actuar como si la epistemología cristiana fuera verdadera. El cristianismo enseña que los seres humanos son creados a imagen de Dios. Nuestras mentes y sentidos han sido diseñados para funcionar en el mundo del Creador. Incluso los que se aferran a un escepticismo extremo se ven obligados por las circunstancias concretas de la vida a actuar como si la concepción bíblica del conocimiento humano fuera verdadera.

¿Por qué abraza la gente ideas que no respalda su propia cosmovisión? La Escritura afirma que todas las personas han sido creadas a imagen de Dios, viven en su mundo y experimentan su gracia común. En consecuencia, en la práctica experimentan las verdades vivificantes de la revelación general, aunque repriman selectivamente ese conocimiento. Como informan los psicólogos, más tarde o más temprano el conocimiento reprimido sale a la superficie. En esas ocasiones, dice Thomas Johnson: «La gente actúa y habla conforme al conocimiento suprimido que les provee la revelación general de Dios, en vez de actuar conforme a las creencias que pretenden admitir».[3]

El hecho de que todo el mundo tiene que funcionar como si el cristianismo fuera verdadero brinda una oportunidad creativa para abordar el mundo secular. El cristianismo proporciona el fundamento para el modo en que los seres humanos no pueden dejar de conducirse. Para abogar por una cosmovisión bíblica hay que comenzar mostrando que sólo ella establece el fundamento según el cual todos tenemos que funcionar, no importa qué cosmovisión mantengamos.

La confesión de Richard Rorty

Un reto que surge al defender el cristianismo es que sus principios cimientan hasta tal punto nuestra cultura común que ya no reconocemos sus rasgos bíblicos distintivos. Por ejemplo, los occidentales se suelen jactar de aferrarse a nobles ideales, como la igualdad y la universalidad de los derechos humanos. No obstante, irónicamente, como vimos en anteriores capítulos, las cosmovisiones dominantes de nuestro tiempo niegan la realidad de la libertad humana y carecen de base para sustentar ideales morales como los derechos humanos.

¿De dónde, pues, procede la idea de la igualdad de derechos?

El pensador político del siglo XIX, Alexis de Tocqueville notó que la idea procedía del cristianismo. A «los genios más destacados de Roma y de Grecia» jamás se les ocurrió la idea de la igualdad de derechos, escribió. «Tuvo que venir Jesucristo a la tierra para hacer entender que todos los miembros de la raza humana son naturalmente iguales y semejantes».[4]

El ateo del siglo XIX, Friedrich Nietzsche, concordó: «Otro concepto cristiano... ha calado aún más profundamente el tejido de la modernidad: el concepto de "la igualdad de las almas ante Dios". Este concepto suministra el prototipo de teorías de la igualdad de derechos».[5]

El ateo contemporáneo Luc Ferry afirma lo mismo. Tendemos a tomar el concepto de igualdad por sentado; no obstante, fue el cristianismo lo que subvirtió las antiguas jerarquías sociales entre los ricos y los pobres, los amos y los esclavos. «Según el cristianismo todos somos "hermanos", en el mismo plano que criaturas de Dios», escribe Ferry. «El cristianismo es el primer ethos universalista».[6]

Algunos ateos intrépidos admiten abiertamente que han tomado prestado el ideal de los derechos humanos del cristianismo: Richard Rorty fue un darwinista comprometido; y en la lucha darwiniana por la existencia, el fuerte prevalece, mientras que el débil es excluido. De manera que la evolución no puede ser el origen de los derechos humanos universales. Antes bien, asegura Rorty, el concepto proviene de la «proclamación religiosa de que los seres humanos han sido creados a imagen de Dios».[7] Admite de buena gana que tiende la mano para tomar prestado el concepto de derechos universales del cristianismo. E incluso se denomina a sí mismo ateo «usurpador»: «Este elemento judeocristiano de nuestra tradición es invocado con gratitud por ateos aprovechados como yo».[8]

En el origen de nuestra nación, los fundadores estadounidenses estimaban evidente que los derechos humanos debían basarse en Dios. La Declaración de Independencia comienza con palabras sencillas y luminosas: «Sostenemos que estas verdades son evidentes en sí mismas: que todos los hombres son creados iguales, que el Creador los ha dotado de ciertos derechos inalienables».

En el verano del 2013, una compañía de cerveza desató una controversia lanzando un spot publicitario para el día de la independencia que borraba las palabras esenciales «por su Creador». El anuncio rezaba: «Dotados de ciertos derechos inalienables». (¿Dotados por quién?) El spot es representativo de lo que hacen muchos secularistas: Toman prestados ideales como la igualdad y los derechos de una cosmovisión cristiana, pero los amputan de su fuente en el Creador. Son usurpadores. Los cristianos deben reclamar esos nobles ideales y defender que sólo son lógicamente sustentados por la cosmovisión bíblica.

Los ateos suelen acusar al cristianismo de severo y negativo. Pero, en realidad, ofrece una visión mucho más positiva de la persona que cualquier religión o cosmovisión rival. Es tan atractivo que los adeptos de otras cosmovisiones la usurpan, se aprovechan, de las partes que más les gustan.

¿Qué hace posible la ciencia?

Otro elemento de la cultura occidental tan extendido que ya no se reconoce como típicamente cristiano es la propia empresa científica. El estereotipo común es que la religión y la ciencia están en guerra. Pero los historiadores lo están invirtiendo.

Considere, por ejemplo, la idea de las «leyes» en la naturaleza. Esta idea es tan familiar hoy que nos parece de sentido común. Sin embargo, los historiadores nos aseguran que ninguna cultura —ni oriental ni occidental— trajo a colación la noción de las leyes en la naturaleza. No apareció en Europa hasta la Edad Media, periodo en el que la cultura occidental estuvo profundamente impregnada de supuestos cristianos. Como nota el respetado historiador A. R. Hall, el uso de la palabra ley en el contexto de eventos naturales «hubiera sido ininteligible en la antigüedad, mientras que la creencia judeocristiana en una deidad que es al mismo tiempo Creador y Legislador la hizo vigente».[9]

Por supuesto, todas las sociedades han reconocido modelos de causa y efecto en la naturaleza, lo que les permitió construir edificios y puentes. La diferencia es que ellos consideraban esos modelos como reglas empíricas meramente prácticas. Se creía que el orden intrínseco de la naturaleza era inescrutable para la mente humana. Y cuando la gente no cree que haya leyes racionales detrás de los fenómenos naturales, no va en busca de ellas —y la ciencia no arranca.

La filósofa Mary Midgley define el cristianismo como la «cosmovisión» de la ciencia. Ha escrito que «la ciencia tiene su propia cosmovisión, que incluye supuestos rectores sobre la naturaleza del mundo. Los fundadores de la ciencia moderna lo expresaron muy claramente para su tiempo. El orden cósmico (decían) fluye totalmente de Dios, de modo que la ciencia redunda para su gloria».[10]

Paul Davies defiende el mismo punto aún más firmemente. «Los primeros científicos, como Newton, eran religiosos de una u otra manera», escribe. «Interpretaban su ciencia como un medio para descubrir el rastro de la obra de Dios en el universo». Ellos consideraban lo que ahora llamamos leyes de la naturaleza pensamientos en la mente de Dios. «De modo que al hacer ciencia —suponían ellos—, uno puede captar un atisbo de la mente de Dios —afirmación audaz y apasionante, desde luego».

Tal vez es una afirmación audaz, pero sigue siendo un apuntalamiento fundamental para la empresa científica hasta nuestros días. La ciencia aún tiene que asumir que el mundo consta de un orden inteligible. Si el universo fuera producto de procesos no racionales, ¿por qué iba a tener un orden racional? Si el universo no es producto de una mente, ¿por qué es comprensible para la mente humana? Para muchos científicos actuales, «el orden subyacente de la naturaleza —las leyes de la física— es sólo aceptado como realidad bruta y concreta», escribe Davies. «Nadie se pregunta de dónde proceden tales leyes; al menos no lo hacen entre gente educada. No obstante, incluso el científico más ateo acepta como acto de fe que... hay una base racional para la existencia física que se manifiesta como orden legal en la naturaleza».

¿Requiere la ciencia un «acto de fe»? ¿En qué se basa esa «fe»? Davies llega a esta solemne conclusión: «De modo que la ciencia sólo puede materializarse si el científico adopta una visión del mundo esencialmente teológica».[11]

En suma, todo ateo tiene que adoptar una cosmovisión bíblica para poder hacer ciencia.[12] Los cristianos deben reclamar confiadamente los principios bíblicos que hicieron posible la ciencia en sus orígenes —y que le siguen proporcionando su fundamento filosófico hoy.

Un ateo censura el humanismo

Para rastrear casos adicionales de incautación o apoderamiento, podemos escuchar a escondidas a ateos en coloquios caseros. Por ejemplo, John Gray reprocha regularmente a sus colegas ateos y materialistas la costumbre de aprovecharse. Lógicamente, señala él, que el materialismo conduce al reduccionismo —la conclusión de que los seres humanos no son más que animales—. Pero muchos materialistas no quieren aceptar esa sombría conclusión. Quieren conceder a la humanidad estatus y dignidad superiores; quieren creer que los seres humanos tienen «conciencia, identidad y libre albedrío», escribe Gray; esa visión superior de la humanidad que él etiqueta de humanismo —y que denuncia como ejemplo excelente de apropiación indebida.

«Los humanistas nunca se cansan de predicar» el evangelio de la libertad humana, se queja Gray. Pero «Darwin nos ha mostrado que somos animales», por tanto, «la idea del libre albedrío no proviene de la ciencia». Más bien, «su origen está en la religión —no en cualquier religión, sino la fe cristiana contra la que los humanistas protestan tan obsesivamente»—. Así pues, el humanismo «no es más que una versión secular» de los principios cristianos.[13]

Podríamos afirmar que los humanistas no desean vivir dentro de los confines de su caja materialista. De manera que introducen clandestinamente escaleras pertenecientes a la cosmovisión cristiana para escapar de la caja.

Nagel: Darwin «casi con certeza, falso»

Y ahora espiemos al otro lado del debate —a la gente que Gray califica de humanistas, que no quieren aceptar las consecuencias inhumanas del reduccionismo—. Thomas Nagel es autor de *La mente y el cosmos,* subtitulado provocativamente Por qué la concepción neo-darwinista materialista de la naturaleza es, casi con certeza, falsa. Él argumenta que la teoría darwinista «es, casi con certeza, falsa» precisamente porque conduce al reduccionismo. Y las teorías reduccionistas no aciertan a explicar lo que sabemos del mundo.

Considere la humilde calculadora de bolsillo. Teclee «5 + 3 =» y aparece en la pantalla el número «8». El modelo de píxeles de la figura ocho puede ser explicable, en términos puramente físicos, como la pulsación de electrones que viajan por la entrada de los microprocesadores. Pero —razona Nagel— no hay explicación reduccionista de cómo la calculadora fue programada al principio para que resultara «8». Esto requiere «la Intención del diseñador».

Nagel es ateo, de modo que no se está refiriendo a un diseñador divino. Solamente razona que la teoría de Darwin ni siquiera puede dar cuenta de los diseñadores humanos: «Se necesita algo más para explicar cómo puede haber criaturas conscientes, pensantes».[14] Los seres humanos exhiben una diferencia de especie, no de grado.

Algo más es necesario para explicar el conocimiento moral y científico. Nagel argumenta que el concepto evolutivo de la mente socava «la confianza en la verdad objetiva de las creencias morales», como también «la verdad objetiva del razonamiento científico o matemático». (Para recordar por qué la epistemología evolutiva menoscaba el conocimiento humano, vuelva a examinar el Principio #4.) Pero —asegura Nagel— no podemos, sin más, abandonar el conocimiento en estas áreas. ¿Por qué no? Porque el conocimiento «se basa, en última instancia, en el sentido común y en lo que es claramente innegable».[15]

¿Reconoce las frases indicativas que apuntan a la revelación general? El neo-darwinismo contradice lo que se «apoya en el sentido común» y lo que es «claramente innegable».

Nagel está atrapado en la disonancia cognitiva. Por una parte, no quiere aceptar el reduccionismo, el cual critica como «triunfo de la teoría ideológica sobre el sentido común». Alaba a los críticos del darwinismo, incluidos los teóricos del Designio Inteligente —por lo cual ha recibido violentos ataques.[16]

Nagel concede, incluso, que una cosmovisión teísta resolvería sus problemas —que la existencia de Dios explicaría las mismas cosas que el darwinismo no puede explicar, como la mente y la ética—. Sin embargo, rechaza la respuesta teísta. ¿Por qué? La razón no es tanto intelectual como emocional: «Quiero que el ateísmo sea verdadero... No quiero que haya un Dios; no quiero que el universo sea así». Admite que su motivo oculto es un «temor a la propia religión», temor arraigado, en el fondo, en un «problema de autoridad cósmica».[17]

Pero después de rechazar a Dios, ¿qué alternativa propone Nagel? Nada en absoluto. «Mi objetivo es presentar el problema más que proponer una solución».[18]

Nagel es un ejemplo esclarecedor del ateo que intenta desesperadamente mantener las dos caras de una grave disonancia cognitiva. Por una parte, mantiene su ateísmo. Por otra, se resiste a renunciar a los datos «irrefutables» del «sentido común» que únicamente el teísmo puede explicar.

Nagel intenta retener los beneficios de una cosmovisión cristiana al tiempo que rechaza justificarlos en el cristianismo. Es un aprovechado.

Los problemas de un ateo orgulloso

Otro humanista que padece una disonancia cognitiva severa es Raymond Tallis, doctor en medicina y autor de *Aping Mankind*. Tallis se jacta de ser «ateo y evolucionista orgulloso». Al mismo tiempo, sostiene que «la teoría evolucionista no explica cosas trascendentales acerca de nuestra existencia». De hecho, menciona varias cosas relevantes sin explicación:

* ¿No es un problema explicar cómo las fuerzas ciegas de la física produjeron (cognitivamente) seres humanos con ojos que ven, identifican y comentan las fuerzas ciegas de la física? ¿Cómo crearon las fuerzas de la física seres que trascienden dichas fuerzas?

* ¿No es un problema explicar cómo las fuerzas naturales crearon seres humanos capaces de invertir la situación y usar esas fuerzas para «participar en la naturaleza como si fuese desde fuera?». ¿Por qué son los seres humanos capaces de elevarse por encima de las fuerzas que supuestamente los crearon? ¿Puede una marioneta ejercer control sobre el titiritero?

* ¿No es un problema explicar cómo el universo «nos dio la existencia a través de procesos mecánicos carentes absolutamente de sentido?». ¿Cómo fue posible que procesos ciegos crearan seres pensantes? ¿Cómo crearon procesos sin sentido seres con propósito?

* ¿No es un problema explicar cómo un proceso sin diseño ni dirección pudo producir «una especie ciertamente diseñadora»? ¿Cómo llegamos los humanos a ser tan diferentes? ¿Cómo es posible que los humanos se «distingan tanto» de las fuerzas que supuestamente los produjeron? ¿Cómo puede el agua elevarse por encima de su fuente?[19]

Un reduccionista resolvería el dilema sencillamente decretando que, al fin y al cabo, los seres humanos no son tan distintos —que lo que parecen ser diferencias en especie son realmente diferencias de grado—. Pero Tallis rechaza el reduccionismo. De hecho, le preocupa profundamente que una forma de reduccionismo neurobiológico esté ganando terreno prácticamente en todos los campos.

En las artes, la neuro-estética alega que sentimos atracción por las obras de arte porque ciertos modelos visuales estimulan los centros de incentivación del cerebro. En literatura, la crítica neuro-literaria intenta explicar por qué amamos la literatura explorando el cerebro de personas mientras leen a Shakespeare. En teoría legal, el neuro-derecho procura establecer culpabilidad o inocencia usando imágenes de resonancia magnética. En filosofía, la neuro-ética proclama que las «normas, costumbres y directrices morales residen en la neurobiología». La neuro-economía utiliza técnicas de exploración cerebral para determinar cómo responde el cerebro del consumidor a marcas y productos.[20] La neuro-política intenta usar la ciencia del cerebro para guiar a la gente a tomar decisiones políticas. Y la neuro-teología, imágenes de resonancia magnética para descubrir el «rincón de Dios», la parte del cerebro que supuestamente conduce a la gente a concebir la idea de Dios y vivir experiencias místicas.

Estas neuro-teorías son más caprichosas que objetivas, se queja Tallis. Considere el intento de explicar el cristianismo por la neurobiología: «¿Qué clase de impulsos nerviosos son capaces de trascender su condición de finitud, localización y transitoriedad, para concebir la idea de infinitud, omnipresencia y eternidad?». Tallis invita, incluso, a los teístas a hacer «causa común» con ateos como él contra el «enemigo común» del «reduccionismo neuro-evolutivo».

Pero aunque busque aliados entre los cristianos, Tallis rechaza enfáticamente el cristianismo. Con lo cual, ¿qué respuesta propone al reduccionismo que tan apasionadamente confronta? Ninguna en absoluto. «La verdad es que no lo sé».[21]

¿Qué aprendemos espiando a los ateos? Primero, que muchos reconocen las limitaciones y fracasos de su propia cosmovisión. En efecto, se puede armar un argumento irrefutable contra el ateísmo usando sus propias palabras y argumentos. Segundo, muchos ateos encuentran tanta atracción en algunos elementos de la cosmovisión cristiana que siguen tomándolos prestados. Son usurpadores aprovechados.

Cuando somos conscientes de la amplitud de la usurpación, apreciamos mucho más cuán atractiva es realmente la cosmovisión bíblica. De no ser así, ¿por qué todos intentan adueñarse de las partes que más les gustan?

No extraña que Pablo dijese que él «no se avergonzaba del evangelio» (Ro. 1:16). Recuerde que en la Escritura avergonzarse o confundirse significa quedar decepcionado o defraudado. Pablo afirma que la cosmovisión cristiana no le defraudará. Satisface las más elevadas esperanzas e ideales. Esta es la buena nueva que atraerá al evangelio a gentes hastiadas del fracaso e inhumanidad del reduccionismo.

Quiero la filosofía antigua

Quizás el ejemplo más notorio de usurpación sea un movimiento que piratea la dimensión religiosa explícita del cristianismo. Por ejemplo, hay un nuevo campo que usa la filosofía para tratar problemas psicológicos. Con la etiqueta de terapia filosófica, se está promocionando como alternativa a la atención que dispensan terapeutas, sacerdotes y pastores.

Estos son ateos que desean recibir el consuelo psicológico del cristianismo, mientras rechazan su contenido.

Un libro sobre la materia, titulado *Más Platón y menos Prozac,* alcanzó gran éxito internacional. Es más, uno puede obtener el certificado de consejero filosófico. Un artículo del Washington Post asegura que los consejeros «son como consultores de la vida intelectual. Muy intelectual. Tienen un conocimiento profundo de las teorías existencialistas de Jean Paul Sartre sobre la naturaleza de la vida y pueden recitar pasajes de las exploraciones fenomenológicas de Martin Heidegger sobre la cuestión del ser. Y los usan para ayudar a sus clientes a superar problemas con sus madres».[22]

La terapia filosófica puede ser un campo novedoso, pero la idea en sí no lo es. Las filosofías nunca han sido meras empresas académicas. Comenzaron sustituyendo a Dios y desarrollando toda una cosmovisión, exhortando a la gente a dar sentido a la vida y a prepararse para la muerte. La diferencia es que hoy algunos ateos procuran activamente «piratear el espíritu religioso», como lo califica Terry Eagleton.[23] Sostienen que el secularismo puede fomentar la espiritualidad.

Luc Ferry diagnostica varias «religiones sustitutorias» en *A Brief History of Thought.* Declara que muchas ideologías ateas ofrecen espiritualidad para laicos: «Si las religiones se pueden definir como "doctrinas de salvación", las grandes filosofías también serían doctrinas de salvación (pero sin la ayuda de Dios)».[24]

Un ejemplo es *Philosophy as a Way of Life,* Filosofía como forma de vida, de Pierre Hadot. Hadot afirma que una filosofía es como una conversión religiosa: Supone la «total transformación de la visión, estilo de vida y conducta del individuo. Trastoca la vida entera».[25] Literalmente, uno apuesta su vida —y su eternidad— a que una serie de ideas son verdaderas.

En el mundo antiguo, cuando la filosofía era todavía joven, se reconocía ampliamente su poder transformador. No se consideraba al filósofo como experto en un campo académico, sino se le respetaba como «guía espiritual», dice Hadot. «Instaba con exhortaciones a la conversión, y después guiaba a los conversos... en la senda de la sabiduría».[26] Hadot trata de devolver esa función espiritual a la filosofía secular.

Lo mismo sucede con el filósofo Alain de Botton, autor de *Religión para ateos*. Botton es fundador de una escuela en Londres en la que los estudiantes estudian filosofía, no para obtener una titulación académica, sino para reflexionar sobre «las cuestiones más serias del alma». Una asignatura, titulada Ocupación del vacío con forma de Dios, ayuda a la gente a llenar el vacío en su vida cuando abandonan las religiones tradicionales.[27]

El elemento común presente en estos ejemplos es que son intentos de llenar el vacío de Dios con algo que no es Él. Un libro formula francamente su declaración en su título: *The Little Book Atheist Spirituality*.[28] Los ateos están fundando sus propias iglesias. El Reino Unido ha abierto la primera iglesia atea. Y según las noticias, «docenas de asambleas apodadas "mega-iglesias ateas"... están surgiendo en EEUU».[29]

Los ateos están copiando las ceremonias del culto religioso. Desean imitar los ritos del cristianismo, al tiempo que rechazan su realidad.

Una misa por Charles Darwin

No todos los ateos se dan cuenta de lo mucho que copian del cristianismo. El patrón más común reivindica que el ateísmo se basa estrictamente en los datos y la ciencia.

Pero incluso una entrega a la ciencia puede funcionar como ídolo y compromiso final. Cuando la ciencia es considerada única fuente de la verdad, se convierte en cientificismo. El filósofo Wilfrid Sellars manifestó un compromiso con el cientificismo cuando manifestó: «La ciencia es la medida de todas las cosas». Bertrand Russell movió la mano para enfatizar: «Lo que la ciencia no puede descubrir, la humanidad no puede conocer».[30]

Se parte de la hipótesis de que todo lo que no se puede conocer por medio de la ciencia no es real. Pero considere: ¿Es esta declaración un hecho descubierto por la ciencia? Obviamente no. Va más allá de lo que la ciencia es capaz de establecer. Es una premisa metafísica, una definición arbitraria de lo que cuenta como conocimiento genuino.

El cientifismo sigue siendo hoy uno de los ídolos más populares. Cualquier afirmación que comience diciendo «los científicos ahora saben» probablemente se impondrá sobre todas las afirmaciones rivales. Como escribe John Gray: «La ciencia no nos ha permitido prescindir de los mitos, sino que se ha convertido en un vehículo para ellos —entre los cuales, el más importante es la salvación por la ciencia—. Mucha gente que se burla de la religión está del todo convencida de que, por medio de la ciencia, la humanidad puede avanzar hacia un mundo mejor».[31]

Se ha demostrado que un compromiso con la ciencia produce efectos similares a un compromiso religioso. The New Scientist da cuenta de un estudio que prueba que sometidos a estrés, los ateos respondían con mayor compromiso a «una creencia en la ciencia». El artículo concluía diciendo: «Es bien conocido que la fe religiosa puede ayudar a los creyentes a afrontar el estrés y la ansiedad, proporcionándoles sentido y control en un tiempo de incertidumbre. Parece ser que una "creencia" en la ciencia y en una perspectiva racionalista puede hacer lo mismo por los paganos».[32]

Incluso la teoría de la evolución, a menudo citada como soporte del ateísmo, puede funcionar como sustituto de la religión. En la introducción a *El origen de las especies* de Darwin, 1965, W. R. Thompson observó que, para muchos biólogos, el concepto de evolución orgánica es «objeto de auténtica devoción religiosa, porque la consideran un principio integrador superior».[33]

Más recientemente, Michael Ruse sorprendió a sus colegas ateos señalando que la evolución suele funcionar como una religión: «La evolución es divulgada como una ideología, una religión secular —una alternativa de pleno derecho al cristianismo, con moral y significado».[34]

Y con veneración, podríamos añadir. Hace algunos años, se compuso una obra titulada «Misa Charles Darwin». La pieza se basa en la estructura de la misa tradicional en cinco movimientos. Suena de un modo muy similar a la música sacra del Renacimiento, pero reemplazando los textos de la Escritura por fragmentos de los escritos de Darwin pertenecientes a *El origen de las especies* y *El origen del hombre.*[35]

Religión evolutiva

El darwinismo no es la única versión evolutiva en el mercado. Pero muchas teorías alternativas son aún más manifiestamente religiosas. El biólogo Stuart Kauffman es famoso por su teoría de la autoorganización. Pero él no la considera una teoría científica más: es «la visión de un nuevo mundo», de «una nueva visión de Dios, no como ser trascendente ni como agente, sino cual creatividad misma del propio universo». Es decir, Kauffman rebaja a Dios a una palabra para designar el flujo incesante del universo. Eso, dice él, es «Dios suficiente para mí».

¿Por qué retener la palabra Dios, con su connotación de Persona trascendente, preocupada, inteligente, cuando esa teoría realmente implica un proceso inmanente, despreocupado, no-inteligente? Precisamente para introducir clandestinamente el poder emocional vinculado con el término. Kauffman confiesa abiertamente sus intenciones: «¿Qué ganamos con usar la palabra Dios? Sospecho que es porque la palabra connota asombro y reverencia. Si podemos transferir tal asombro y reverencia, no al antiguo Dios trascendente de mi ancestral tribu israelita de Abraham, sino a la fantástica realidad que nos confronta, daremos permiso a una espiritualidad renovada; asombro, reverencia y responsabilidad a todo lo que vive, y al planeta».[36]

En resumidas cuentas, Kauffman confía en inspirar a la gente a responder emocionalmente a un universo puramente materialista como si fuera el Dios personal de la Biblia. Él es otro usurpador.[37]

Finalmente, aparece el economista y futurista Jeremy Rifkin, quien promueve una versión cuasi-panteísta de la evolución. Él concibe la evolución como un proceso a través del cual una «mente» inmanente evoluciona en sentido ascendente por la escala de la vida, la gran cadena del ser: «La evolución ya no se contempla como una aventura irracional, sino todo lo contrario. La mente ensancha su dominio sobre la cadena de las especies». En estas palabras se oyen ecos de la noción de la Mente Absoluta de Hegel, que evoluciona ascendentemente a través de la historia. Rifkin sigue diciendo: «Uno acaba finalmente con la idea de un universo como mente que supervisa, orquesta, ordena y estructura todas las cosas».

¿Qué se deduce de este modelo panteísta de evolución? Lo más obvio, es que elimina un Creador trascendente —lo cual para Rifkin es una buena cosa—. Pues significa que «ya no nos sentimos huéspedes en casa ajena». Por tanto, ya no nos sentimos «obligados a conformar nuestro comportamiento con una serie de normas cósmicas preexistentes». En vez de ello somos libres para diseñar nuestras propias normas:

> La creación ya es nuestra. Nosotros diseñamos las normas. Nosotros establecemos los parámetros de la realidad. Creamos el mundo, y al hacerlo, ya no estamos sujetos a fuerzas externas. Ya no tenemos que justificar nuestra conducta, porque ahora somos los arquitectos del universo.

¿Nosotros creamos el mundo? ¿Nosotros somos los arquitectos del universo? Rifkin asegura claramente que si no hay Dios trascendente, entonces los humanos ocupan su lugar. Los seres humanos pasan a ser mini dioses. Rifkin concluye con un himno a la humanidad evolucionada: «No somos responsables ante nada fuera de nosotros mismos, ya que nosotros somos el reino, el poder y la gloria por siempre».[38]

Si esta no es una visión teológica de la evolución, no sé qué otra cosa puede ser.

El reconocimiento de la naturaleza religiosa de las cosmovisiones crea un terreno de juego en igualdad de condiciones. Socava la reivindicación de los secularistas de su neutralidad religiosa, que ellos aprovechan para proclamar su superioridad sobre la religión. Es decir, pretenden ser objetivos y basarse en hechos concretos, al tiempo que desacreditan las religiones como doctrinas sesgadas y «basadas en la fe». Pero ninguna cosmovisión es neutral —ni siquiera el ateísmo o el secularismo.

Respecto al Dios de la Biblia, los secularistas pueden proclamar que son escépticos. Pero por lo que toca a sus propios dioses sustitutos, son verdaderos creyentes. Adaptando una observación de C. S. Lewis, su escepticismo es sólo superficial. Lo aplican a las creencias de otras personas. «No son ni por asomo escépticos» tocante a sus propias creencias.[39]

Lo que mueve a las distintas variantes de la evolución es la percepción de que la realidad debe ser algo más que la visión plana, unidimensional, que ofrece el materialismo. Los evolucionistas buscan dimensiones más elevadas para responder al anhelo humano por un sentido superior de la vida. Esos anhelos son una expresión más de la revelación general. Son claros indicadores del Dios bíblico.

Pérdida de fe, hallazgo de Dios

Una manera de subrayar los atractivos rasgos del cristianismo es señalar dónde los han hurtado los secularistas. Otra manera es preguntarse lo que uno pierde cuando se abandona la fe. Yo comencé a apreciar el cristianismo después de haberlo dejado atrás. Por haberme criado en un hogar cristiano, era como el pez proverbial que no sabe lo que es el agua. La pérdida de la fe es, a veces, la senda que conduce a Dios.

Cuando cumplí los dieciséis, comencé a plantearme cuestiones básicas: ¿Cómo saber si el cristianismo es verdadero? ¿Hay buenas razones para abrazarlo? Los adultos que conocía no parecían tener respuestas. Una vez pregunté a un profesor de universidad por qué era cristiano. Yo esperaba que una persona tan preparada me ofreciera una respuesta seria. Pero se limitó a decir: «¡Funciona para mí!». Yo pensé: Para mí no.

Después tuve la oportunidad de conversar con un decano de seminario. Esperaba que una persona especialmente instruida en teología me ofreciera respuestas. Pero se limitó a decir: «No se preocupe, todos tenemos dudas de vez en cuando» —como si sólo estuviese pasando por una etapa psicológica—. ¿Entonces por qué no tiene usted respuesta para mis dudas?, pensé. Finalmente, llegué a la conclusión de que esta versión pragmática, psicológica, del cristianismo carece de respuestas serias. La rechacé y me lancé a una búsqueda deliberada de la verdad.

Aquello me impresionó por una cuestión de honestidad intelectual: En principio, si uno no cuenta con buenas razones para sostener algo, ¿cómo puede realmente afirmar que cree en ello —se trate de cristianismo o de cualquier otra cosa?

Poco después, me convertí en una relativista meticulosa y escéptica. Puede que haya «paganos felices» que no saben lo que se pierden, pero yo era profundamente consciente de lo que había perdido.

Como cristiana, yo sabía que mi vida tenía un propósito: vivir para Dios y «disfrutarlo para siempre» (en palabras del Catecismo Conciso de Westminster). Pero si no existe Dios, y la vida es producto del azar de fuerzas materiales ciegas, ¿qué sentido tiene la vida humana? ¿Es sólo un accidente químico sobre una roca que vuela por la fría, vacía, inmensidad del espacio? Mientras aún estudiaba en el colegio, empecé a arrinconar a mis amigos con la pregunta: «¿Cuál creéis que es el propósito de la vida?». Tristemente, muchos compañeros no pensaban más que en la fiesta del fin de semana.

Como cristiana, yo sabía que mis actos trascienden hasta la eternidad. Pero si no existe Dios, al morir nos pudrimos. Al final, el universo sufrirá una muerte térmica y todas las civilizaciones humanas quedarán reducidas a polvo. Los mejores y más grandes logros de la humanidad no tendrán ninguna importancia duradera.

Como cristiana, yo sabía que la realidad última detrás de todas las realidades temporales es el Amor. El universo es creación de un Agente personal que piensa, siente, decide y actúa. Pero si no hay un Dios personal, la realidad última sólo serían fuerzas mecanicistas ciegas. No habría nadie «ahí fuera» que nos amase ni le importase lo que nos sucede. Como escribe Richard Dawkins: «En el fondo, no hay designio, ni propósito, ni mal, ni bien, nada, sino implacable indiferencia».[40]

Como cristiana, yo había aceptado la existencia de una norma moral objetiva. Cuando tomaba decisiones, podía confiar en que edificaba mi vida sobre verdades eternamente válidas. Pero si Dios no existía, ¿existirían siquiera las verdades morales trascendentes? ¿Habría alguna forma de saber que estoy edificando mi vida sobre cosas que realmente importan? No conocía la palabra relativismo, pero entre mis amigos de instituto yo era la única que argumentaba que no podemos saber si algo es genuinamente cierto o falso. Experimenté lo que Sartre quiso decir con que «estamos condenados a ser libres» —condenados a actuar en un vacío moral, sin manera de saber si nuestras elecciones resultarán buenas o malas, beneficiosas o perjudiciales.

Mi angustia aumentó en el extranjero, cuando era adolescente. Nuestra familia numerosa no podía permitirse alojarse en hoteles, de modo que dormíamos en campings mientras viajábamos por Europa y conocíamos diversas culturas y costumbres. Una vez viajamos hasta Turquía y atravesamos países comunistas como Yugoslavia y Bulgaria. (Nunca he visto una pobreza tan extrema como en la Bulgaria rural.) La experiencia me marcó con la imborrable impresión de que muchas de las cosas que los estadounidenses dan por sentadas son culturalmente relativas. Me pregunté: ¿Hay alguna verdad en las tradiciones culturales? ¿O estamos atrapados en perspectivas humanas, limitadas, cambiantes?

Finalmente, como cristiana, yo sabía que Dios mismo había hablado a la raza humana por medio de la Escritura. Mucha gente considera la Biblia como una bolsa llena de obras de autores humanos, un compendio de experiencias espirituales o una serie de mitos antiguos concebidos para transmitir lecciones morales. Pero la Escritura declara patente, explícitamente, que es un mensaje comunicado por Dios, quien habla y actúa en la historia del hombre. En el Antiguo Testamento, los profetas anunciaron que declaraban la palabra de Dios: «Así ha dicho el Señor». En el Nuevo Testamento, Pablo dice que la Escritura es «Palabra de Dios» (Ro. 3:2). Pedro declara que los autores bíblicos fueron inspirados por el Espíritu Santo (2 P. 1:21). Así pues, la teología cristiana clásica considera que la Escritura es el mensaje de un Dios personal. Los cielos están abiertos.

No obstante, cuando abracé el agnosticismo, los cielos se cerraron. Quedé atrapada en mi propia mente, limitada a mi pequeño nicho en el espacio y en el tiempo. Me parecía obvio que desde esta lastimosa perspectiva era imposible conocer ninguna verdad trascendente o eterna. En realidad, era imposible conocer verdad alguna. Al fin y al cabo, no podía salir de mi propia cabeza para lograr una posición objetiva desde la que verificar mis ideas. La conclusión lógica no es sólo escepticismo, sino solipsismo, la idea de que lo único que sabemos es lo «interior» de nuestra propia experiencia. En mi cuaderno de inglés del instituto, empecé a garabatear dibujos del universo como burbujas de pensamiento en la cabeza.

Bertrand Russell —mi modelo

Los años que pasé forcejeando con el escepticismo moral e intelectual fueron un periodo oscuro y difícil de mi vida. Cuando las creencias religiosas de la gente se debilitan, estas personas a veces permanecen en la iglesia para mantener sus amistades y el apoyo social. Retienen el compromiso bíblico con una moral objetiva (al menos una moral objetiva para otros, para que no te roben ni te mientan).

Pero mi postura fue que si el cristianismo no era verdadero, entonces no deseaba ninguno de sus beneficios. Aspiraba a ser como Bertrand Russell, quien dijo que los ateos han de edificar sus vidas sobre «el andamio... de la desesperanza inconmovible». ¿Por qué desesperanza? Porque el ateísmo sostiene que la vida no tiene propósito superior —«que el hombre es producto de causas que no preveían el fin que consiguieron; que su origen, su desarrollo, sus esperanzas y temores, sus amores y creencias, no son sino resultado del posicionamiento accidental de los átomos».

Si el ateísmo fuera verdadero, entonces no vacilaría en aceptar sus implicancias pesimistas —las cuales Russell describió con lobreguez poética: que «toda faena de los tiempos, toda devoción, toda inspiración, toda luminosidad meridiana del genio humano, están destinados a la extinción en la vasta muerte del sistema solar, y que el templo de los logros humanos debe inevitablemente ser enterrado bajo los residuos de un universo en ruinas».[42]

William Provine, biólogo evolucionista de la Universidad de Cornell, expone la conclusión más tajantemente: Si Dios no existe, dice, «no hay cimiento posible para la ética, ni sentido último para la vida, y el libre albedrío no es más que un mito humano».[43]

Durante los años que fui agnóstica, no sólo me planteé este tipo de cuestiones mentales, sino que las apliqué a mi vida. C. S. Lewis dice que escribió *El regreso del peregrino* para ilustrar el efecto que causan las cosmovisiones sobre la vida real. En el relato, el personaje principal se topa con una diversidad de sustitutos de Dios, entre otros, el racionalismo, el materialismo, el idealismo y el freudismo, en su jornada en pos del Dios verdadero. Lewis dijo que el libro ilustra la «dialéctica vivida, no meramente argüida de su progreso filosófico».[44]

Yo también me involucré en una «dialéctica práctica», y cada paso me provocaba una sensación de pugna entre la vida y la muerte. Mientras aún estudiaba en el instituto, comencé a visitar la biblioteca y consultar libros del estante de filosofía. Pensé que si el cristianismo no ofrecía respuestas, tal vez en el campo de la filosofía se podían debatir grandes cuestiones como, ¿qué es la verdad? ¿Cuál es el sentido de la vida? Me sentí motivada a estudiar filosofía no por mera curiosidad intelectual, sino por una necesidad angustiosa de responder a los enigmas de la vida.

Más adelante, cuando estudiaba en Alemania, tomé un tren a L'Abri, ministerio de Francis y Edith Schaeffer, escondido en una pequeña aldea de los Alpes suizos. Fui para disfrutar un breve encuentro con algunos familiares que visitaban el lugar. Pero descubrí un enfoque del cristianismo que me tomó completamente por sorpresa. Por primera vez conocí cristianos que contestaban mis preguntas —que participaban en la vida intelectual y cultural—. Fue tan atractivo que, por paradójico que parezca, abandoné el refugio después de un mes. Para ser sincera, hui: desconfiaba del atractivo emocional de L'Abri en vez de actuar movida por una convicción intelectual genuina.

No obstante, mientras permanecí allí, descubrí la apologética y seguí leyendo por mí misma. Finalmente, me convencí intelectualmente de que el cristianismo es verdadero. O, como lo pensé por aquella época, admití que Dios había ganado el debate. Por aquel entonces no estaba conectada con ninguna iglesia, de modo que regresé a L'Abri. Un año y medio después retorné a Suiza para estudiar y profundizar varios meses en la cosmovisión cristiana.

¿Cuál es su respuesta?

Las preguntas que me hacía de joven no eran excepcionales. Muchos adolescentes y jóvenes batallan con cuestiones intelectuales, aunque ellos no sean intelectuales en un sentido estereotípico. No hay más que hablar con los que han rechazado el cristianismo.

El sociólogo Bradley Wright, de la Universidad de Connecticut, preguntó a ex cristianos por qué se habían desconvertido. Los investigadores esperaban oír que la gente abandonaba la iglesia debido a ofensas o heridas emocionales. Pero, para su sorpresa, la explicación más frecuente que recibieron es que no habían encontrado respuesta a sus dudas y preguntas. Es más, ni siquiera pudieron conseguir que la iglesia se tomara en serio sus preguntas. Un ex bautista del sur (obviamente aún enfadado) dijo: «Los cristianos siempre recurren a la palabra "fe" cuando son demasiado estúpidos para responder a una pregunta».[45]

En última instancia, los escépticos concluían que la iglesia no ofrecía respuestas porque no hay respuestas.

Las iglesias tienen la obligación de equipar a sus congregaciones para responder las preguntas que inevitablemente se suscitan por el hecho de vivir en una sociedad post-cristiana. Tanto los jóvenes como los adultos están sometidos a un bombardeo constante de ideas seculares y paganas. Las iglesias, las escuelas y las familias deben asumir la responsabilidad de proporcionar respuestas convincentes y concluyentes.

Una manera efectiva de responder a los escépticos e incrédulos es ayudarles a afrontar las consecuencias de sus propias concepciones en el mundo real. Una vez conversé con una adolescente que se había criado en una familia presbiteriana. «Creo que ya no soy cristiana» —me dijo.

—Es interesante —repuse—. ¿Qué otra cosa ha aceptado?

—¿Qué?

—Si no existe Dios, ¿entonces qué? ¿Qué cree usted que es verdad y cómo defenderlo?

La adolescente se quedó sin habla. Su enfoque se había limitado a reaccionar contra sus padres y su iglesia. No se le había ocurrido que ahora ella era responsable de sopesar las opciones que le quedaban para emprender una búsqueda informada de la verdad.

Cuando empezó a considerar alternativas, cayó en la cuenta de que renunciar al cristianismo no sólo era cosa de borrar unos pocos archivos de doctrina en la mente. El cristianismo es toda una cosmovisión que sustenta muchos de los grandes ideales de la cultura occidental, como la justicia, la igualdad y los derechos humanos universales —ideales que la adolescente no quería abandonar.

Cuando la gente plantea preguntas acerca del cristianismo, a menudo la mejor respuesta no es cortar con ellos, sino justo lo contrario. Comience obligándoles a tomarse más en serio las implicaciones de su propia postura. Por lo que toca a la integridad intelectual, deberían dejar de aprovecharse y hacer un intrépido inventario de las conclusiones lógicas y prácticas de sus propias convicciones.

Hay muchas cosas en juego. Aún está vigente lo que Dios dijo a los antiguos hebreos: «... os he puesto delante la vida y la muerte, la bendición y la maldición; escoge, pues, la vida, para que vivas tú y tu descendencia» (Dt. 30:19). El cristianismo ha de ser verdadero o falso, pero no se puede descartar como irrelevante.

Lección de *Matar un ruiseñor*

¿Cuál es el primer paso para equiparse para ayudar a la gente a asumir las conclusiones lógicas de sus cosmovisiones? Obviamente, hemos de conocerlas. Tenemos que familiarizarnos con los sistemas de pensamiento ampliamente extendidos en nuestra cultura.

Considérelo como instrucción misionera. Todos los cristianos son llamados a ser misioneros (Mt. 28:18-20). Como todo misionero, pastor o maestro sabe, la clave para una comunicación efectiva es «conocer a la audiencia». Cuanto mejor conozcamos la cosmovisión de nuestra audiencia, mejor preparados estaremos para responder sus preguntas, objeciones y asunciones ocultas. Como dice un personaje en *Matar un ruiseñor*: «Nunca entenderá verdaderamente a una persona hasta que considere las cosas desde su propio punto de vista —hasta que se ponga en su lugar».[46]

¿Qué pensaría usted de un misionero en un país musulmán que rehusara conocer la cultura musulmana? No sería muy eficaz en comunicar el mensaje bíblico. Cultivar una mentalidad misionera significa estar dispuesto a aprender tanto la lengua como la forma de pensar de un campo de misión.

Cuando Pablo dijo: «A todos me he hecho de todo» (1 Co. 9:22), no quiso decir que había que vestirse como los nativos. Tampoco estaba abrazando el relativismo cultural. Más bien estaba teniendo en cuenta los supuestos de su audiencia en el lenguaje y el enfoque que escogía. Intentaba ver el mundo a través de sus ojos para poder comunicar más persuasivamente. Ravi Zacharias, quien se educó en la India y emigró a Occidente cuando era joven, afirma: «El conocer dos idiomas hablados en dos extremos del mundo le ayuda a uno a ser comprensivo y, creo que efectivo, para oír y escuchar; para responder no sólo las preguntas, sino al interrogador».[47]

Aprender a escuchar es especialmente importante para los jóvenes. Los cambios culturales tienen lugar hoy a tal velocidad que los niños suelen absorber supuestos radicalmente distintos a los de la cultura adulta. Una joven se lamentaba en un blog de que su familia y su iglesia no la hubieran preparado para asistir a la universidad secular: «Mis padres no tenían ni idea de lo que sucedía en la universidad, y por tanto no tenían ni idea de cómo ayudarme a prepararme para asistir a ella». No le enseñaron a argumentar persuasivamente en defensa del cristianismo en un contexto pluralista: «Lo más inquietante fue la gran cantidad de creencias y cosmovisiones que encontré, de los profesores y de otros estudiantes. Por ese tiempo yo pensaba que ellos tenían argumentos mucho mejores que los míos para sostener la validez de sus puntos de vista».[48]

Esto representa un notable fracaso de los adultos que conformaban el mundo de la joven —en primer lugar, una falta de amor—. Una motivación principal para conocer cosmovisiones debe ser «amar al prójimo» (Mt. 22:39). Los cristianos han sido llamados a «amar a las personas, a escuchar sus preguntas y a esforzarse por hallar respuestas».

La Escritura los llama a conseguir un equilibrio exquisito: «siguiendo la verdad en amor» (Ef. 4:15). Ese equilibrio se deletrea en el versículo emblemático de la apologética: «Siempre preparados para presentar defensa... ante todo el que os demande razón de la esperanza que hay en vosotros» —he ahí la verdad—. «Con mansedumbre y reverencia» —«he ahí el amor» (1 P. 3:15).

En el griego original, Pedro usa en lugar de defensa apología, palabra de la que procede apologética. Pero él no sólo se refiere a dar respuestas a cuestiones intelectuales. El versículo aparece al final de una epístola que trata especialmente el tema del sufrimiento injusto. Pedro acababa de amonestar a los cristianos que no se venguen por ellos mismos, sino que estén dispuestos a sufrir por amor a la justicia. ¿Por qué habla de apologética en este contexto? Pedro afirma que el objeto de la apologética no es presentar mejores argumentos, sino exhibir un mejor carácter, especialmente cuando se sufre hostilidad y oposición.

Del mismo modo, en Romanos 1, Pablo expone su mensaje en el contexto del sufrimiento. Ese gran versículo que resuena «El justo por la fe vivirá» (Ro, 1:17) es una cita del libro de Habacuc, donde el profeta pregunta a Dios por qué el mal siempre parece salir victorioso, por qué Dios permite que su pueblo sea atacado, explotado, esclavizado y asesinado (Hab. 2:4). Dios responde que Habacuc debe «vivir por fe», confiado en que Dios es capaz de obtener bien del mal y la injusticia.

El peligro que se corre es que, si no se cultiva esa confianza, los cristianos tienden a ponerse a la defensiva y airarse. En esta cultura del agravio, parece que siempre hay un nuevo grupo que sale a la palestra para quejarse de haber sido ofendido. Puede resultar fácil para los cristianos retomar el mismo lenguaje para sentirse víctimas. Pero nuestra motivación para pronunciarnos no debe ser sentirnos ofendidos. Al fin y al cabo, hemos sido llamados a compartir la ofensa de la Cruz. Llamados a amar al ofensor. Los cristianos serán efectivos cuando evangelicen reflejando la verdad bíblica en su mensaje, su método y sus maneras.

Un ejercicio bíblico de amor puede atraer al converso más improbable. E incluso a un joven sumido en una vida de sexo, drogas y bandas, cuyo pasado dramático revelaremos al final del próximo capítulo.

TERCERA PARTE

SOBRE CÓMO EL PENSAMIENTO CRÍTICO SALVA LA FE

«¿Pensamiento crítico?». Irrumpió el locutor de radio. «Mucha gente de la derecha cristiana conservadora diría que este es uno de los peligros más grandes que afrontamos —esta idea disparatada del pensamiento crítico».

Fui invitada a un programa de radio dirigido por Barry Lynn, director ejecutivo de American United for the Separation of Church and State (Estadounidenses Unidos para la Separación de la Iglesia y el Estado). Esta es una organización que trabaja sin descanso para eliminar toda manifestación de cristianismo de la esfera pública. En el programa, Lynn me preguntó acerca del libro *Saving Leonardo*: «¿Por qué escribió un libro sobre cosmovisiones? ¿Sobre filosofías?». Yo le respondí que intentaba ofrecer a la gente destrezas para comprender el mundo en que viven, para ayudarles a cultivar un pensamiento crítico.

Cuando llegamos a este punto, Lynn me interrumpió. Mostró incredulidad ante la posibilidad de que los cristianos se interesaran por el cultivo de su mente. Después, escribí un artículo sobre la entrevista para *Christianity Today*, y mi marido (que es editor) me sugirió el título «*How Critical Thinking Saves Faith*» (Sobre cómo el pensamiento crítico salva la fe).[1]

Puede que los locutores de radio hostiles no lo entiendan, pero la Escritura misma anima a los seres humanos a usar sus mentes para examinar toda pretensión de verdad: «Examinadlo todo; retened lo bueno». (1 Ts. 5:21). Resulta que hay que practicar la primera parte del versículo —examinarlo todo— para cultivar la sabiduría necesaria para reconocer y abrazar lo bueno.

La necesidad de pensamiento crítico es hoy mayor que nunca. Vivimos en una era tecnológica en la que se dispone de todo tipo de información a un clic de ratón. No hay lugar seguro en el que los jóvenes puedan evitar ser retados por cosmovisiones adversas. Los cristianos deben convertirse en pensadores independientes con instrumentos adecuados para pensar críticamente sobre distintos puntos de vista, sopesar la evidencia y juzgar la validez de los razonamientos. «Justo parece el primero que aboga por su causa; pero viene su adversario, y le descubre» (Pr. 18:17). Los cristianos deben aprender a examinar ambas caras para desarrollar una «resistencia a las ventas» de muchas ideas sospechosas que se pregonan en los medios de comunicación, la política, la educación, el ocio y también las iglesias.

En el mundo pluralista y multicultural actual, nadie puede sobrevivir mucho tiempo con ideas de segunda mano.

Algunos cristianos parecen pensar que la manera de evitar «conformarse a este mundo» (Ro. 12:2) es evitar las ideas «mundanas». Pero una mejor estrategia es aprender competencias útiles para evaluarlas críticamente. G. K. Chesterton razonaba que las ideas son realmente más peligrosas para la persona que no las ha estudiado. Al no disponer de un filtro mental, la nueva idea «se subirá a la cabeza como el vino se sube a la cabeza de un abstemio».[2] Lo más probable es que se intoxique.

La estrategia de Romanos 1 proporciona los instrumentos básicos para evitar la intoxicación. Sus cinco principios le capacitarán para desentrañar el corazón de cualquier cosmovisión y examinar sus elementos centrales, para poder «entender los tiempos» en que vivimos (1 Cr. 12:32). Armado de pensamiento crítico, estará preparado para interactuar con cualquier punto de vista desde una actitud respetuosa e inteligente.

En este capítulo, examinaremos varias aplicaciones primordiales para mostrar cómo el pensamiento crítico puede salvar su fe.

Concluiremos con la experiencia del artista de hip-hop Lecrae para descubrir por qué él «no se avergüenza» del evangelio.

Integrados en la iglesia, pero no preparados

Hace poco una madre me dijo con lágrimas en los ojos que su hijo había perdido su fe cristiana en la universidad. El adolescente, se especializó en psicología, pero a partir de Freud casi todas las teorías psicológicas tildan al cristianismo de una especie de psicopatología, síntoma neurótico o regresión infantil. Aunque el joven pertenecía a una sólida familia e iglesia cristiana, era completamente inmaduro para evaluar críticamente las teorías que estaba conociendo en el aula. Al cabo de un semestre, abandonó por entero su educación religiosa.

¿Cómo podemos ayudar a un estudiante de psicología a combatir la imputación freudiana de que la religión es síntoma de inmadurez emocional? ¿A un estudiante de literatura inglesa que intenta responder a la imputación de Foucault de que las pretensiones de verdad no son más que juegos de poder? ¿A un estudiante de derecho cuyo profesor insiste en que la ley no guarda relación con la moral? Un rasgo singular de la estrategia de Romanos 1 es que se puede aplicar universalmente. No es necesario memorizar distintos argumentos para cada teoría. Podemos confiar en la validez de Romanos 1 para responder a todas.

Recordemos sus elementos principales. Principio #1: identificar el ídolo. Romanos 1 afirma que si los seres humanos no adoran al Creador, erigirán una deidad de algo perteneciente al orden creado. Como los ciegos y el elefante, declararán como realidad última una parte de la realidad creada.

Principio #2: identificar el reduccionismo. Cuando se deifica una parte de la creación, se menosprecian las demás. ¿Por qué? Porque una parte es siempre demasiado pequeña para explicar la totalidad. Siempre sobresaldrá algo de la caja. Ese «algo» será suprimido, devaluado, descartado o negado. De otro modo, contaría como evidencia para probar la falsedad de la cosmovisión.

El reduccionismo es siempre deshumanizador. Cambia un concepto noble de la humanidad creada a imagen de Dios por la imagen de algo perteneciente al orden creado. Así pues, negará atributos fundamentales que nos caracterizan como seres humanos. Y cuando las cosmovisiones reduccionistas adquieren poder político, ello acarea consecuencias opresoras, coercitivas e inhumanas.

Principio #3: contrastar la cosmovisión con los datos de la experiencia, con las verdades de la revelación general. No importa cuánto se esfuerce la gente por intentar suprimir la evidencia de Dios, el mismo orden creado sigue retándoles —«las cosas que no se pueden dejar de creer»—. Por tanto, toda cosmovisión basada en ídolos refutará los datos conocidos de la revelación general.

Principio #4: mostrar que toda cosmovisión reduccionista es contraproducente. Comete suicidio. Ello es porque reduce la razón a algo inferior. Sin embargo, la única manera en que una cosmovisión puede defenderse es haciendo uso de la razón. Se debilita a sí misma. Se auto-refuta.

Principio #5: abogar por una cosmovisión cristiana. Al identificar los puntos que los incrédulos usurpan, podemos estar seguros que abordamos áreas en las que ellos perciben necesidad de algo más.

¿Cómo podemos valernos de los cinco principios en conversaciones con los no cristianos? Romanos 1 describe la dinámica de las personas que se esfuerzan por evitar a Dios, de modo que podemos comenzar de igual manera: con la revelación general, un cuerpo de conocimiento disponible para todos, porque forma parte de la experiencia humana universal. La persona que tiene delante cuenta con un profundo conocimiento experiencial de que ha sido creada a imagen de Dios —y ese conocimiento sigue aflorando aun cuando su cosmovisión le diga que es una máquina hecha a imagen de la materia.

Después, recurrimos a las mismas pruebas universalmente utilizadas para evaluar una cosmovisión: Contrastarla externamente con el mundo; analizar internamente su coherencia lógica.

En suma, los cinco principios se basan en lo que todo el mundo sabe que es verdad y todos reconocen como buen razonamiento.

Los pensadores seculares usan incluso la palabra ídolos (desde el famoso ensayo de Nietzsche «El crepúsculo de los ídolos»). La estrategia de Romanos 1 es singular, explica por qué funcionan estas pruebas: La narrativa de Romanos 1, con su impresionante relato de los ídolos y de la supresión, es el marco más amplio que proporciona justificación teológica a tales argumentos y los teje en una unidad dinámica.

Secularismo sigiloso

Las filosofías comentadas en este libro constituyen la espina dorsal de todo el pensamiento occidental. He tenido alumnos de muchas especialidades, pero todos descubren que el enfoque de Romanos 1 les ofrece instrumentos para criticar cualquier teoría, no importa a qué campo pertenezca. Un estudiante de pregrado me escribió: «El método crítico que usted ha enseñado en este curso me ha resultado increíblemente útil, en el aula y en mi vida —a la hora de leer libros y ver películas»—. Un estudiante de máster me escribió: «Viendo televisión o películas en familia, yo solía temer que se colaran en mi psique ideas seculares, pero por fin dispongo de aptitudes para identificarlas y criticarlas. Mis hijos están fascinados y encantados».

El tema de los libros y las películas es especialmente importante. Al fin y al cabo, así es como la mayor parte de la gente absorbe sus ideas sobre la vida. No piensan: Necesito una filosofía personal, por tanto voy a apuntarme a un curso de filosofía en la universidad más cercana. Más bien absorben las ideas sobre la vida en los libros que leen, las películas que ven y la música que escuchan.

Las cosmovisiones no suelen llevar adheridas etiquetas para advertirnos qué estamos recibiendo. No nos piden permiso antes de invadir nuestro espacio mental. Y es que pulula lo que podríamos denominar un secularismo «sigiloso», que usa imágenes e historias para traspasar la rejilla crítica de la gente y engancharla emocionalmente, a veces sin que ellas mismas se den cuenta. Por eso es imperativo dominar la destreza que ayuda a descifrar cosmovisiones, cuando se acercan a nosotros no con palabras, por cuanto son más fáciles de reconocer, sino a través de un lenguaje rico en imágenes, composición, trama y caracterización.[3]

Tómese, por ejemplo, una de las filosofías más influyentes comentadas en los primeros capítulos: el materialismo o el naturalismo. En el siglo XIX, surgió un movimiento llamado naturalismo literario. Empezaron a aparecer novelas y obras dramáticas que caracterizaban seres humanos como meros productos de la naturaleza, sin libre albedrío, determinados por sus genes y por el medio ambiente.

Prácticamente, todos los estudiantes a quienes he enseñado han leído libros de Jack London, como *La llamada de lo salvaje*. Lo que no saben es que cuando era joven, London pasó por lo que un historiador ha calificado de «experiencia de conversión» al materialismo radical leyendo las obras de Charles Darwin. Memorizó largos pasajes de Darwin e incluso podía citarlos de memoria (como los cristianos que memorizan la Escritura). Escribió sobre perros para amortiguar el golpe, pero su mensaje real fue que los seres humanos no son sino organismos evolucionados, sin libre albedrío, regidos por la selección natural y la supervivencia del más apto.

En el cuento de London «La ley de la vida», un viejo esquimal es dejado atrás por su familia para que muera en la nieve. A medida que los lobos se acercan para devorarle, el anciano medita en que la evolución asigna al individuo sólo una tarea: reproducirse para que las especies sobrevivan. «A la naturaleza no le importaba. Ella imponía una tarea a la vida, le dictaba una ley. Perpetuar era la misión de la vida, y su ley la muerte. ¿Qué importaba, en definitiva? ¿No era esa la ley de la vida?».

El relato insiste en este tema: que los seres humanos no tienen ningún otro propósito más que la mera existencia biológica.

La alta cultura se infiltra en la cultura pop, de modo que los temas materialistas también aparecen en las películas y la televisión. En un famoso episodio de Star Trek, los personajes debaten si el androide Teniente comandante datos es una máquina.

Lo es, por supuesto, pero el capitán Picard replica: «No es relevante. También los humanos somos máquinas, sólo que de un tipo diferente».

El naturalismo intenta atraer presentándose como robusto y realista. Pero irónicamente, su principal debilidad es que no es lo bastante realista. Como vimos en el Principio #3, no encaja con el mundo real. Sostiene que los seres humanos son esencialmente máquinas sin libre albedrío. Pero nadie puede vivir como una máquina. Tomamos decisiones a cada instante del día.

Los críticos señalan que los naturalistas literarios no vivieron según su propia filosofía. Un historiador de Yale afirma que ellos aceptaron «el determinismo como teoría, pero no como regla para vivir». Yo sugiero que ello se debe a que nadie puede ponerlo en práctica. No concuerda con la vida real.

Filosofía en la pintura

No sólo la literatura, sino también las artes plásticas fueron profundamente influidas por la filosofía.

El impresionismo

Todo el mundo sabe el aspecto que ofrece una pintura impresionista, con sus pequeños toques y pinceladas coloreadas. Pero ¿por qué decidieron los impresionistas descomponer las imágenes de esa forma? Porque fueron influidos por la filosofía del empirismo, que proclama que el fundamento último del conocimiento son las sensaciones. Para llegar a esa conclusión, el empirismo asevera que debemos alcanzar el plano de los puros estímulos sensoriales. Ni siquiera debemos interpretar las sensaciones en términos de objetos separados en espacios tridimensionales, sino como manchas de color que ocupa nuestro campo de visión.

Por eso el gran impresionista Claude Monet escribió: «Cuando vayas a pintar, intenta olvidar qué objetos tienes delante, un árbol, una casa, un campo, o lo que sea. Piensa únicamente que ahí hay un cuadradito azul, ahí un alargamiento violeta, ahí un trazo amarillo». Su objetivo era alcanzar el nivel de los datos inmediatos sensibles, primarios. Puntos. Trazos. Manchas de colores.

Recuerde que según el empirismo, los seres humanos construyen mentalmente el mundo a partir de manchas de colores (véase el Principio #1). Monet quería transmitir visualmente la misma idea. Obviamente, su interés no se limitaba a pintar cuadros bonitos. Bregaba con el problema filosófico del conocimiento (epistemología) —no en términos filosóficos, sino artísticos.

Para muchos de nosotros, es más fácil captar ideas abstractas cuando se encarnan de forma visual. Después de descubrir cómo el empirismo se expresaba visualmente, ¿cómo respondería a un empirista que le dijera: «No puedo aceptar el cristianismo porque sus principales alegatos no son directamente verificables por la ciencia empírica»?

Podría responder preguntando: ¿Por qué cree usted que el empirismo ha de ser la prueba de la verdad? Después de todo, ¿cree alguien realmente que el fundamento último del conocimiento son manchas coloreadas? ¿Hay alguien que rechace realmente todo lo que no es empírico, como el amor y la justicia? En la práctica, nadie es un empirista plenamente congruente. Suspende la prueba práctica. El cristianismo respeta la dimensión empírica (véanse los Principio #1 y #4), pero como un hilo en el rico tejido de la verdad.

El cubismo

Veamos otro ejemplo. Todo el mundo sabe qué aspecto ofrece una pintura cubista, con sus pequeños cuadrados y rectángulos. Pero ¿por qué los cubistas deciden fragmentar las imágenes de esa manera? Porque el racionalismo filosófico influyó en estos artistas. El apogeo de la revolución científica fue el desarrollo de la física matemática. Según el famoso dicho de Galileo, el libro de la naturaleza está escrito en lenguaje matemático —«y sus caracteres son triángulos, círculos y otras figuras geométricas».

De modo que el racionalismo inspiró una especie de formalismo geométrico. El resorte intelectual del cubismo fue un comentario de Cézanne que animaba al artista a «interpretar la naturaleza en términos de cilindros, esferas, conos» —prácticamente una frase de Galileo—. La intención de los cubistas era reflejar la estructura matemática subyacente en el cosmos. Ellos escindieron los objetos en pequeños cuadrados y rectángulos para representar el diseño geométrico oculto de la naturaleza.

Estas ideas racionalistas no quedaron encerradas en las galerías de arte. En arquitectura inspiraron el estilo Internacional —las cajas de cristal y acero que semejan edificios cubistas y que abundan hoy en muchas ciudades—. Los arquitectos empezaron a imaginarse que eran reformadores sociales que iban a liderar el camino para reestructurar la sociedad conforme a un plan racional. Persuadieron a muchos consistorios municipales a emprender la construcción de enormes proyectos inmobiliarios, prometiendo resolver un montón de problemas sociales de una sola vez, como la pobreza, la delincuencia o el consumo de drogas. El más influyente fue Le Corbusier, quien denominó a sus edificios «máquinas en las que vivir» porque reunían la eficiencia funcional de las máquinas. Los arquitectos aceptaron la premisa racionalista de que los seres humanos son mecanismos complejos cuyos problemas se pueden solucionar simplemente colocándolos en «máquinas para vivir».

Muchos de los proyectos inmobiliarios acabaron siendo cárceles de cemento —lúgubres, deprimentes, semilleros de delincuencia y de patologías sociales— hasta que finalmente tuvieron que ser derruidos. Como nota un crítico social, los decadentes proyectos inmobiliarios que aún se ven en ciudades de todo el mundo reflejan una expresión visible de «la concepción materialista y racionalista de la vida humana».

Cuando las ideas salen de la universidad y se llevan a cabo en políticas públicas, es más fácil identificar sus fallos. Una «concepción materialista y racionalista de la vida humana» no acierta a tener en cuenta la humanidad genuina; por lo cual, sus consecuencias son inhumanas. Comoquiera que el cristianismo tiene una visión mucho más rica de la naturaleza humana, sus efectos son humanos y afirman la vida.

El arte abstracto

Posiblemente el movimiento artístico más desconcertante para el público sea el arte abstracto. ¿Por qué dejaron en última instancia algunos artistas de pintar objetos? Porque fueron influidos por el panteísmo. El primer pintor abstracto fue Kandinsky, quien abrazó una mezcla de misticismo oriental y occidental. Él arguyó que la forma de oponerse al materialismo filosófico era deshacerse de los objetos materiales. En sus palabras, el arte abstracto liberaría la mente de «la despótica tiranía de la filosofía materialista», y se convertiría en «uno de los agentes más poderosos de la vida espiritual».

El propósito de la pintura abstracta es, pues, librar a la mente de su obsesión con los objetos materiales y elevar al observador hacia el ámbito espiritual: impartir un sentido de la «mística budista conocida como sunyata, el gran vacío o vacuidad».[4]

Francis Schaeffer ofreció una frase fascinante para describir esta especie de experiencia religiosa vacía de contenido. La denominó «misticismo sin nadie». Puede elevarnos por encima del mundo banal y cotidiano, pero ¿para conectar con qué? No con una persona trascendente que nos ama y se comunica con nosotros, sino con la pura vacuidad, el vacío absoluto.

Mark Rothko pintó varios paneles grandes, oscuros, monocromáticos para la capilla Rothko de Houston. ¿Qué quiso expresar con esas pinturas sombrías y melancólicas? La persona que encargó las pinturas manifestó que expresan «el silencio de Dios, el insoportable silencio de Dios».

Poco después de finalizar las pinturas, antes incluso de inaugurarse la capilla, Rothko se suicidó. Un misticismo sin nadie no basta para proporcionar sentido y significado a la vida.

El Posmodernismo

¿Qué decir del posmodernismo? ¿Cómo se expresa en el arte? Recuerde que el posmodernismo afirma que no hay «metanarrativa» o hilo narrativo universal para todos los pueblos de la historia. Cada comunidad tiene su propia narrativa para dar sentido al mundo. ¿Cómo daría un artista expresión visual a esa idea?

Rehusando dar a una obra de arte un designio general coherente. Esto explica por qué los artistas de-construccionistas propagan el pastiche o collage —un mosaico de imágenes desconectadas que desafían todo intento de interpretación.

Por ejemplo, los famosos collages de Robert Rauschenberg, asegura un historiador de arte, «son imágenes yuxtapuestas de formas que sugieren incoherencia aleatoria, que el artista —y el observador— no aciertan a ordenar significativamente». ¿Qué quería decir Rauschenberg con esas imágenes desconectadas? Que los sucesos aleatorios de la vida... no se pueden acoplar en una jerarquía de significado propio».

La arquitectura posmoderna tiene su propia versión del pastiche o collage. Como dice cierto periodista, el posmodernismo «nos ha traído vigas colgantes en salientes de edificios, arcos en espacios y paredes que no tocan con paredes». Ravi Zacharias describió un edificio diseñado por un arquitecto posmoderno: «Pero me hice una pregunta» —dice Zacharias—: «¿Acaso hizo lo mismo con los cimientos?».[5] En realidad, planteó una argumentación apologética en términos artísticos.

Ya sea en arte o literatura, educación o psicología, matemáticas o ciencia, toda teoría o movimiento es inspirado por una filosofía subyacente. Si llega a dominar los principios estratégicos expuestos en este libro, estará capacitado para identificar y abordar críticamente las ideas que han configurado el mundo occidental en cada área temática.

¿Qué mueve su teología?

El enfoque de Romanos 1 le ayudará incluso a esclarecer pretensiones teológicas. Robert García es profesor de filosofía, pero en su adolescencia estudió teología en una facultad luterana. Entonces estaba en boga la nueva ortodoxia, movimiento que trataba de «desmitificar» la Biblia, despojarla de sus supuestos elementos mitológicos. Al principio, el estudiante novato se sintió perplejo. ¿Por qué la enseñanza en el aula era tan distinta a lo que se le había enseñado en su casa y en la iglesia?

García descubrió finalmente que la nueva ortodoxia había sufrido un gran influjo de la filosofía existencialista. Se dio cuenta de que la mejor manera de entender dicha teología era acercarse al departamento de filosofía y estudiar el existencialismo que la había inspirado.

Esta reflexión fue crucial. Prácticamente toda forma de teología ha sufrido hasta cierto punto la influencia de la filosofía. Considere las principales escuelas de teología liberal. El liberalismo clásico del siglo XIX refunde el cristianismo en términos del idealismo de Hegel. Básicamente identificó el Espíritu Santo con el Espíritu Absoluto cuasi panteísta de Hegel. La salvación fue redefinida como la revelación gradual de los planes de una deidad inmanente en y a través del proceso histórico. Se manifestaría en el reconocimiento progresivo de la Paternidad universal de Dios y la Fraternidad del hombre —en «la transformación del mundo en una Fraternidad humana», en palabras del clérigo liberal Lyman Abbott.[6]

Más recientemente, la teología de la liberación redefinió el cristianismo en términos de marxismo. Gustavo Gutiérrez, quien acuñó el término, escribe: «La teología de la liberación no categoriza a la gente como creyentes e incrédulos, sino como opresores y oprimidos».[7]

La teología feminista redefine el cristianismo en términos prestados del feminismo laico. Elizabeth Schüssler Fiorenza afirma que una hermenéutica feminista «no recurre a la Biblia como fuente principal, sino a la propia experiencia y visión de la mujer de su liberación».[8]

En muchos seminarios tradicionales se popularizó la teología del proceso, una ramificación de la filosofía del proceso. Con raíces neoplatónicas (véase el Principio #2), sostiene que Dios está en el mundo como el alma en el cuerpo. Por tanto, Dios es finito, no infinito. No es omnisciente ni omnipotente. Esta es la respuesta que da la teología del proceso al problema del mal: Dios hace todo lo que puede. No tiene poder para prever el futuro ni impedir que acontezca el mal.[9]

La vanguardia actual está copada por la teología posmoderna, inspirada obviamente por el posmodernismo. Como el posmodernismo secular, niega que los seres humanos tengan acceso a una verdad eterna y universal, incluso en la Escritura. En *The End of Apologetics,* Myron Penner escribe: «Podemos, por supuesto, afirmar directa, objetivamente, cosas "verdaderas" —como, por ejemplo, que la temperatura ambiente es de tres grados bajo cero esta mañana, o que en Jesucristo Dios estaba reconciliando consigo al mundo. No obstante, la cuestión es que esta clase de "hechos" o enunciados objetivos son sólo aproximadamente verdaderos y emitidos desde una perspectiva finita, contingente».[10] Citando la Escritura (2 Co. 5:19), Penner asegura que incluso sus proclamas están hechas desde una perspectiva finita y contingente. A fin de cuentas, los seres humanos están atrapados en la cárcel común del lenguaje.

Los cristianos posmodernos rechazan por lo general la apologética alegando que si uno recurre a la razón y los argumentos para defender la verdad bíblica, habrá capitulado al «modernismo ilustrado». Pero el hilo de razonamiento que hemos seguido en *El hallazgo de la verdad* está guiado por la Biblia misma —lo que significa que sus raíces son pre-modernas, y su relevancia es transhistórica, se aplica a todas las culturas y períodos de la historia.

En todos los ejemplos precedentes, las escuelas liberales de teología redefinieron la teología clásica cristiana bajo el perfil de filosofías basadas en ídolos. No obstante, siguen usando terminología teológica tradicional. García me explicó: «Mis profesores de facultad insistían en usar términos cristianos ortodoxos, pero investidos de significados importados de filosofías seculares. Por eso sus enseñanzas eran tan desconcertantes y engañosas».

Además, las teologías liberales no se enseñan objetivamente, para obtener una comprensión crítica de ellas, sino que, dice García, «se enseñan con espíritu triunfalista, como si fueran fuentes de ilustración y liberación del cristianismo ingenuo y sobrenatural de los padres». Este es un gran paso para explicar por qué los estudiantes de teología de los principales seminarios y universidades suelen acabar rechazando el cristianismo ortodoxo con que comenzaron sus estudios.

En todos los campos, los cristianos deben aprender destrezas de pensamiento crítico. De otro modo, podemos acabar absorbiendo filosofías basadas en ídolos, que flotan en la atmósfera intelectual.

Cuando yo tenía poco más de veinte años y estudiaba en la escuela bíblica de Los Ángeles, trabajé de cajera en un banco. Me instruyeron escrupulosamente para detectar la diferencia entre los billetes genuinos y falsos. Por la misma regla, todos debemos aprender a discernir la diferencia entre las cosmovisiones, que son las divisas del pensamiento.

Critique y cree

En el mejor de los casos, la apologética no sólo incluye la crítica de ídolos, sino también la creación de alternativas vivificadoras. Los cristianos suelen tener el hábito de definirse a sí mismos por la postura contraria que adoptan. Pero para oponerse a lo errado es más efectivo ofrecer algo mejor: —«vence con el bien el mal» (Ro. 12:21).

Si se suele usar la ciencia para reforzar argumentos en favor del materialismo y el determinismo, los cristianos deben proponerse hacer una ciencia mejor y más exacta. Si se usa la literatura para exaltar el pecado y el quebranto, los cristianos deben avivar su imaginación para crear una calidad superior, obras de ficción más inspiradas. Si se aprovecha la música y las películas como vehículos para «enganchar» emocionalmente a la gente con las cosmovisiones de Hollywood, la mejor contrapartida es crear formas artísticas más atractivas, más hermosas que expresen la cosmovisión bíblica. Y si una filosofía puede conducir al ateísmo, la solución es idear formas de pensamiento más razonables, más incisivas y más veraces. Como escribió C. S. Lewis: «La buena filosofía tiene que existir, aunque sólo sea porque la mala necesita ser contestada».[11]

Yo he tenido estudiantes de filosofía en mis clases cuyos padres y pastores les habían advertido no estudiar la materia, citando la advertencia de Pablo de no dejarse «engañar» por filosofías (Col. 2:8). Pero como señala Dallas Willard, cuando la Escritura nos manda evitar la «vana filosofía», no quiere decir que evitemos toda la filosofía. Al fin y a la postre, la Escritura nos insta a evitar la ropa inmodesta, no todo tipo de ropa.[12] En cada esfera de la vida, nuestra meta debe ser contrarrestar lo malo cultivando lo bueno.

Un libro completo para una verdad total

La cultura moderna levanta una gran barrera para cultivar lo bueno en todas las esferas por cuanto reduce el cristianismo a una sola parte de la vida —al mensaje de salvación, indicando cómo llegar al cielo—. En consecuencia, pocos piensan que el cristianismo sea una cosmovisión que aporte principios fundamentales aplicables a la vida en su totalidad.

Sin embargo, la Escritura misma enseña que el conocimiento de Dios proporciona un marco universal. Considere estos pasajes: «El principio de la sabiduría es el temor del Señor» (Sal. 111:10; Pr. 1:7; 9:10; 15:33). En Cristo «están escondidos todos los tesoros de la sabiduría y del conocimiento» (Col. 2:3). El cristianismo es el principio esencial de «toda bondad, justicia y verdad» (Ef. 5:9). ¿Enseñan verdaderamente estos pasajes que el temor del Señor es el fundamento de toda sabiduría, de todo lo verdadero? Esa proclamación es radical.

Pero una vez que hemos indagado acerca de los ídolos la declaración bíblica parece más fácil de entender. La Biblia describe simplemente cómo funcionan todos los sistemas de pensamiento. Todos comienzan con algo considerado definitivo, incondicional, divino —que a su vez funciona como motivo dominante de todo lo que sigue—. El principio que propone toda cosmovisión es el temor de algún «dios». A este respecto, el cristianismo es como cualquier otra respuesta al enigma del universo. Sus supuestos de partida proporcionan la base lógica de todo lo que sigue.

Por eso la Escritura insiste en que toda verdad comienza con Dios. La Biblia relata la trama de la historia universal, cósmica. Todo verdadero conocimiento tiene lugar dentro de este hilo argumental.

Allan Bloom, autor del éxito en ventas *The Closing of the American Mind* (El cierre de la mente moderna), asegura que durante buena parte de la historia estadounidense, el concepto de una verdad unificada provino de la Biblia. Creó una «cultura común, que unía al sencillo y al sofisticado, al rico y al pobre, al joven y al anciano... como modelo para visionar el orden de todas las cosas».

Pero a medida que la Biblia pierde influencia, Occidente va perdiendo la noción de toda verdad unificada. «La idea misma de un libro completo va desapareciendo», se lamenta Bloom —y con ella, la idea de una verdad total—. Los padres envían a sus hijos a estudiar para que aprendan conocimientos especializados y puedan conseguir un empleo. Pero han perdido el ideal de llegar a ser personas íntegras que viven una visión integrada de la vida. «En contra de lo que comúnmente se piensa, sin el libro se pierde incluso la idea de la totalidad».[13]

Sin embargo, la idea de una verdad íntegra y completa está siendo hoy recuperada —a menudo en los lugares más insólitos.

Chiflado Crae: ¿Cómo liberarnos?

«Dios me halló donde yo me encontraba —con vaqueros holgados y pendientes»—. Con estas palabras, inicia su historia el célebre artista de hip-hop Lecrae Moore.[14] Por criarse sin un padre, experimentó una infancia de abuso y abandono. Llenó su vida de drogas, robos, alcohol, sexo y pandillas. Era tan tempestuoso que sus amigos le llamaban el «Chiflado Crae».[15] Un estereotipo de subcultura urbana.

Lo que le atrajo al cristianismo fue contactar con alguien que no temía esa subcultura, con alguien que sabía que el verdadero problema de Lecrae no era su subcultura, sino su pecado y su quebranto. Un hombre blanco, Joe, amó al adolescente negro lo suficiente como para introducirse en su cultura y hablarle en su idioma. Hoy Lecrae es presidente y cofundador de Reach Records, y ha sido galardonado con varios Dove Awards y un Grammy Award. Su álbum Anomaly fue el primero que alcanzó el número uno de los Álbumes Gospel y de la lista Billboard 200.

En una conferencia, Lecrae declaró que el punto de inflexión de su vida tuvo lugar cuando comprendió lo que sucede después de la conversión —cuando entendió que «el cristianismo no es sólo verdad religiosa, sino *Verdad total*».[16] Es decir, la verdadera transformación llegó cuando se dio cuenta de que los cristianos son llamados a arremangarse, poner manos a la obra, y elaborar las repercusiones que arrastra una cosmovisión bíblica para la justicia y la política, la ciencia y la erudición, el arte y la música —y el resto de la vida.

«Hemos limitado el cristianismo a la salvación y la santificación», dijo. Pero «el cristianismo es la verdad acerca de todas las cosas. Si uno dice que tiene una cosmovisión cristiana, ello significa que ve el mundo a través de sus lentes —no sólo cómo se salva la gente y de qué ha de apartarse».[17]

El mensaje de Lecrae es que no hemos de temer las diferencias culturales porque el cristianismo tiene recursos para comunicar su mensaje a todas las culturas. Citando mi libro *Verdad total,* Lecrae afirma que la razón por la que los cristianos dejan de ser sal y luz en el mundo es que quedan atrapados en la escisión sagrado/secular. «Vivimos vidas fracturadas y fragmentadas. La iglesia y la familia rara vez hablan al trabajo y la vida pública. Navegamos entre dos mundos separados».[18]

«La mayor parte de las religiones te dicen cómo alcanzar la paz con Dios y cómo interpretar el mundo en que vivimos», explica Lecrae. «Históricamente, los cristianos han cumplido bien la primera función, "salvar almas", pero no han ayudado a la gente a interpretar el mundo que les rodea. Limitamos la espiritualidad a la salvación y la santificación».

Por supuesto, la salvación es el primer paso esencial en la vida cristiana. «Pero ¿abordamos la política, la ciencia, la economía, la bioética, la televisión, la música y el arte? Normalmente, abandonamos a la gente a su suerte. Normalmente, no actuamos a partir de una cosmovisión bíblica». En vez de ello, «tendemos a usar anteojos bifocales, a ver las cosas en parte espirituales y en parte seculares».

¿Dónde surgió la división sagrado/secular? No de la Biblia. Viene de los griegos. Se debe a que ellos pensaron que la materia era eterna. «Surgió una gran separación cuando los filósofos griegos razonaron que la materia era preexistente y eterna, que la materia tenía la capacidad de resistir al Creador», explica Lecrae. «Como cristianos, refutamos esa afirmación con la doctrina de que sólo Dios es preexistente y eterno, *ex nihilo nihil* fit (nada puede existir a partir de la nada). Él es la fuente de toda la creación». Esto implica que ninguna parte de la creación es intrínsecamente mala. «Todo lo que Dios creó es bueno, y nada es de desecharse, si se toma con acción de gracias» (1 Ti. 4:4).

«La mayor parte del mal consiste en una perversión del bien», explica Lecrae. «Dios nos concedió ingenuidad y herramientas para fabricar el cuchillo del carnicero, de modo que podemos usarlo para matar o para dar de comer a los marginados».[19]

¿Cómo podemos salvar la división sagrado/secular, que marginaliza y menoscaba a los cristianos? «¿Cómo librarnos de una escisión que priva al evangelio de poder para redimir cada aspecto de nuestras vidas?», se pregunta Lecrae. La respuesta estriba en entender que «el cristianismo es verdad salvadora y santificadora, sin dejar de creer que es Verdad total. Es la verdad acerca de todos los aspectos de la vida, como la economía, la masculinidad y el matrimonio. Dios tiene la perspectiva correcta de todas las cosas».[20]

Estas palabras no son discurso piadoso de Lecrae. Él se ha esforzado por comprender cómo se aplica el principio de la verdad total a su propia obra. A diferencia de algunos cristianos, que se inclinan a declarar que la música hip-hop es maligna, él ha resuelto ahondar su maestría y su creatividad en el género. Lecrae me dijo una vez que el descubrimiento de la verdad total ha enriquecido su arte: le ha «liberado» para abordar todos los aspectos de su vida con sus letras. La música cristiana es una música que aborda cualquier área temática desde una perspectiva bíblica.

Los cristianos han sido llamados a ser embajadores de Cristo (2 Co. 5:20), lo cual quiere decir que tenemos que prepararnos tan minuciosamente como cualquier profesional que trabaja en relaciones internacionales. Cuando yo vivía en las inmediaciones de Washington, DC, conocí estudiantes de posgrado que se preparaban para ser embajadores y diplomáticos, y descubrí que estaban familiarizados con la noción de cosmovisión —no porque leyeran libros cristianos sobre el tema, sino porque ese era el enfoque de sus estudios seculares—. Sus asignaturas enseñaban que el factor crítico para relacionarse con una cultura extranjera no es el aprendizaje de la lengua, sino su cosmovisión.

«Mucha gente se siente intimidada por cosmovisiones que no entienden», dice Lecrae. Para vencer nuestros temores, tenemos que movernos por compasión por los que sufren bajo la tiranía de ídolos falsos. En un rap titulado «Verdad», Lecrae habla de gente atrapada por los «ídolos de su corazón». Su música se propone librar a la gente del poder de los dioses falsos esgrimiendo el poder de la verdad.

En los últimos años, Lecrae ha encabezado el movimiento de los No avergonzados, inspirado en Romanos 1:16. Los artistas de hip-hop asociados con Lecrae y Reach Records se hacen llamar «El cliqué 116». (Lecrae tiene el número 116 tatuado en su brazo derecho.) El movimiento de los No avergonzados tiene por objeto inspirar a la gente a poner en práctica la verdad bíblica con confianza en cada esfera de la vida.

No se excluye ningún aspecto. Ningún ámbito «amedrenta» demasiado porque uno pueda perder el control sobre sus convicciones cristianas. Concluiré con una última cita de Lecrae: «Tenemos que darnos cuenta de que el cristianismo es verdad total, no mera verdad religiosa. Y puesto que es verdad total, es relevante y aplicable a todas las áreas de la vida».[21]

Los cinco principios estratégicos de *El hallazgo de la verdad* pueden ayudarle a vivir audazmente en el trabajo, en el centro educativo o acompañado de su familia y sus amigos. Le propondrá instrumentos para reconocer aspectos que están bien y aspectos que están mal en una cosmovisión —y elaborar una perspectiva bíblica informada, verdadera y humana.

NOTAS

Los títulos de los libros que aparecen en español han sido publicados en este idioma. Sin embargo el número de página mencionado corresponde a la versión inglesa que facilita la autora.

PRIMERA PARTE — «Perdí mi fe en una universidad evangélica»

1. David Kinnaman escribe: «Los importantes cambios espirituales y tecnológicos ocurridos en los últimos 50 años agudizan el problema de las deserciones juveniles. Los jóvenes están abandonando antes, permanecen alejados más tiempo, y si regresan, es menos probable que consideren que la iglesia es una parte prolongada de su vida». Citado en «Five Myths about Young Adult Church Dropouts», Barna Group, November 16, 2011, www.barna.org/teens-next-gen-articles/534-five-myths-about-young-adult-church-dropouts.
2. Citado por Allen C. Guelzo, «The Return of the Will», in *Edwards in Our Time: Jonathan Edwards and the Shaping of American Religion*, ed. Sang Hyun Lee and Allen C. Guelzo (Grand Rapids, MI: Eerdmans, 1999), 133. El problema es que aunque Dios es cognoscible por medio de la revelación general, los seres humanos suprimen ese conocimiento y, por tanto, tienen necesidad de redención —por eso necesitamos también la Biblia, o revelación especial, con su mensaje de redención.
3. Véase Robin Collins, «The Teleological Argument: An Exploration of the Fine-Tuning of the Universe», in *The Blackwell Companion to Natural Theology*, ed. William Lane Craig and J. P. Moreland (Oxford: Blackwell, 2012).
4. Dennis Overbye, «Zillions of Universes? Or Did Ours Get Lucky?», *New York Times*, October 28, 2003. Para refutar las implicaciones del afinamiento, algunos cosmólogos proponen que existen múltiples universos aparte del nuestro (la hipótesis de muchos mundos). Muchos universos serán lugares oscuros, sin vida, pero unos pocos habrán posiblemente reunido las condiciones necesarias para la vida —y sucede que el nuestro es uno de ellos—. Esto es, por supuesto, pura especulación, ya que es imposible saber si realmente existen otros universos. «La teoría de los multi-versos exige tanta suspensión de incredulidad como cualquier religión», comenta Gregg Easterbrook. «¡Únase a la iglesia que cree en la existencia de objetos invisibles a través de 50.000 millones de galaxias!». La única razón para proponer una idea tan descabellada es que hace parecer nuestro universo una improbabilidad un poco menos monstruosa. Gregg Easterbrook, «The New Convergence», *Wired*, December 2002.

5. George Greenstein, *The Symbiotic Universe: Life and Mind in the Cosmos* (New York: William Morrow, 1988); 85-90; and Paul Davies, «A Brief History of the Multiverse», *New York Times,* April 12, 2003. En otros sitios Davies escribe que «la aparente concurrencia milagrosa de valores numéricos» en los contrastes fundamentales de la naturaleza es «la prueba más contundente de un elemento de designio cósmico». *God and the New Physics* (New York: Simon & Schuster, 1983), 189. Para más sobre el afinamiento, véase Guillermo González y Jay Richards, *El planeta privilegiado: Cómo nuestro lugar en el cosmos esta diseñado para el descubrimiento* (Madrid, España: Palabra, 2006) y mi libro *Verdad Total: Libera el cristianismo de su cautiverio cultural* (Editorial JUCUM, Tyler, TX, 2004), 205-208.
6. Paul Davies, «The Secret of Life Won't Be Cooked Up in a Chemistry Lab», *Guardian,* January 13, 2013. Anteriormente, Davies escribió: «Intentar crear vida mezclando elementos químicos en un tubo de ensayo es como soldar interruptores y cables para intentar producir Windows 98. No funciona porque aborda el problema en el plano conceptual equivocado». «How We Could Create Life: The Key to Existence Will Be Found Not in Primordial Sludge, but in the Nanotechnology of the Living Cell», *Guardian,* December 11, 2002.
7. Véase Stephen C. Meyer, *Signature in the Cell: DNA and the Evidence for Intelligent Design* (New York: HarperCollins, 2010).
8. Cicerón, Sobre la naturaleza de los dioses, libro II, capítulo XXXVII; y «Las disputaciones tusculanas», trans. C. D. Yonge (New York: Harper, 1877), 39.
9. Véase mi tratamiento en *The Soul of Science,* en coautoría con Charles Thaxton (Wheaton, Il: Crossway, 1994), especialmente el capítulo 10; *Verdad total,* especialmente los capítulos 5 y 6; y *How Now Shall We Live?,* en coautoría con Chuck Colson Y Harold Fickett (Wheaton, Il: Tyndale, 1999), capítulos 6 a 10.

   Sobre las consecuencias más amplias del pensamiento darwinista en filosofía y cultura, véase *Verdad total,* capítulos 7 y 8, y *Saving Leonardo* (Nashville: B&H, 2010), capítulos 3 y 6.
10. Con la religión judeocristiana «una nueva forma de pensamiento penetra en el mundo occidental». Su Dios es muy distinto de los de las filosofías anteriores. Es un Dios personal, no un principio abstracto». C. H. Perlman, *An Historical Introduction to Philosophical Thinking,* trans. Kenneth Brown (New York: Random, 1965), 96-97. «Para el pensamiento griego-oriental, místico o filosófico, la realidad última es una fuerza impersonal primigenia... una sustancia divina inefable, inmutable, impasible que llena el universo, o más bien es el universo». Por el contrario, en el pensamiento bíblico, «Dios no es ni principio metafísico ni fuerza impersonal... La religión hebraica afirma que Dios es una Persona trascendente». Will Herberg, *Judaism and Modern Man: An Interpretation of Jewish Religion* (New York: Boucher, 2007), 48.

11. Étienne Gilson, *Dios y la Filosofía* (Buenos Aires, Emecé, 1945) *(God and Philosophy)*. (New Haven, CT: Yale University Press, 1941), 19-20, 37, 42.
12. Paul Bloom, «Religion Is Natural», Developmental Science, 10, no. 1 (2007): 147-51.
13. Citado por Martin Beckford, «Children Are Born Believers in God, Academic Claims», Telegraph, November 24, 2008.
14. C. S. Lewis *Los Milagros (Miracles)* (New York: HarperCollins, 1974), 150.
15. En los años treinta, un nuevo campo denominado sociología del conocimiento comenzó a investigar que ni siquiera los expertos y científicos cumplen el ideal de la objetividad, sino que son influidos (a menudo inconscientemente) por sus expectativas y supuestos previos. La sociología del conocimiento fue fundada por el filósofo Max Scheler y el sociólogo Karl Mannheim.
16. Véase Thomas K. Johnson, The First Step in Missions Training: How Our Neighbors Are Wrestling with God's General Revelation (Bonn: Verlag für Kultur und Wissenchaft, 2014), 23-24.
17. Véase Margaret Heffernan, *Willful Blindness: Why We Ignore the Obvious at Our Peril* (New York: Walker, 2011).
18. Johnson, First Step, 23.
19. David Powlison, «Idols of the Heart and "Vanity Fair", Journal of Biblical Counseling», October 16, 2009.
20. Del mismo modo, en la epístola de Pablo a los Colosenses, el apóstol advierte contra la «fornicación, impureza, pasiones desordenadas, malos deseos y avaricia, que es idolatría» (Col. 3:5). De nuevo, la idolatría es el pecado que impulsa a cometer otros.
21. *The Larger Cathecism of Martin Luther*, trans. Robert H. Fischer (Philadelphia: Fortress, 1959), 9.
22 Citado por Pericles Lewis, Religious Experience and the Modernist Novel (Cambridge: Cambridge University Press, 2010), 36. Para una discusión más detallada de la tendencia a ver el arte como religión, lo cual comenzó con el romanticismo, véase Saving Leonardo, capítulos 7 y 8.
23. Juan Calvino, Institución de la religion Cristiana FELIRE (Fundación Editorial de Literatura Reformada, Barcelona, 2003). (Institutes of the Christian Religion), 1536 ed. (Grand Rapids, MI: Eerdmans, 1995), 4.17.36.
24. «En el mundo antiguo no había sistema bancario tal como hoy se conoce ni papel moneda. El dinero era de metal, se calentaba hasta fundirse y se derramaba en moldes para enfriarse. Después de enfriar las monedas, era necesario limar los bordes. Las monedas eran comparativamente suaves y, por supuesto, mucha gente incluso las pulía. En un siglo se promulgaron más de ochenta leyes en Atenas para detener la costumbre de recortar las monedas en circulación». Se decía que este dinero, inferior a la mitad de su peso, estaba «degradado». Donald Grey Barnhouse, *Romans: God's Glory*

(Philadelphia: Evangelical Foundation, 1964), 18, mencionado en Blue Letter Bible, s. v. «*dokimos*», www.blbclassic.org/lang/lexicon/lexicon.cfm?Strongs=G1384&t= NASB.

25. Al usar el término *cambiaron*, Pablo se hizo eco de un versículo del Antiguo Testamento: «Hicieron becerro en Horeb, se postraron ante una imagen de fundición. Así cambiaron su gloria por la imagen de un buey que come hierba. (Sal. 109:19-20). Otro eco aún más lejano se halla en Génesis 1:26, donde el mandato cultural concede mayordomía a los seres humanos sobre el resto de la creación. «Dios creó a los seres humanos para "dominar" sobre estas criaturas, pero los idólatras humanos caídos ahora se inclinan ante la semejanza de animales», Richard B. Hays, *Echoes of Scripture in the Letters of Paul* (New Haven, CT: Yale University Press, 1989), 211, n. 26.
26. Richard B. Hays, *The Moral Vision of the New Testament: A Contemporary Introduction to New Testament Ethics* (New York: HarperOne, 1996), 387. Sarah Ruden, experta en la cultura grecorromana, afirma que la forma principal de conducta homosexual que probablemente observó Pablo en su tiempo fue la pederastia, más frecuentemente el abuso sexual de esclavos jóvenes por sus amos, aunque también los muchachos libres corrieran peligro de ser violados. Entre los griegos y los romanos, el compañero activo era alabado como viril y masculino, aunque fuera cruel y vicioso, mientras el compañero pasivo (la víctima) era considerado flojo y desagradable. Pero Pablo considera el compañero activo igualmente culpable y degradado, y de hecho, condena la homosexualidad como una forma de injusticia (la palabra «iniquidad», en Romanos 1:18, se suele traducir por «injusticia»). Puesto que la pederastia se aceptaba en la cultura romana, y los perpetradores eran incluso admirados, «la audiencia romana de Pablo. . . se sorprendería al oír que la justicia también era aplicable a la homosexualidad». «No Closet, No Monsters? Paul and Homosexuality», chap. 3, in *Paul among the People: The Apostle Reinterpreted and Reimagined in His Own Time* (New York: Image Books, 2010).
27. Citado en *Soul of Science*, 184-185.
28. Roy Clouser, *The Myth of Religious Neutrality: An Essay on the Hidden Role of Religious Belief in Theories*, rev. Ed. (Notre Dame, IN: University of Notre Dame Press, 2005), 104.
29. No todas las formas de reduccionismo son problemáticas. En algunos casos, entender bien los componentes de un sistema permite predecir todas las propiedades importantes del sistema en su conjunto. Es decir, algunas cosas son realmente la suma de sus partes. Tómese, por ejemplo, la teoría cinética de los gases. Como escribe John Polkinghorne, podemos usar «la teoría cinética de los gases para reducir el concepto de temperatura (originada en la termodinámica de la materia bruta) a una equivalencia exacta de la energía cinética media de las moléculas del gas». *Interdisciplinary Encyclopedia*

of Religion and Science, s. v. «Reductionism», ed. G. Tanzella-Nitti and A. Strumia, 2002, http://inters.org/reductionism.

30 Herman Dooyeweerd explica que la absolutización conduce al reduccionismo: Los que buscan la realidad última en la creación «se ven inclinados a presentar un aspecto de la realidad... como realidad en su completitud. Después reducen todos los demás al punto en que todos ellos pasan a ser diferentes manifestaciones del aspecto absolutizado... Piense en el materialismo moderno, que reduce toda realidad temporal a partículas de materia en movimiento. Considere la filosofía naturalista moderna de la vida, que lo ve todo parcialmente en términos de desarrollo de la vida orgánica... [Los seres humanos] tienden a absolutizar lo relativo y deificar a la criatura». *Las raíces de la cultura occidental: Las opciones pagana, secular y cristiana* (CLIE, Barcelona, 1998). *(Roots of Western Culture: Pagan, Secular, and Christian Options)* (Grand Rapids, MI: Paideia Press, 2012), 42.

31. John Horgan, «More Than Good Intentions: Holding Fast to Faith in Free Will», *New York Times,* December 31, 2002. Francis Schaeffer ofreció esta analogía: Un individuo con una cosmovisión demasiado «pequeña» equivale a intentar embutir una persona en un cubo de basura —un brazo o una pierna siempre sobresaldrán—. *True Spirituality* in *The Complete Works of Francis A. Schaeffer* (Westchester, Il: Crossway, 1982), vol. 3, 172-73.

32. John Searle, entrevistado por Jeffrey Mishlove, *Thinking Allowed: Conversations on the Leading Edge of Knowledge and Discovery,* 1998, www.williamjames.com/transcripts/searle.htm (cursiva añadida).

33. El libro es de Gene Edward Veith, *Postmodern Times: A Christian Guide to Contemporary Thought and Culture* (Wheaton, Il: Crossway, 1994).

SEGUNDA PARTE — PRINCIPIO #1: El crepúsculo de los dioses

1. Albert M Wolters, *La Creación Recuperada,* (Poiema Publicaciones, Medellin, 2013). (*Creation Regained: Biblical Basis for a Reformational Worldview*) (Grand Rapids, MI: Eerdmans, 1985), 4.
2. Christian Smith and Melinda Lundquist Denton, Soul Searching: The Religious and Spiritual Lives of American Teenagers (Oxford: Oxford University Press, 2005), 89.
3. David Kinnaman, *Me Perdieron: Por qué los cristianos jóvenenes están abandonando la iglesia... y repensando su fe* (Zondervan, Grand Rapids, 2013). (*You Lost Me: Why Young Christians Are Leaving Church... and Rethinking Faith)* (Grand Rapids, MI: Baker Books, 2011), 190. Un estudio realizado por el Seminario Fuller descubrió que el factor más importante para que los adolescentes se aferren a sus convicciones en la universidad es encontrar respuestas a sus preguntas mientras aún estudian en el instituto: «Cuanto más sentían los estudiantes universitarios que habían tenido oportunidad de expresar sus dudas mientras estaban en el instituto, más alto nivel de

madurez en la fe y de madurez espiritual mostraban». Lillian Kwon, «Survey: High School Seniors "Graduating from God", Christian Post, August 10, 2006.

4. Bradley Wright, «If People Leave the Faith, When Do They Do It?, Patheos, January 28, 2012, www.patheos.com/blogs/blackwhiteandgray/2012/01/if-people-leave-the-faith-when-do-they-do-it/. Wright menciona un trabajo que prueba que las edades más probables de deserción oscilan entre los diecisiete y los veinte años. Después es más probable que abandonen jóvenes con uno o dos años menos (entre quince y dieciséis). Después de los veinte años, el número declina y, finalmente, cae después de los veintiséis.
5. Christian Smith, director del Centro para el Estudio de la Juventud y la Religión en la Universidad de Notre Dame, informa que los adolescentes actuales suelen definir la fe mayormente en términos de «satisfacción de necesidades emocionales». Su concepción unidimensional es producto de «un clima cultural abrumadoramente relativista y privatizado», y de «líderes juveniles que no han desafiado esa atmósfera». Citado por Chris Norton, «Apologetics Makes a Comeback among Youth». *Christianity Today,* August 31, 2011.
6. Norton, «Apologetics». Véase también Troy Anderson, «A New Day for Apologetics: People Young and Old Are Flocking to Hear—and Be Changed by— Winsome Arguments for the Christian Faith», *Christianity Today,* July 2, 2008.
7. Un ídolo puede ser también algo que erróneamente se cree está en la creación —algo irreal o imaginario, como los extraterrestres—. El punto en cuestión es que si fueran reales, serían inferiores a Dios, dentro del orden cósmico.
8. Terry Eagleton, *Culture and Death of God* (New Haven, CT: Yale University Press, 2014), 119. Véase también Andrew Brown, «Religion without a Church? Humanism Almost Qualifies», Guardian, August 12, 2014. Herman Dooyeweerd observa que los ídolos resultan de la «deificación de la criatura» y la «absolutización de lo relativo». *Una nueva crítica del pensamiento teórico,* (CLIE, Barcelona, 1994). (*New Critique of Theoretical Thought*) (Ontario, Canada: Paideia, 1984), I:58, 61, 176 y II:322, 572. Por ejemplo, el materialismo mecanicista de la Ilustración resultó de «una absolutización de los fenómenos mecánicos». Raíces 172-173. Reinhold Niebuhr definió la idolatría como la tendencia a elevar «algún elemento finito y contingente de la existencia a la eminencia de lo divino», y considerarlo «principio último de coherencia y de sentido». T*he Nature and Destiny of Man,* vol. 1 (Louisville: Westminster John Knox, 1996), 164-65. H. Richard Niebuhr también advirtió de «la absolutización de lo relativo». *Christ and Culture* (New York: HarperCollins, 1951), 145. George Steiner nota que muchas filosofías modernas funcionan como «teologías sustitutas». Son propuestas por «mesías seculares»

y expresan «nostalgia de lo absoluto». *Nostalgia for the Absolute* (Toronto: House of Anansi, 1974), 49. El capítulo se titula «Los mesías seculares».

9. Timothy Keller, «Talking about Idolatry in a Postmodern Age», Gospel Coalition, April 2007, http://old.westerfunk.net/archives/theology/Talking%20About%20Idolatry%20in%20a%20Postmodern%20Age/.
10. Por eso el filósofo David Naugle define las cosmovisiones como «visiones del corazón». *Worldview: The History of a Concept* (Grand Rapids, MI: Eerdmans, 2002), 268ff.
11. «Entre las religiones ateas... hay religiones orientales como el budismo theravada, el jainismo, el taoísmo, y el confucianismo». Eric Steinhart, «On Atheistic Religion», Patheos, January 8, 2012, www.patheos.com/blogs/camelswithhammers/2012/01/on-atheistic-religion-2/. No obstante, «las creencias ateas sólo son sostenidas por pequeñas élites intelectuales, y las formas populares de budismo, confucianismo y taoísmo abundan en dioses». Rodney Stark, «Why Gods Should Matter in Social Science», Chronicle of Higher Education 49, no. 39 (June 6, 2003). En la sentencia del Tribunal Supremo Torcaso v. Watkins (1961), el juez Hugo Black declaró que «entre las religiones practicadas en este país que no enseñan lo que generalmente se consideraría creencia en la existencia de Dios están el budismo, el taoísmo, la cultura ética, el humanismo secular y otras»; y André Comte-Sponville, *The Little Book of Atheist Spirituality* (New York: Penguin, 2006), 2.
12. Hermann Hesse, *Siddhartha,* (Edhasa, Barcelona, 1997). (*Siddhartha,*) trans. Hilda Rosner (New York: Bantam, 1951), 144. Al mismo tiempo, muchas de estas religiones contienen enseñanzas morales, aunque resulte difícil conciliarlas con sus metafísicas. En el hinduismo, el concepto de karma implica una noción de justicia —las buenas acciones causan un buen karma y las malas, un karma malo; se recoge lo que se siembra. Es una ley cuasi mecánica, casi como una ley de la física (p. ej., cada acto provoca una reacción equivalente y contraria).
13. El periodista Arthur Koestler observa que la concepción oriental conduce a la «negación de una ley moral universal», y finalmente, a una «complicidad pasiva» con el mal. Ilustra la perspectiva oriental con versos de uno de los poemas más antiguos del Zen: «No te preocupes del bien ni del mal / El conflicto entre el bien y el mal / es una enfermedad de la mente». *El Loto y el Robot,* (Emecé, Barcelona, 1964) (*The Lotus and the Robot*). (New York: Macmillan, 1960), 272, 270.
14. Citado por Stark, «Why Gods Should Matter». Stark ofrece gran cantidad de evidencia adicional: «El fundador de la antropología británica, Edward Burnett Tylor, y el fundador de la sociología británica, Herbert Spencer, se esforzaron en señalar que sólo algunas clases de religión tienen implicaciones morales. "El animismo salvaje [religión] está casi desprovisto del elemento ético que para la educada mente moderna es la causa principal de la religión

práctica", declara Tylor. "El animismo inferior no es inmoral, es amoral". Spencer también notó que muchas religiones ignoran la moral, y va incluso más lejos al sugerir que algunas religiones estimulan activamente el crimen y la inmoralidad: "En el presente, en la India, tenemos filibusteros como los domras, entre quienes un robo exitoso es siempre celebrado con un sacrificio a Gandak, su dios principal",… En su destacado trabajo sobre los manus de Nueva Guinea, Reo Franklin Fortune compara los aspectos morales de su religión con los de la tribu típica, y reconoce que "Tylor está en lo cierto al declarar que en las regiones más primitivas del mundo la religión y la moral se mantienen independientes". Ruth Benedict también comentó que generalizar la relación entre la religión y la moral es "malinterpretar" la "historia de las religiones". Ella sugiere que la conexión es probablemente típica sólo en "las religiones éticas superiores". Ralph Barton informó que los ifugaos atribuyen sus costumbres de intercambio sin escrúpulos a sus dioses y aprovechan cada oportunidad que se les presenta para mentirles. Peter Lawrence halló que los garia de Nueva Guinea no tienen noción de 'pecado', y "ninguna idea de recompensa en el mundo venidero por buenas obras"».

15. Jenófanes, citado por Addam Drozdek, *Greek Philosophers as Theologians: The Divine Arche* (Burlington, VT: Ashgate, 2007), 15; y san Agustín, *La ciudad de Dios*, (Tecnos, Madrid, 2010) libro 3, capítulo 3.
16. La ciudad antigua de Cartago era una colonia fenicia situada en lo que hoy es Túnez. Las colonias fenicias de Sicilia, Cerdeña y Malta también practicaban el sacrificio de niños, como en la antigua Israel, donde fue severamente denunciado por varios profetas del Antiguo Testamento (Lv. 20:2-5; Dt. 12:31; 18:10; Jer. 7:31; 19:4-5; 32:35; Ez. 16:20-21; 20:26, 31; 23:37).
    Los revisionistas (en su mayor parte tunecinos) han negado que Cartago practicara sacrificio de niños, pero un nuevo trabajo parece descartar esa teoría. Sarah Griffiths, «Ancient Greek Stories of Ritual Child Sacrifice in Carthage Are True, Study Claims» *Daily Mail*, January 23, 2014; and Maev Kennedy, «Carthaginians Sacrificed Own Children, Archaeologists Say», Guardian, January 21, 2014.
17. Clouser, *Myth*, capítulo 2. Incluso un dios creador puede no haber sido realidad última. El gnosticismo enseñó que en el orden cósmico hay varios niveles de seres espirituales, desde la deidad superior hasta la inferior o subdios (normalmente traducido como demiurgo). Esta deidad subordinada fue la que creó el mundo material donde vivimos los seres humanos. Puesto que este mundo es un ámbito de muerte, decaimiento y destrucción, se dice que el demiurgo que lo creó es malo. Para ser exactos, el demiurgo no era ni siquiera verdadero creador, sino mero arquitecto, porque se pensaba que la materia era eterna. Él no hizo más que dar forma a la materia informe.
18. Hay evidencia de que muchas culturas antiguas abrazaron el monoteísmo antes de hacerse politeístas, lo que respalda la declaración de Pablo en

Romanos 1: que la gente rechaza adorar al Creador para adorar un sustituto de la creación. Para consultar un trabajo reciente, véase Winfried Corduan, *In the Beginning: A Fresh Look at the Case for Original Monotheism* (Nashville, B&H, 2013). Algunos eruditos creen que los antiguos chinos adoraban a una divinidad monoteísta antes de surgir el confucianismo, el taoísmo y el budismo. Véase Chan Kei Thong y Charlene L. Fu, *Finding God in Ancient China: How the Ancient Chinese Worshipped the God of the Bible* (Grand Rapids, MI: Zondervan, 2009). John S. Mbiti estudió unos trescientos pueblos de África y concluyó: «En todas esas sociedades, sin una sola excepción, la gente tiene noción de Dios» como Ser Supremo y Creador. *African Religions and Philosophy*, 2nd ed. (New York: Praeger, 1969), 29. Geoffrey Parrinder también argumenta que la cultura africana indígena fue monoteísta. *African Mythology* (New York: Peter Bedrick Books, 1991). No obstante, aunque se enseñe que existe un Dios Supremo, las religiones más tradicionales también enseñan que el Dios Supremo se separó y apartó de sus criaturas, y por eso ellas tienen ahora que aplacar a los espíritus inferiores.

El hallazgo de que muchas culturas abrazaron un monoteísmo original, desacredita la idea del siglo XIX, inspirada en Hegel: que las religiones evolucionan de lo simple a lo complejo (del animismo al politeísmo, henoteísmo y monoteísmo). Véase Gleason L. Archer, *A Survey of Old Testament Introduction* (Chicago, Il: Moody Press, 1975). En cuanto a lo que esto implica para las misiones, véase Don Richardson, *Eternity in Their Hearts: Startling Evidence of Belief in the One True God in Hundreds of Cultures throughout the World,* 2nd ed. (Venture, CA: Regal, 1984).

19. Jonathan Petre, «And after Double Maths It Will Be… Paganism: Schools Told to Put Witchcraft and Druids on RE Syllabus», Daily Mail, April 14, 2012.
20. «A definition of Wicca», Church and School of Wicca, www.wicca.org/Church/define.html. Otra página web declara: «Los wiccanos creen que el espíritu del Uno, Dios y Diosa, existe en todas las cosas… [y] que debemos tratar todas las cosas terrestres como aspectos de lo divino». Herne, «What Is Wicca?», Celtic Connection, http://wicca.com/celtic/wicca/wicca.htm. También hay actualmente gente que se considera pagana, pero completamente secular, que tratan a los dioses como símbolos psicológicos o arquetipos de Jung. Podrían considerar, por ejemplo, a la diosa como símbolo de empoderamiento femenino.
21. G. S. Kirk, J. E. Raven, M. Schofield, *Los filosofos presocráticos* (Editorial Gredos, Barcelona, 2008). (*The Presocratic Philosophers: A Critical History)*, 2nd ed. (Cambridge, UK: Cambridge University Press, 1983), 150ff.; and Eric Temple Bell, *The Magic of Numbers* (New York: Dover, 1946), 85.
22. Véase *Verdad total*, apéndice 3, «La dilatada conflagración entre el materialismo y el cristianismo».

23. Aristóteles, *Metafísica*, libro XI, pt. 7; y Platón, *República*, libros VI y VII. En el *Timeo*, Platón atribuye el origen del mundo material a una deidad personal, pero es un dios inferior, una sub-deidad o demiurgo (como en el gnosticismo). Esta deidad inferior no creó de la nada; se limitó a inyectar la razón (formas racionales) en la materia irracional. Como dice Reijer Hooykaas, es un creador cuyas manos están atadas en dos sentidos: «Se vio obligado a seguir, no su propio designio, sino el modelo de las Ideas eternas [Formas]; y además, tuvo que poner el sello de las Ideas en una materia caótica, recalcitrante, que él mismo no había creado». *Religion and the Rise of Modern Science* (Grand Rapids. MI: Eerdmans, 1972), 3-4.
24. Brian J. Shanley in Thomas Aquinas, *The Treatise on the Divine Nature*, trans. Brian J. Shanley (Indianapolis: Hackett, 2006), 244 (cursiva añadida). Irving Singer afirma que: «La escala aristotélica de la existencia comienza con *materia pura* y culmina en *forma pura*». *La naturaleza del amor* (Siglo XXI, México DF , 1999). (*The Nature of Love: Plato to Luther,*) 2nd ed. (Chicago: University of Chicago Press, 2009), 108 (cursiva en el original). Romano Guardini dice que los antiguos nunca alcanzaron la idea cristiana de la trascendencia: «Para el hombre antiguo, no obstante, el universo mismo era toda la realidad». Incluso los filósofos «no trascendieron el universo». «Las esencias absolutas [Formas] de la filosofía antigua estaban para siempre entrelazadas con la totalidad del ser al que daban estabilidad y eternidad». Por ejemplo, la idea del Bien de Platón «no estaba separada del mundo; permanecía inmanente en él como su propia eternidad, como un "más allá" en el todo último». Del mismo modo, el «Motor Inmóvil de Aristóteles, provocó todo el cambio en el mundo. En última instancia, sólo tenía sentido en relación con todo el universo eternamente cambiante». *The End of the Modern World* (Wilmington, DE: ISI Books, 1998). 1-3, 8. Dooyeweerd llama «ídolo» a la deidad aristotélica. *Nueva Crítica*, I:122.
25. E. O. Wilson, *Consilience: La unidad del conocimiento* (Galaxia Gutemberg, Barcelona, 1999). (*Consilience: The Unity of Knowledge)* (New York: Vintage Books, 1998), 291. Wilson también escribe en la página 60: «La naturaleza está organizada por leyes físicas simples, universales, a las que todas las demás leyes y principios pueden ser finalmente reducidos»; y Jerry Coyne, «Philosopher Thomas Nagel Goes the Way of Alvin Plantinga, Disses Evolution», *Why Evolution Is True* (blog), October 13, 2012. http://whyevolutionistrue.wordpress.com/2012/10/13/philosopher-thomas-nagel-goes-the-way-of-alvin-plantinga-disses-evolution/.
26. John R. Searle, *Mind: A Brief Introduction* (Oxford: Oxford University Press, 2004), 48; and Gordy Slack, «What Neo-Creationists Get Right», *The Scientist*. June 20, 2008, 26. Dallas Willard, «What Significance Has "Postmodernism" for Christian Faith?», www.dwillard.org/articles/artview.asp?artID=70.

27. «Tysonism», Facebook, https://www.facebook.com/Tysonism.
28. En términos de Marx, las relaciones económicas forman la base, mientras las demás dimensiones de la sociedad constituyen la superestructura. Véase mi capítulo sobre el marxismo, «Does It Liberate?», en *Y ahora... ¿Cómo viviremos?* (Unilit, Miami, 1999). (*How Now Shall We Live?*) (Wheaton, Il: Tyndale, 1999), chap. 24.
29. David Hume, *Investigación sobre el entendimiento humano* (Istmo, Barcelona, 2004). *(Inquiry Concerning Human Understanding)*, ed. Charles Hendel (Pearson, 1995), 80.
30. Se puede encontrar un informe de dicho estudio en Anthony Gottlieb, «What Do Philosophers Believe?», *Intelligent Life*, spring 2010.
31. Véase Donald T. Williams, «Kahless and Christ: On Faith, Fictional and Factual», *While We're Paused* (blog), June 11, 2012. Worf expresa la división dato/valor, tema recurrente en *Verdad total.*
32. «Simplemente no hay manera de probar que los seres humanos pueden adquirir conocimiento de realidades extra-mentales si sólo somos directamente conscientes de las realidades mentales. Ni la razón ni la experiencia nos permiten salvar el abismo entre la mente y el mundo exterior que se cierne si el representacionalismo es verdadero». C. Stephen Evans, *Natural Signs and Knowledge of God: A New Look at Theistic Arguments* (Oxford: Oxford University Press, 2010), 28.
33. Obras completas de John Stuart Mill (Publicado por varias editoriales). (The *Collected Works of John Stuart Mill,*) vol. 9 (Toronto: University of Toronto Press, 1963-91), 183. Véase Clouser, *Myth*, 144, 336.
34. En filosofía, esto se suele apodar el problema del cerebro en una cubeta: ¿Cómo sabe uno que no es realmente un cerebro en una cubeta estimulado por impulsos eléctricos administrados por un científico lunático para hacerle creer que tiene un cuerpo y que vive en un mundo real de gente y objetos?
35. David Hume, *Tratado sobre la naturaleza humana* (Tecnos, Madrid,2005). *(A Treatise of Human Nature)* (CreateSpace Independent Publishing Platform, 2012), 37.
36. Ernst Mach, *The Analysis of Sensations,* in John T. Blackmore, *Ernst Mach: His Life, Work, and Influence* (Berkeley, CA: University of California Press, 1972), 327n14. Véase el debate de Mach en Clouser, *Myth*, 149-50.
37. Para leer acerca del impacto del empirismo y el racionalismo sobre el arte y la literatura, véase *Saving Leonardo*, (B&H Books, Nashville, 2010) capítulos 5 y 6.
38. Véase Richard H. Popkin, *La historia del eceptisismo dede Erasmo hasta Spinoza)* (S.L Fondo de cultura económica, Madrid). (*History of Skepticism: From Erasmus to Spinoza)* (Los Angeles: University of California Press, 1979); Harris Harbison, «The Struggle for Power», chap. 3 in *The Age of Reformation* (Ithaca, NY: Cornell University Press, 1955).

39. Jeffrey Stout escribe: «La crisis de autoridad hizo que pareciera necesaria una ruptura absolutamente radical con el pasado. Por tanto, la duda metódica buscó completa trascendencia de la situación. Intentó hacer irrelevante la herencia de la tradición, para volver a empezar desde cero, para escapar de la historia». *The Flight from Authority: Religion, Morality, and the Quest for Autonomy* (Notre Dame, IN: University of Notre Dame Press, 1981), 67. Véase *Verdad total*, apéndice 1, «Cómo se secularizó la política estadounidense»; *Saving Leonardo*, 137-40; y mi discurso, «The Creation Myth of Modern Political Philosophy» (en respuesta a la Sexta Conferencia Anual Kuyper, Washington, DC. 2000).
40. Citado por Michael Oakeshott, *El racionalismo en la política y otros ensayos* (S.L. Fondo de Cultura, Madrid, 2000) *Rationalism in Politics and Other Essays* (Indianapolis: Liberty, 1991), 15. Véase también A. W. Ward y A. R. Waller, ed., *The Cambridge History of English Literature* (New York: G. P. Putnam's Sons, 1919), 329.
41. Bacon es autor de la enjundiosa frase de que un poco de filosofía inclina al hombre al ateísmo, pero un «estudio profundo de la misma» conduce al hombre a la religión. *The Essays of Lord Bacon* (London: Longman and Green, 1875), 64. Descartes, católico devoto, estaba tan seguro de que Dios le había revelado la lógica irrefutable del cogito que prometió hacer un peregrinaje al santuario de Nuestra Señora de Loreto, en Italia, cosa que hizo. Véase *Verdad total*, (Editorial JUCUM, Tyler-Texas, 2014) 39.
42. Robert C. Solomon, *Continental Philosophy Since 1750: The Rise and Fall of the Self* (Oxford: Oxford University Press, 1988), 5-6. En cierto sentido, por supuesto, todos hemos de empezar con la experiencia consciente —con lo que sabemos—. Pero hay una diferencia entre un punto de partida experimental y un punto de partida lógico. Todos comenzamos la búsqueda de conocimiento desde nuestra propia experiencia. Pero un punto de partida lógico remite a lo que consideramos más básico y fundamental —la base para explicar toda la realidad.
43. Karl Popper, *Conjeturas y refutaciones: El desarrollo del conocimiento científico* (Paidós Ibérica, Barcelona, 1983). (*Conjectures and Refutations: The Growth of Scientific Knowledge*) (New York: Routledge, 1963, 2002), 20-21 (cursiva en el original).
44. Randall añade: «Su ideal seguía siendo un *sistema de revelación*, aunque habían abandonado el método de revelación». John Herman Randall, *The Making of the Modern Mind* (New York: Columbia University Press, 1940), 267 (cursiva en el original). Análogamente, Stout escribe que los primeros filósofos modernos que abandonaron la autoridad tradicional «no hicieron más que sustituir una clase de proclamaciones privilegiadas por otra... No debatían la necesidad epistemológica de *algo como* autoridad sagrada». Stout, *Flight*, 75 (cursiva en el original).
45. Citado en *Saving Leonardo*, 95. Para un contexto más amplio, véase *Soul of Science*, 139-40.

46. Alvin Plantinga, «How to Be an Anti-Realist», *Proceedings and Addresses of the American Philosophical Association,* 56, no. 1. (September 1982): 48. Para más sobre la revolución copernicana de Kant, véase *Saving Leonardo,* 181-83.
47. Immanuel Kant, *Philosophical Correspondence 1759-1799,* ed. and trans. Arnulf Zweig (Chicago: University of Chicago Press, 1967), 254.
48. Anthony Kenny, *Breve historia de la filosofía occidental* (Paidós Ibérica, Barcelona, 2006). (*An Illustrated Brief History of Western Philosophy)* (Malden, MA: Blackwell, 2006), 377. Tal como dice Dooyeweerd, el empirismo conduce al «nihilismo epistemológico». Nueva crítica, II:332.
49. Alan Jacobs, «Psychological Criticism: From the Imagination to Freud and Beyond», *Contemporary Literary Theory: A Christian Appraisal,* ed. Clarence Walhout and Leland Ryken (Grand Rapids, MI: Eerdmans, 1991), 99, 119, 98.
50. Ernest Lee Tuveson, *The Imagination as a Means of Grace* (Los Angeles: University of California Press, 1960). Fuentes para las citas en esta sección por Coleridge, Herder, Wordsworth, and Yeats, véase *Saving Leonardo,* 183.
51. Herman Dooyeweerd, *Una nueva crítica del pensamiento teórico* (*A New Critique of Theoretical Thought*) (Ontario: Paideia, 1984), I:46.
52. B. R. Hergenhahn, and Tracy B. Henley, *An Introduction to the History of Psychology* (Belmont, CA: Wadsworth, 2014). Toda teoría educativa es, asimismo, aplicación de una filosofía: Véase George R. Knight, *Filosofía y Educación,* (Publicaciones adventistas, Madrid). (*Philosophy and Education: An Introduction in Christian Perspective,*) 4th ed. (Berrien Springs, MI: Andrews University Press, 2006). Incluso las matemáticas, supuestamente el campo más objetivo de todos, han sido muy influidas por la filosofía: Véase *Soul of Science,* capítulos 6 y 7; Clouser, Myth, chap. 7, and «Is There a Christian View of Everything, from Soup to Nuts?», Pro Rege, June 2003.
53. C. S. Lewis, *Cartas del diablo a su sobrino,* (*The Screwtape Letters*) (New York: Harper Collins, 1996), 2.
54. De la edición de 1984.
55. Véase Richard Bauckham, *Jesus and the Eyewitnesses Testimony* (Grand Rapids, MI: Wm. B. Eerdmans, 2008). Del mismo modo, el Antiguo Testamento contiene sucesos públicos y abiertos a la investigación empírica. En la confrontación de Moisés con los sacerdotes egipcios, su capacidad para hacer milagros fue la autenticación de que hablaba en nombre del Dios verdadero. En la confrontación de Elías con los profetas de Baal, en el monte Carmelo, un milagro bien visible aportó evidencia del Dios verdadero. Véase también 2 Pedro 1:16-17; Hechos 1:21-22; 3:15; 4:20.

    En nuestro tiempo, la evidencia empírica sigue proporcionando algunos de los argumentos más persuasivos de la existencia de Dios, tal como el designio, la historicidad de la Resurrección y la fiabilidad de la Escritura por la evidencia de la arqueología y el estudio de los manuscritos antiguos.

56. La primera cita pertenece a Justino Mártir, *Segunda Apología*, capítulo 13. En sus propias palabras «cuanto de bueno está dicho en todos ellos [filósofos], pertenece a los cristianos». Pero la verdad más plena —dice— se encuentra en Cristo. La segunda cita fue acuñada por san Jerónimo. Véase E. K. Rand, *The Founders of the Middle Ages* (New York: Dover, 1928), 64.

PRINCIPIO #2: Cómo vence Nietzsche

1. El siguiente relato está tomado de una entrevista con John R. Erickson, de un artículo suyo titulado «Mugged by Nietzsche» (inédito) y de su autobiografía, *Small Town Author* (inédita).
2. Leil Lowndes, «How Neuroscience Can Help Us Find True Love», Wall Street Journal, February 14, 2013. Véase también Helen Fisher,*¿Por qué amamos? Naturaleza y química del amor romantic.* (Punto de lectura, Madrid 2005). (*Why We Love: The Nature and Chemistry of Romantic Love)* (New York: Henry Holt, 2004).
3. Richard Rorty, «Thugs and Theorists», *Political Theory* 15, no. 4 (November 1987): 564-80.
4. También sustrajeron más que participantes asignados a una condición neutra con informes de control como «La caña de azúcar y la remolacha azucarera se cultivan en 112 países». Jesse Bering, «Scientists Say Free Will Probably Doesn't Exist, but Urge: "Don't Stop Believing!"», *Scientific American*, April 6, 2010. Otro experimento se recoge en este informe: «La crítica más común del reduccionismo —la idea de que somos un montón de neuronas y nada más— es que conduce a tratar a nuestros semejantes como si... bueno, como si sólo fueran un montón de neuronas. John Evans, sociólogo de la religión de la Universidad de California, en San Diego, ha emprendido la tarea de comprobar si la crítica tiene fundamento... Planteó una serie de preguntas concebidas para averiguar su actitud hacia la conducta. ¿Estaban a favor de permitir experimentos con presos sin su consentimiento? ¿De vender órganos humanos por un beneficio? ¿De permitir el suicidio en el caso de personas que quieren ahorrar dinero? ¿De intervenir para detener el genocidio? En efecto, descubrió que las personas que sostienen la postura reduccionista —que niegan la condición especial de la especie humana en la naturaleza, que creen que la conducta viene determinada solamente por procesos físicos— eran mucho más propensas a aceptar el maltrato de seres humanos. Evans no puede sacar conclusiones sobre si es el determinismo el que causa esas ideas. Pero la correlación entre ellas, dice, son inequívocas». Andrew Ferguson, «The End of Neurononsense», *Weekly Standard*, October 20, 2014.
5. Note que estos hallazgos realmente ofrecen evidencia de que el libre albedrío es real. Si yo le animase a creer que puede volar, aun así no podría hacerlo. Creer que uno tiene la capacidad no hace que volar sea más fácil. Por el contrario, como revelan estos estudios, creer que uno tiene poder para

no mentir *hace* que sea más fácil no mentir. Conclusión: La creencia no significa nada cuando uno no tiene poder para hacer algo. Pero parece ayudar a ejercer el poder que uno tiene. De modo que estos hallazgos respaldan la realidad del libre albedrío. (Gracias a Angus Menuge por esta perspectiva.)

6. Francis Schaeffer analizó la historia del pensamiento occidental como una serie de dualismos. Véase *Huyendo de la razón* y *Dios está presente*. El análisis de Schaeffer fue inspirado por Herman Dooyeweerd, quien identificó tres dualismos principales en el pensamiento occidental: el dualismo griego materia/forma, el dualismo medieval naturaleza/gracia, y el dualismo kantiano naturaleza/libertad. (Kant definió la naturaleza en términos mecanicistas, una máquina material, aunque define la libertad en términos de normas morales que los seres humanos escogen para sí mismos.) Véase Dooyeweerd, *Raíces* y *Nueva crítica*, passim, and *In the Twilight of Western Thought*, chapter 2 (Grand Rapids, MI: Paideia, 2012).
7. Nicholas Humphrey, «Consciousness: The Achilles Heel of Darwinism? Thank God, Not Quite», in John Brockman, ed. *Intelligent Thought: Science versus the Intelligent Design Movement* (New York: Vintage, 2006), 58.
8. Colin McGinn, «All Machine and No Ghost?», *New Statesman*, February 20, 2012.
9. Francis Crick, *La búsqueda cientifíca del alma* (Debate, Madrid 200). (*The Astonishing Hypothesis: The Scientific Search for the Soul)* (New York: Touchstone, 1994), 3; and Daniel Wegner, *The Illusion of Conscious Will* (Cambridge, MA: Massachusetts Institute of Technology, 2002). Dennis Overby se entrevista con Wegner, «Free Will: Now You Have It, Now You Don't», *New York Times*, January 2, 2007.
10. Steven Pinker, *Cómo funciona la mente* (Destino, Barcelona 2008). *(How the Mind Works)* (New York: Norton, 2009), 24, passim; and «Is Science Killing the Soul?», Edge.org, April 7, 1999, www.edge.org/3rd_culture/dawkins_pinker/debate_p9.html.
11. El ejemplo es de Teed Rockwell, *Dictionary of Philosophy of Mind*, s.v. «Eliminativism», http://philosophy.uwaterloo.ca/MindDict/eliminativism.html.
12. El emergentismo puede ser considerado como lo opuesto al reduccionismo. En vez de afirmar que los fenómenos de nivel más alto pueden ser reducidos a niveles inferiores, menos complejos, afirma que los niveles inferiores pueden dar paso a niveles superiores, más complejos. Los científicos identifican dos tipos de emergencia: débil y fuerte. Un ejemplo de emergencia débil es el agua. A temperatura ambiente, el hidrógeno y el oxígeno son gases. Si sólo supiéramos eso, no podríamos esperar que el producto de su reacción química fuera un líquido (H_2O). No obstante, el resultado es totalmente determinado por las leyes ordinarias de la naturaleza que actúan sobre las condiciones físicas iniciales.

Por el contrario, la emergencia fuerte es una afirmación relativa a los fenómenos que no se pueden explicar por las leyes ordinarias de la naturaleza, como la mente y la conciencia. Como escribe el filósofo David Chalmers, la emergencia fuerte implicaría «fenómenos cuya existencia no es deducible de los datos sobre la distribución exacta de partículas y campos a través del espacio y el tiempo (junto con las leyes de la física)». Esto «sugiere que se necesitan nuevas leyes fundamentales de la naturaleza para explicar estos fenómenos». Sin embargo, nadie ha descubierto esas «nuevas leyes fundamentales de la naturaleza». (Strong and Weak Emergence», http://consc.net/papers/emergence.pdf.)

13. Véase J. P. Moreland, «The Argument from Consciousness», in *Debating Christian Theism*, ed. J. O. Moreland, Chad Meister, and Khaldoun A. Sweis (Oxford: Oxford University Press, 2013); and Douglas Groothuis, *Christian Apologetics: A Comprehensive Case for Biblical Faith* (Downers Grove, Il: InterVarsity, 2011), chap. 17.
14. Evan Fales, «Naturalism and Physicalim», in *The Cambridge Companion to Atheism*, ed. Michael Martin (Cambridge: Cambridge University Press, 2007), 120. Fales intenta resolver el misterio decretando simplemente que la conciencia *debe* ser natural: «Puesto que tales procesos *han* producido, evidentemente, conciencia,... la conciencia es, evidentemente, un fenómeno natural» (cursiva en el original).
15. Colin Mc Ginn, *The Problem of Conciousness* (Oxford: Basil Blackwell, 1993), 45; and *The Mysterious Flame* (New York: Basic Books, 1999), 13-14.
16. Mark A. Bedau, «Weak Emergence», in J. Tomberlin, ed., *Philosophical Perspectives: Mind, Causation, and World*, vol. 11 (Malden, MA: Blackwell, 1997), 375-99. Para un tratamiento detallado de varias versiones del emergentismo, véase J. P. Moreland, *Conciousness and the Existence of God: A Theistic Argument* (New York: Routledge, 2008).
17. Galen Strawson, *Real Materialism and Other Essays* (Oxford: Oxford University Press, 2008), 6 (cursiva añadida).
18. Thomas Reid, *Investigación sobre la mente humana según los proncipios del sentido común*, (Trotta, Madrid, 2004). (*An Inquiry into the Human Mind)*, ed. Derek R. Brookes (University Park, PA: Pennsylvania State University Press, 1997), 215-16.
19. El filósofo Jaegwon Kim plantea bien el problema. Por una parte, muchos filósofos que abrazan el materialismo, o el naturalismo, niegan que la conciencia sea real y sostienen que los estados mentales son ficciones. Por otra parte, escribe Kim, «contrástese la humilde condición de la conciencia en la ciencia y la metafísica con su noble reputación en la filosofía moral y la teoría del valor». Cuando los filósofos debaten qué es lo intrínsecamente bueno: qué hace que la vida merezca la pena ser vivida, casi siempre la respuesta es la felicidad, o el amor, o el significado, o simplemente el placer.

Pero todos ellos son aspectos de la experiencia consciente. «Resulta irónico que las cualidades percibidas de la experiencia consciente, tal vez las únicas cosas que nos importan en última instancia, suelen quedar relegadas por el resto de la filosofía a la categoría de "cualidades secundarias", en la zona sombría entre lo real y lo irreal, o incluso de lo completamente desechado». *Physicalism, or Something Near Enough* (Princeton, NJ: Princeton University Press, 2005), 10-12.

20. Arthur Schopenhauer, *El mundo como voluntad y representación* (AKAL, España,2005). (*The World as Will and Representation,*) vol. 2 (Mineola, NY: Dover, 1958), 13. De un modo similar, el novelista católico Walker Percy escribe: «El Yo, desde el tiempo de Descartes, ha quedado varado, separado de todo lo demás en el Cosmos: una mente que profesa comprender cuerpos y galaxias pero. . . abandonada en el Cosmos, con el cual no tiene conexión». *Lost in the Cosmos: The Last Self-Help Book* (New York: Picador, 1983), 47.
21. Ian Barbour, *Religión y ciencia* (Trotta, Madrid, 2004). (*Issues in Science and Religion)* (New York; Harper & Row, 1972), 67. Para más detalles sobre el panteísmo romántico, véase M. H. Abrams, *El Romanticismo: tradición y revolución,* (Editorial Antonio Machado, Madrid, 1992). (*Natural Supernaturalism: Tradition and Revolution in Romantic Literature)* (New York: Norton, 1971). Buscando respaldo científico, los románticos se apoyaron en la obra de Leibniz, contemporáneo de Newton. Para Newton, todo se componía de átomos, duras y pequeñas partículas de materia. Para Leibniz, todo se componía de mónadas, pequeños centros de energía mental y espiritual. El término *mónada* deriva del neoplatonismo, y Leibniz lo empleó para afirmar que la naturaleza es un vasto organismo impregnado de un alma o espíritu. «La naturaleza de los cuerpos no se agota en su extensión, es decir, en su tamaño, figura y movimiento», escribió. En lugar de ello, tenemos que reconocer algo que se corresponde con el alma» Véase *Soul of Science*, 84.
22. Randall, *Making*, 419.
23. Walker Percy, *Signposts in a Strange Land* (New York: Picador, 1991), 278. El anterior papa Juan Pablo II fue un filósofo bien formado. «Señaló que la separación radical entre las dos grandes corrientes de la filosofía occidental [el realismo del idealismo] se originó en la absolutización de uno de los dos aspectos de la experiencia humana» —bien la experiencia exterior (absolutización del mundo material), o la experiencia interior (absolutización de la conciencia). Jaroslaw Kupczak, *Destined for Liberty: The Human Person in the Philosophy of Karol Wojtyla/John Paul II* (Washington, DC: Catholic University Press, 2000), 76. Véase también Rocco Buttiglione, *El pensamiento de Karol Wojtyla,* (Encuentro, Madrid, 1992). *Karol Wojtyla: The Thought of the Man Who Became Pope John Paul II* (Grand Rapids, MI: Eerdmans, 1997), 68, 72. Para un examen más detenido, véase mi capítulo «*Evangelium Vitae:* John

Paul II Meets Francis Schaeffer», in *The Legacy of John Paul II: An Evangelical Assessment*, ed. Tim Perry (Downers Grove, Il: InterVarsity, 2007).

24. Para un tratamiento más amplio de estas dos tradiciones filosóficas, y rastrear su manifestación en las artes y las humanidades, véase *Saving Leonardo*, capítulos 4-9.

25. Arthur Lovejoy escribe que un aspecto notable del romanticismo fue «un avivamiento de la influencia directa del neoplatonismo». *La gran cadena del ser* (Icaria, Barcelona, 1983). (*The Great Chain of Being: A Study of the History of an Idea)* (Cambridge, MA: Harvard University Press, 1964), 297. Paul Reiff escribe: «Para hablar de alguien "clave" para entender el romanticismo, solo un hombre merece el término: Plotino», el fundador del neoplatonismo. Citado por Abrams, *Natural Supernaturalism*, 428.

    El neoplatonismo, fundado por Plotino, fue la principal avenida por la que el pensamiento griego influyó en los teólogos cristianos a través de la Edad Media (san Agustín, Orígenes, Pseudo-Dionisio Areopagita, Juan Escoto Eriúgena y los padres capadocios). Incluso otras filosofías, como el aristotelismo, se leían normalmente con lentes neoplatónicas hasta que otros escritos adicionales de Aristóteles estuvieron disponibles en forma de traducciones árabes (siglo XII) y copias griegas constantinopolitanas (siglo XIII). El neoplatonismo ocupó también un lugar central en la Academia Platónica de Florencia que tanto hizo para poner en marcha el Renacimiento. En los albores de la ciencia moderna, el neoplatonismo influyó en figuras tan diversas como los primeros químicos, Paracelso y Van Helmont, los astrónomos Copérnico y Kepler, y Leibniz y Newton. (Véase *Soul of Science.*) De modo que no sorprende que los románticos aún consideraran el neoplatonismo una opción intelectual viable.

    Lloyd Gerson resume: «En los escritos de los filósofos del Renacimiento italiano, los humanistas John Colet, Erasmo de Rotterdam y Tomás Moro, en los siglos XV y XVI, los platónicos de Cambridge, en el siglo XVII, y los idealistas alemanes, especialmente Hegel, el pensamiento de Plotino (a veces no reconocido) sirvió de base para oponerse a la tradición rival y cada vez más influyente de la filosofía científica». «Plotinus», *The Stanford Encyclopedia of Philosophy*, ed. Edward N. Zalta, summer 2014, ed., http://plato.stanford.edu/archives/sum2014/entries/plotinus/.

26. Véase Lovejoy, *La gran cadena del ser. (Great Chain)*. Técnicamente, el neoplatonismo no es panteísmo, sino pan*en*teísmo. ¿Qué diferencia hay? En el panteísmo clásico, el mundo material es una ilusión. En el panenteísmo, el mundo material es real, pero una concretización del divino y empapado de espíritu. Como ilustración, piénsese en una fuente en cascada, en invierno, cuando la capa superior se congela: el hielo es una solidificación de la misma agua, mientras que el agua sigue corriendo debajo de la superficie.

    ¿Cómo crea el mundo una esencia no personal, ya que no puede desear ni actuar conscientemente? El neoplatonismo respondió que el Uno estaba tan «lleno» de ser que de él emanaban otros seres automáticamente, por necesidad. Sin ninguna intención consciente, como el sol irradia su luz o el agua brota de la fuente. Algunas de estas ideas flotaban en la atmósfera cultural cuando fue escrito el Nuevo Testamento, especialmente en el gnosticismo temprano. En Colosenses, cuando Pablo habla de «tronos, dominios, principados y autoridades», se está refiriendo a las entidades espirituales (niveles superiores) que emanan del Uno, de la plenitud de su ser. En efecto, «plenitud» es un término técnico (en griego, *pleroma*) que describía la suma de los niveles espirituales superiores. De modo que cuando Pablo dice que en Cristo «habita corporalmente toda la plenitud [*pleroma*] de la Deidad» (Col. 2:9), toma este término del gnosticismo, proclamando que la amplia gama de la divinidad no reside en múltiples emanaciones espirituales del Uno, sino más bien solamente en Cristo.

27. Eagleton, *La cultura y la muerte de Dios* (Ediciones Paidós, Barcelona, 2017). (*Culture and the Death of God,)* 96; and Ralph Waldo Emerson, «The Over-Soul», in *Self-Reliance, the Over-Soul and Other Essays* (Claremont, CA: Coyote Canyon, 2010), 56.
28. Véase Lovejoy, «The Temporalizing of the Chain of Being», chap. 9 in *Great Chain*, 242-87. La metáfora de la escalera pertenece a Mary Midgley, *Evolution as a Religion* (London: Methuen, 1985). En los capítulos que contribuí a *How Now Shall We Live?* (*Y ahora ¿cómo viviremos?*), muestro que varias ideologías modernas son variaciones del Mito de la Escalera, notablemente el marxismo y los muchos movimientos de liberación derivados de él. Véanse los capítulos 23-29.
29. Friedrich Nietzsche, *La gaya ciencia*, libro 5, aforismo 357. Por causa de Hegel, muchos europeos ya pensaban en categorías evolutivas antes de Darwin, y esperaban que alguien llenara la pieza biológica del rompecabezas; y Georg Wilhelm Friedrich Hegel, *Filosofía del derecho*, (Literarias Prodhufi, Madrid, 1993) *Philosophy Works* (3 in 1), trans. William Wallace (Oxford: Clarendon Press, 1894), *Filosofía del derecho, (Philosophy of Right)*, sect. 342. La palabra alemana "Geist" se traduce como mente o espíritu.
30. John Herman Randall, *Philosophy after Darwin* (New York; Columbia University Press, 1977), 8.
31. «Tal como la ciencia clásica absolutizó el aspecto del movimiento mecánico, así el ideal de la ciencia histórica absolutizó el aspecto de la historia». Dooyeweerd, *Raíces*, 183. Para precursores del historicismo de Hegel, véase John Pasmore, «Progress by Natural Development: From Joachim to Marx», chap. 11 in *The Perfectibility of Man*, 3rd ed. (Indianapolis: Liberty Fund, 2000).
32. Passmore, *Perfectibility*, 369.
33. Steven Pinker, «The Trouble with Harvard», *New Republic*, September 4, 2014.
34. Solomon, *Continental Philosophy*, 57. Por ejemplo, para Hegel la moral no era «cuestión de un principio racional, sino parte de una vida de valores,

sentimientos y costumbres compartidos» en comunidades particulares (70); y Hegel, *Filosofía del derecho (Philosophy of Right*, sect. 344). «El idealismo de Hegel concebía la historia como un despliegue de espíritu absoluto a través de un proceso dialéctico necesario, y este marco dejaba poco espacio a la libertad o a la importancia de las personas como individuos». Thomas Williams y Jan Oloff Bengtsson, «Personalism», in *The Stanford Encyclopedia of Philosophy*, November 12, 2009.

35. La secularización del pensamiento de Hegel fue en parte obra de sus seguidores, varios de los cuales eran materialistas, como Marx. (A Marx le gustaba decir que «invirtió a Hegel sobre su cabeza» al proponer que las fuerzas materiales conforman las ideas en vez de lo contrario.) Otros recortaron progresivamente el tamaño de la Mente Absoluta. Primero llegó a ser conciencia individual: la fenomenología absolutizó la conciencia humana (Husserl habló de conciencia como «ser absoluto»). Después llegó a ser conciencia individual: el existencialismo trató el yo como absoluto (Merleau-Ponty escribió: «Yo soy la fuente absoluta»). Véase Solomon *Continental Philosophy*, capítulos 9, 12.
36. Para Hegel «el individuo sólo puede existir como tal dentro de comunidades particulares. El individuo es un producto, no una premisa del orden social». David West, *Introduction to Continental Philosophy*, 2nd ed. (Malden, MA: Polity, 2010), 40. Para Hegel, incluso el cristianismo es una forma mitológica de hablar de la evolución de la conciencia: el verdadero significado de la secuencia narrativa de la muerte y resurrección de Cristo «es que representa la negación de la conciencia individual (muerte) y... el tránsito de la conciencia individual al espíritu general que es la conciencia de la comunidad (resurrección). Hans Frei, *The Eclipse of Biblical Narrative: A Study in Eighteenth and Nineteenth Century Hermeneutics* (New Haven, CT: Yale University Press, 1974), 318.
37. Dooyeweerd, *Las raíces de la cultura occidental (Roots)*, 179. Dooyeweerd escribió antes del surgimiento del posmodernismo, pero vio claramente que las mismas tendencias ya eran evidentes en el romanticismo: «El romanticismo sustituyó el evangelio del individuo autónomo e *indefinido* [de la Ilustración] por el de la *comunidad* autónoma e individual». *Raíces*, 178-179.
38. Stanley J. Grenz, *A Primer on Postmodernism* (Grand Rapids, MI: Eerdmans, 1996), 8. Terry Eagleton afirma que la cultura del posmodernismo «opera como una especie de absoluto». Añade que, a este respecto, el posmodernismo demuestra ser sucesor del idealismo, para el que «la cultura es un nombre secular para designar a Dios». *La cultura y la muerte de Dios.* (*Culture and the Death of God)*, 191, 77. Rorty, «Solidarity or Objectivity», en *Objetividad, relativismo y verdad* (Ediciones Paidós, Barcelona, 1996). (*Objectivity, Relativism, and Truth)* (Cambridge: Cambridge University press, 1991), 23.

39. Don Cupitt, *Is Nothing Sacred? The Non-Realist Philosophy of Religion* (New York: Fordham University Press, 2002), 34. Según J. P. Moreland y William Lane Craig, las dos corrientes principales de pensamiento occidental son «el naturalismo de la Ilustración y el anti-realismo posmoderno». *Philosophical Foundations for a Christian Worldview* (Downers Grove, Il: InterVarsity, 2003), 1.
40. Nietzsche, «On Truth and Lie in a Nonmoral Sense» (1873), *Sobre verdad y mentira en sentido extramoral y otros fragmentos de la filosofía del conocimiento.* (Tecnos, España, 2012). (*Philosophy and Truth: Selections from Nietzsche's Notebooks of the Early 1870s)*, trans. and ed. Daniel Breazeale (Atlantic Highlands, NJ: Humanities, 1979), 88.
41. El filósofo Roger Scruton escribe: «El supuesto de que hay certidumbre de primera persona que proporciona un punto de partida para la investigación filosófica... ha sido finalmente eliminado del núcleo de la filosofía». *Historia de la filosofía moderna de Descartes a Wittgenstein* (*A Short History of Modern Philosophy* (Peninsula, Barcelona, 2003): *From Descartes to Wittgenstein.* (New York: Taylor & Francis, 2002), 292. Véase el comentario de Roger Lundin, «Interpreting Orphans: Hermeneutics in the Cartesian Tradition», in *The Promise of Hermeneutics* (Grand Rapids, MI: Eerdmans, 1999).
42. Katherine Timpf, «Harvard Plans "Mandatory Power and Priviledge Training" for Poli-Sci Students», *Campus Reform*, May 13, 2014.
43. «Cabría esperar que un joven bastante precoz para leer a Kant tuviera capacidad de reconocer el contexto histórico y de abordar críticamente proclamas que parecen poco éticas, intolerantes, o científicamente obsoletas para sus oídos modernos. Cabría pensar que los padres que compran a Kant para sus hijos pudieran hacer lo propio sin ser regañados por los editores». Josh Jones, «Publisher Places a Politically Correct Warning Label on Kant's Critiques», *Open Culture*, March 20, 2014.
44. Dallas Willard, «What Significance Has "Postmodernism" for Christian Faith?», www.dwillard.org/articles/artview.asp?artID=70.
45. Richard Rorty, *Contingencia, Ironía y solidaridad, (*Paidós Ibérica, Barcelona, 1991). *(Contingency, Irony, and Solidarity)* (Cambridge: University of Cambridge Press, 1999), 22.
46. Rorty, *Contigencia*, 21.
47. Dooyeweerd, *Nueva Crítica*, 1:58, n. 3.
48. El nirvana «es un estado más allá, y sin deseo, o sin existencia individual, personal». «A pesar de las considerables diferencias entre estas dos religiones (y el pluralismo de cada una), la experiencia iluminadora del nirvana (budismo) y del moksha (hinduismo) exige la negación de la individualidad, de la personalidad». La existencia personal del individuo «se disuelve en lo divino impersonal». Groothuis, *Christian Apologetics*, 385-87.
49. Ivan Granger, «Li Po—The Birds Have Vanished into the Sky [the title of the poem], *Poetry Chaikhana Blog*, March 18, 2013, www.poetry-chaikhana.com/

blog/2013/03/18/li-po-the-birds-have-vanished-into-the-sky-2/. Granger sigue diciendo: «'La montaña' es finalmente reconocida como tu propio Yo, eterno». Es decir, tu yo individual se disuelve en la deidad panteísta.

50. Lit-sen Chang, *Zen-Existentialism: The Spiritual Decline of the West,* Citado por Walter R. Martin, *Kingdom of the Cults,* revisado, actualizado y ampliado (Grand Rapids, MI: Bethany, 2003), 309.
51. Un movimiento filosófico llamado personalismo señaló que las cosmovisiones románticas y de la Ilustración deshumanizan a la persona: «El personalismo... surgió en un contexto de amplia reacción crítica contra lo que se puede llamar diversas filosofías *de la impersonalidad* que llegaron a dominar la Ilustración y el romanticismo bajo formas racionalista y romántica de panteísmo e idealismo... Así pues, el personalismo surgió como reacción a formas de pensamiento impersonales percibidas como deshumanizadoras. La dinámica impersonal del panteísmo y el monismo modernos en sus formas racionalista y romántica sirven de base a muchas filosofías modernas, tanto idealistas como materialistas, a las que se opone el personalismo ... Se pueden discernir ciertas características distintivas que generalmente son válidas para el personalismo como tal. Entre ellas una insistencia en la diferencia radical entre las personas y las no personas y en la irreductibilidad de la persona a factores impersonales, espirituales o materiales». Williams and Bengtsson, «Personalism», *Stanford Encyclopedia of Philosophy.*
52. En el Corán, se representa al ángel Gabriel proclamando que él «confirma escrituras previas» (sura 2:97). Esas escrituras previas son la Torá hebrea, los Salmos de David y los Evangelios de Jesucristo (sura 4:163; 5:44-48).
53. Sura 4:171.
54. Seyyed Hossein Nasr, *Islam: Religion, History, and Civilization* (New York: HarperOne, 2003), 3, 6; y véase *Verdad total,* apéndice 2. El filósofo francés René Guénon (quien se convirtió al islam) argumentó que el concepto de lo divino como Absoluto impersonal es un tronco común que une al neoplatonismo en Occidente, al hinduismo en Oriente y al islam en Oriente Medio, Véase Parviz Morewedge, ed., *Neoplatonism and Islamic Thought: Studies in Neoplatonism, Ancient and Modern,* vol. 5 (New York: SUNY, 1992); Majid Fakhry, *Al-Farabi, Founder of Islamic Neoplatonism: His Life, Works and Influence* (Rockport, MA: Oneworld, 2002); and Ian Richard Netton, *Muslim Neoplatonists: An Introduction to the Thought of the Brethren of Purity* (Ikhwan Al-Safa') (New York: Routledge, 2003). Se puede encontrar un resumen útil de Netton en «Neoplatonism in Islamic Philosophy», Islamic Philosophy Online, www.muslimphilosophy.com/ip/rep/H003.htm.
55. C. S. Lewis, *Mero cristianismo (Mere Christianity)* (New York: HarperOne, 2000), 174. La misma debilidad intelectual acosa al unitarismo y al deísmo, que para muchos occidentales han supuesto como peldaños temporales para pasar de un teísmo cristiano vigoroso a un ateísmo total.

56. Robert Letham, *The Holy Trinity: In Scripture, History, Theology, and Worship* (Phillipsburg, NJ: P&R, 2004), 444-46. Análogamente, el teólogo Peter Toon escribe: «La concepción de la personalidad fluye de la doctrina cristiana de las tres personas divinas. . . Si Dios fuera una simple mónada no podría tener personalidad o conocerla. Para ser personal, la alteridad debe estar presente junto con la unidad, el uno debe estar en relación con los otros». *Our Triune God: A Biblical Portrayal of the Trinity* (Vancouver: Regent College Publishing, 1996), 241. Véase también Anthony Thiselton, «Further Issues on 'Interpreting God': Christology and Trinity», chap. 23 in *Interpreting God and the Postmodern Self: On Meaning, Manipulation and Promise* (Grand Rapids, MI: Eerdmans, 1995). Henri Blocher comenta: «Si Dios quedara atrapado en perenne dipolaridad entre el Uno y los Muchos… no podría ejercer verdadera independencia, absoluta primacía y finalidad. Se define por referencia a otro principio, aparte de sí mismo, se incluye con el mundo plural en una amplia totalidad —es *correlativo*—. Para que Dios sea autárquico, autosuficiente, "auto-contenido"… tiene que ser fundamento de la unidad y la diversidad, manteniéndolas eternamente en sí mismo». Es decir, Dios debe ser una Trinidad. «Immanence and Transcendence in Trinitarian Theology», in *The Trinity in a Pluralistic Age: Theological Essays on Culture and Religion*, ed. Kevin J. Vanhoozer (Grand Rapids, MI: Eerdmans, 1997).
57. Williams and Bengtsson, «Personalism», *The Stanford Encyclopedia of Philosophy*. Esto explica por qué muchos filósofos islámicos han adoptado el neoplatonismo, con su idea del Uno divino impersonal.
58. Udo W. Middelmann, «The Islamization of Christianity», Francis A. Schaeffer Foundation, www.theschaefferfoundation.com/footnote4_1.php.
59. Nadie ha creído que sea importante que los niños entiendan el significado del Corán —al fin y al cabo, incluso los adultos, incluso los grandes teólogos sólo entienden fragmentos de su significado total—. Lo importante en la educación era la memorización de la Palabra de Dios. Las palabras reales, habladas, deben ser aprendidas de memoria para que su recitación se convierta en una segunda naturaleza. . . Siempre se reconoció que el aprendizaje formal más esencial era la memorización de la Palabra divina, se entendiera o no su significado». Sachiko Murata and William C. Chittick, *The Vision of Islam* (New York: Paragon, 1994), xvi, xviii, xxxvii-xxxviii.

    Los sociólogos aseguran que es típico de las religiones que tienen una concepción menos personal de Dios hacer hincapié en rituales mecánicos. Esas religiones tienden a recalcar la exactitud en la observancia de rituales y fórmulas sagradas. (El aplacamiento de los dioses se convierte en una especie de magia, lo cual implica manipulación de fuerzas, no interactuar con un ser personal.) Por el contrario, las religiones cuyo Dios es sumamente personal se preocupan menos de la rigidez ritual porque un Ser personal que conoce las intenciones de los fieles responde a sus súplicas improvisadas y sus oraciones espontáneas. Véase Stark, «Why Gods Should Matter in Social Science». Véase también Justin L. Barrett, «Smart Gods, Dumb Gods, and the Role of Social Cognition in Structuring Ritual Intuitions», *Journal of Cognition and Culture* 2, no. 3 (2002): 183-93.

60. Richard Schweder, «Atheists Agonistes», *New York Times*, November 27, 2006.
61. Véase Stéphane Courtois, Nicolas Werth, Jean-Louis Panné, Andrzej Paczkowski, Karei Bartošek, Jean-Louis Margolin, *The Black Book of Communism* (Cambridge, MA: Harvard University Press, 1990). Véase también R. J. Rummel, *Death by Government* (New Brunswick, NJ: Transaction 1996); and Jung Chang and John Halliday, *Mao: The Unknown Story* (New York: Random, 2006).
62. Gilson, *Dios y la filosofía*, 136.
63. Aldous Huxley, *The Devils of Loudun* (New York: HarperCollins, 1952), 123.
64. John Gray, «The Atheist Delusion», *Guardian*, March 14, 2008.
65. Esos chistes esclavizadores pueden ser incluso demoníacos. La Biblia suele reconocer que los ídolos son como tapaderas de fuerzas espirituales. En el Antiguo Testamento, el salmista afirma que los israelitas sacrificaron sus hijos a los demonios. «Sacrificaron sus hijos y sus hijas a los demonios... que ofrecieron en sacrificio a los ídolos de Canaán» (Sal. 106:37-38). En el Nuevo Testamento, Pablo advierte que los sacrificios paganos los sacrifican los gentiles «a los demonios» (1 Co. 10:19-20). ¿Qué significa este franco lenguaje sobrenatural? Muchos filósofos se ocupan del mal como mera privación del bien, como la oscuridad es ausencia de luz. Pero los que han sufrido bajo regímenes opresores y sangrientos suelen evocar el mal como una fuerza activa malevolente. El pastor rumano Richard Wurmbrand, encarcelado por las autoridades comunistas durante catorce años, reporta que los guardas torturaban a los presos gritando que «nosotros éramos el diablo». Richard Wurmbrand, *Torturado por Cristo* (*Tortured for Christ*) (Basingstoke, UK: Marshall Pickering, 1983), 35. En suma, el bien y el mal no son meras abstracciones. Así como la bondad tiene su origen en un Ser personal, así también, gran parte del mal en el mundo está relacionado con poderosos seres personales.
66. Isaiah Berlin, *Las raíces del romanticismo.* (Taurus, España, 2015). (*The Roots of Romanticism*). (Princeton, NJ: Princeton University Press, 1999), 3.
67. G. K. Chesterton, *Ortodoxia.* (Acantilado, Barcelona, 2013). *(Orthodoxy)* (Rockville, MD: Serenity, 2009), 54.
68. Johnson, *First Step*, 33.
69. Véase Hays, *Echoes*, 38.

PRINCIPIO #3: Saltos seculares de fe

1. Deborah Mitchel bloguea con el nombre de TXBlue08. «Why I Raise My Children without God», CNN iReport, January 14, 2013, http://ireport.cnn.com/docs/DOC-910282. Mitchell es autora de *Growing Up Godless: A Parent's Guide to Raising Kids without Religion* (New York: Sterling Ethos, 2014).
2. El argumento sobre el mal del autor de la CNN contiene también un fallo lógico. Si mi argumento contra Dios es que hay demasiada injusticia y crueldad en el mundo, esto supone una norma moral por la que se puede identificar la injusticia. Pero un universo puramente material no genera normas morales. Sólo nos dice lo que *es*, no lo que *debería* ser. Por tanto, el materialismo no proporciona base para afirmar que el mundo es injusto. Además, si los seres humanos no son más que máquinas bioquímicas complejas, entonces resulta ilógico calificar sus actos de malvados. Las máquinas no tienen capacidad de escoger el bien o el mal, ni las tenemos por responsables de sus actos.
3. El fenomenólogo Edmund Husserl es creador de muchas de estas frases. Véase Richard Kearney, *La Paradoja europea: Diálogos sobre el espíritu europeo.* (Tusquets editores, Barcelona, 1998). (*Modern Movements in European Philosophy,*) 2nd ed. (Manchester: Manchester University Press, 1994), 13-15. Dooyeweerd usa los términos «experiencia pre-teórica» o «experiencia ingenua». Esto no es «realismo ingenuo» o teoría de la copia del conocimiento; más bien se refiere a un dato «pre-teórico, que corresponde con la estructura integral» de la experiencia. *Twilight,* 14. La epistemología reformada apunta más o menos a la misma idea en su concepto de conocimiento «propiamente básico» —lo que conocemos inmediatamente, no como resultado de inferencia lógica o argumento discursivo—. La epistemología reformada fue a su vez en parte inspirada por el realismo del sentido común de Thomas Reid. Reid argumentó «que la constitución de nuestra naturaleza nos induce a creer verdades que tenemos necesidad de tomar por sentadas en medio de las inquietudes cotidianas comunes, sin ser capaces de justificarlas». *Inquiry,* 33. Para más detalles, véase *Verdad total,* capítulo 11.
4. Dooyeweerd, *Nueva Crítica,* 1:83 y *Twilight,* 14. A través de la experiencia pre-teórica, concreta, los seres humanos tienen acceso a «estados de cosas innegables» en el orden cósmico —innegables porque «son impuestas sobre todos»—. Y «es tarea común de todas las escuelas y tendencias filosóficas dar cuenta de ellas». *Nueva Crítica,* I:115-16; II:71-73.
5. J. P. Moreland, *The Recalcitrant Imago Dei: Human Persons and the Failure of Naturalism* (London: SCM, 2009), 4.
6. Alvin Plantinga escribe: «Algunas personas creen que Juan Calvino, *fonts e origo* de la Reforma, aceptó el determinismo. Pero esto no está nada claro. Por supuesto, Calvino respaldó la predestinación: pero de ahí no se sigue que hiciera lo propio con el determinismo. La predestinación, tal como la concibe Calvino, tiene que ver con la salvación; no tiene nada que ver con

si puedo escoger libremente dar un paseo esta tarde». Plantinga, «Bait and Switch», *Books and Culture*, January/February 2013. Lo mismo sucede con Lutero. Él redactó *La atadura de la voluntad*, argumentando que los seres humanos no pueden hacer nada para contribuir a su salvación. Pero no quiso decir que no puedan escoger qué ropa ponerse hoy.

7. Sean Carroll, «Free Will Is as Real as Baseball», *Cosmic Variance* (blog), *Discover*, July 13, 2011, http://blogs.discovermagazine.com/cosmicvariance/2011/07/13/free-will-is-as-real-as-baseball/#.VHSb7r4ULyx. Carroll parafrasea a John Searle, *Freedom and Neurobiology: Reflections on Free Will, Language, and Political Power* (New York: Columbia University Press, 2004), 11.
8. C. S. Lewis invoca el mismo argumento en su alegato sobre la moral en *Mero cristianismo*. Su argumento descansa en el hecho de que los seres humanos, inevitable, irresistiblemente, emiten juicios morales. Por tanto, conviene encontrar una filosofía que dé cuenta de esta conducta: En sus palabras; «Nos vemos *obligados* a creer en un Bien y un Mal reales» (7). La moral es una de esas «cosas en las que estamos obligados a pensar» (14). «Nos guste o no, creemos en la Ley de la Naturaleza» (8). «*No podemos librarnos de* la idea [de la Ley Moral]: la mayor parte de las cosas que afirmamos y pensamos de los hombres quedarían reducidas al absurdo si lo consiguiéramos» (20). Por ejemplo, si no reconocemos un bien y un mal reales, «todas las cosas que dijimos de la guerra [p. ej., de los males del nazismo] eran absurdas» (5). (Todas las cursivas añadidas.) El argumento de Lewis (aunque no lo declara explícitamente) es que hay ciertas maneras de pensar y de actuar intrínsecas a la naturaleza humana, y que esta piedra angular de la experiencia humana debe informar nuestra filosofía. En suma, será mejor hallar una filosofía que dé sentido a la manera en que se comportan, inevitablemente, los seres humanos.
9. Citado por Saul Smilansky, *Free Will and Illusion* (Oxford: Clarendon, 2000), 169. Fundamentalmente, la facultad de elección es, en resumidas cuentas, la capacidad de redirigir el curso de los acontecimientos. Todo un mundo de artefactos humanos —ciudades y edificios, tecnología y computadoras, libros y películas— da testimonio elocuente de la capacidad humana de aprovechar fuerzas naturales para crear cosas que la naturaleza, actuando por sí misma, no puede crear. Dooyeweerd observa que el concepto de cultura humana «significa esencialmente la libre formación de materia». *Raíces*, 21.
10. Smilansky, *Free Will*, 284, 166.
11. Rick Lewis afirma que «La naturaleza de la conciencia es un problema filosófico que ha pasado al centro de la palestra principalmente en los últimos años». «Conciousness», *Philosophy Now*, July/August 2014. Una tercera postura, común entre filósofos, es el compatibilismo. Acepta el determinismo mientras proclama, no obstante, que los seres humanos tienen libre

albedrío. ¿Qué clase de libre albedrío? La definición compatibilista de un acto libre está motivado por los propios deseos y razones, sin limitaciones externas. Pero esos deseos y razones internos se consideran en sí mismos determinados. Todos nuestros estados mentales surgen de otros estados fuera de la mente y por tanto escapan a nuestro control. Esto no es lo que la gente común entiende por libre albedrío. Por ejemplo, al comentar el compatibilismo de Daniel Dennett, Michael Norwitz escribe: «Hay sacrificio porque él pierde el rastro de la idea normal, de sentido común, de lo que son la mente y el libre albedrío. Dennett pretende hacer filosofía común del lenguaje pero sospecho que ha sido académico tanto tiempo que ha olvidado lo que preocupa a la «gente corriente». El compatibilismo de Dennett se produce «a costa de no abordar realmente lo que nos preocupa cuando nos preocupamos de si tenemos libre albedrío, o responsabilidad». «Free Will and Determinism», *Philosophy Now*, July/August 2014.

12. Galen Strawson, entrevistado por Tamler Sommers, «You Cannot Make Yourself the Way You Are», *The Believer*, March 2003. Strawson dice que por «libre albedrío radical», usa la expresión en un sentido normal: «Quiero decir lo que casi todo el mundo da a entender. Casi todos los seres humanos creen que son libres para escoger qué hacer de tal manera que pueden ser verdadera, genuinamente responsables de sus actos en el sentido más enérgico posible. . . y en definitiva, moralmente responsables cuando están en juego cuestiones morales».
13. Galen Strawson, «On Free Will», *Richmond Journal of Philosophy* 4, summer, 2003.
14. Johnson, *First Step*, 11.
15. Edward Slingerland, *What Science Offers the Humanities: Integrating Body and Culture* (New York: Cambridge University Press, 2008), 6, 218, 289-95 (cursiva en el original).
16. El término *dualismo* se usa a veces para definir la enseñanza bíblica sobre cuerpo y alma, pero la diferencia crucial es que desde la perspectiva bíblica estas dos cosas son complementarias, no contradictorias. En palabras de Pablo, el cuerpo es el «yo exterior», el medio por el que interactuamos con el mundo exterior, mientras que el alma es el «yo interior» (2 Co. 4:16). Al morir, los seres humanos sufren una escisión temporal de cuerpo y alma, por eso la muerte recibe el nombre de «último enemigo» (1 Co. 15:26) —porque separa lo que Dios quiso que estuviera unido—. Y en la nueva creación, serán reunificados, eternamente.
17. Julie Reuben, *The Making of the Modern University: Intellectual Transformation and the Marginalization of Morality* (Chicago: University of Chicago Press, 1996), 17.
18. Marvin Minsky, *La sociedad de la mente.* (Ediciones Galápago, 1990). (*The Society of Mind)* (New York: Simon & Schuster, 1986), 307 (cursiva en el original, en la primera parte de la cita; cursiva añadida en la última parte de la cita).

19. Un «salto existencialista» significa sostener que, sobre una base racional, la vida no tiene sentido, y sin embargo —sin base racional— que sí lo tiene. «Por una parte, el existencialista procura ser fiel a su visión original de la falta de sentido y la futilidad de todo…; por otra parte, en su dura realidad personal se ve a sí mismo incapaz de asumir existencialmente la realidad del nihilismo, incapaz de afirmarlo como su verdad personal,… ; en este punto se aferra al artificio del compromiso, confía salvarse de la desesperanza nihilista dando un salto desesperado hacia una fe que restaure el propósito y el sentido a su mundo hecho añicos». R. W. K. Paterson, *The Nihilistic Egoist: Max Stirner* (Oxford: 1971), 238.
20. Smilansky, *Free Will,* 6, 145, 187. Para consultar lo que Smilansky quiere decir por «moralmente necesario» véase 7-8, 153, 158, 278. No «podemos vivir» sobre la base del determinismo: 154, 170, 246, 296. «Debemos» promover la ilusión del libre albedrío: 187-88 (cursiva en el original).
21. El informe es de Tom Clark, «The Viability of Naturalism», Naturalism.org, www.naturalism.org/resource.htm. Análogamente, Matt Ridley escribe en su libro récord de ventas *Genome*: «La plena responsabilidad por los propios actos es una ficción necesaria, sin la cual le ley se tambalearía, pero ficción al fin y al cabo».
22. Richard Dawkins, «Let's All Stop Beating Basil's Car», *Edge,* http://edge.org/response-detail/11416.
23. Dawkins hizo sus comentarios en una sesión de preguntas y respuestas en una librería de Washington DC. Se comentan en *Saving Leonardo,* 152-53. Por supuesto, el concepto de una máquina que funciona mal no tiene cabida en la filosofía materialista de Dawkins porque implica teleología —que algo tiene una finalidad o norma que no cumple—. Dawkins intenta evitar el lenguaje moral del bien y del mal, pero la idea de disfunción requiere alguna norma de funcionamiento correcto.
24. Citado por Walter Isaacson, *Einstein.* (Debate, España, 2017). (*Einstein: His Life and Universe*). (New York: Simon & Schuster, 2007, 391, 392 (cursiva añadida). Einstein pasó por alto que incluso su obra científica dependía del libre albedrío: «Si Einstein no hubiera tenido libre albedrío de un modo significativo, no podría haber sido responsable de la teoría de la relatividad —habría sido un producto de procesos de nivel inferior, pero no de una mente inteligente que escoge entre opciones posibles». George Ellis, entrevistado por John Horgan, «Physicist George Ellis Knocks Physicists for Knocking Philosophy, Falsification, Free Will», *Scientific American,* July 22, 2014.
25. Immanuel Kant, *Crítica de la razón pura.* (Taurus, España, 2014). *(Critique of Pure Reason),* trans. Werner Pluhar (Indianapolis: Hackett, 1996), A811. Ejemplos adicionales de razonamiento *como si*: En teología, no podemos saber si Dios es la causa del mundo, pero podemos contemplar «todos los objetos

como si tuvieran su origen de tal arquetipo» (*CPR* A673/B701). En cosmología, no podemos saber si el mundo tiene principio o fin, pero podemos funcionar «*como si* tuviera un principio absoluto, a través de una causa inteligible» (*CPR* A685/B713). No podemos saber si hay un Creador, pero podemos «considerar toda conexión en el mundo según principios de una unidad sistemática, por ello, *como si* todas hubiesen surgido de un solo ser incluyente, causa suprema y suficiente» (*CPR* A686/B714). En psicología, no podemos explicar el alma o el yo, pero podemos «conectar las apariencias, los actos y la receptividad de la mente, *como si* la mente fuera una simple sustancia que persiste con identidad personal» (*CPR* A672/B700). Véase Howard Cayhill, ed., *A Kant Dictionary*, s.v. «As if» (Oxford: Blackwell Publishing, 1995), 86. Kant los etiqueta «principios reguladores» del razonamiento *como si*.

El químico y filósofo Michael Polanyi denuncia el pensamiento *como si* como una forma de prevaricación —«la prevaricación intelectual moderna sistematizada por primera vez por Kant en sus principios reguladores». Explica por qué: «El conocimiento que tenemos por verdadero y vital para nosotros es desechado, porque no podemos justificar su aceptación en términos de una filosofía crítica. Entonces nos sentimos con derecho a seguir usando ese conocimiento, aunque adulando nuestro sentido de superioridad intelectual: desdeñándolo. Y realmente seguimos apoyándonos firmemente en este conocimiento menospreciado para guiar y dar sentido a nuestras investigaciones más exactas, en tanto fingimos que solo ellas están a la altura de nuestras normas de exigencia científica. *Personal Knowledge: Towards a Post-Critical Philosophy* (New York: Routledge, 1962), 354.

26. Eric Baum, *What Is Thought?* (Cambridge, MA: MIT Press, 2004), 433-34. «Ni siquiera es falso» es una frase acuñada por el físico Wolfgang Pauli. Leyendo una vez un trabajo de un joven físico, Pauli comentó: «Este trabajo es tan malo que ni siquiera es falso». Es decir, que ni siquiera se sitúa en la cancha de respuestas posibles.
27. McGinn, «All Machine and No Ghost?» (cursiva añadida).
28. Francis Schaeffer, *Dios está presente (The God Who Is There)*, in the *Francis A. Schaeffer Trilogy* (Wheaton, Il: Crossway, 1990), sect. 2, chaps. 2-4.
29. Slingerland, *What Science Offers*, 255, 289. Slingerland, «Mind-Body Dualism and the Two Cultures», in *Creating Consilience: Integrating the Sciences and the Humanities*, ed. Edward Slingerland and Mark Collard (Oxford: Oxford University Press, 2012), 83, 84.
30. Rodney Brooks, *Flesh and Machines: How Robots Will Change Us* (New York: Pantheon, 2002), 174. Para más detalles sobre los temas tratados en este capítulo, véase *Verdad total*, edición guía de estudio, y mi artículo «Intelligent Design and the Defense of Reason», in *Darwin's Nemesis: Phillip Johnson and the Intelligent Design Movement*, ed. William A. Dembski (Downers Grove, Il: InterVarsity, 2006).

31. Sobre la manera en que los ídolos conducen al dualismo y a la discordia, Dooyeweerd afirma: «El orden cósmico pasa un juicio interno sobre las absolutizaciones teóricas» de las filosofías basadas en ídolos. El orden divino del mundo... se venga de toda «deificación» de la creación temporal. *Nueva Crítica,* II: 334, 363. Es decir, a medida que Dios entrega a la gente a sus ídolos, sus filosofías contradicen cada vez más el orden cósmico.
32. G. K. Chesterton, *El hombre eterno* (Ediciones Cristiandad, España, 2010). (*The Everlasting Man*) (San Francisco: Ignatius, 1933), 143, 141. No obstante, esos mismos secularistas pretenden ser «librepensadores». Es absurdo, responde Chesterton. Debemos protestar vigorosamente contra los secularistas que «nos cierran todas las puertas de la cárcel cósmica con eterno estruendo metálico, nos dicen que nuestra emancipación es un sueño y nuestra mazmorra, una necesidad; y después, se revuelven tranquilamente para decirnos que su pensamiento es más libre».
33. Schopenhauer, *El mundo como voluntad y representación,* 421.
34. Rorty, *Contingencia, ironía y solidaridad,* 3.
35. Dallas Willard, «Truth in the Fire», presentado en el centenario de C. S. Lewis, Oxford, July 21, 1998, www.dwillard.org/articles/artview.asp?artID=68.
36. Rorty, *Contingencia,* 5.
37. William Lane Craig, «God Is Not Dead Yet», *Christianity Today.* July 3, 2008 (cursiva en el original). La explicación de esta dicotomía entre datos y valores es un tema principal en *Verdad total.*
38. Ernest Gellner, *Legitimation of Belief* (New York: Cambridge University Press, 1974), 193-95.
39. «Seeking Christian Interiority: An Interview with Louis Dupré», *Christian Century,* July 16-23, 1997.
40. Derek Parfit, «Reductionism and Personal Identity», in *Philosophy of Mind: Classical and Contemporary Readings,* ed. David J. Chalmers (Oxford: Oxford University Press, 2002), 661 (cursiva añadida).
41. Karsten Harris, «The Theory of Double Truth Revisited», in *Politics of Practical Reasoning: Integrating Action, Discourse, and Argument,* ed. Ricca Edmondson and Karlheinz Hülser (Lanham, MD: Lexington, 2012), (cursiva añadida).
42. Francis Crick, entrevistado por Roger Highfield, «Do Our Genes Reveal the Hand of God?», *Telegraph,* March 20, 2003.
43. Francis Schaeffer denominó esta estrategia «desmontaje del techo» —quitar el escudo de rechazo que la gente levanta para protegerse de las peligrosas e inquietantes implicaciones de su propia cosmovisión. Véase *Dios está presente,* 140-42.

PRINCIPIO #4: Por qué cometen suicidio las cosmovisiones

1. El siguiente relato pertenece a una entrevista personal con Michael Egnor y un artículo de Egnor, «A Neurosurgeon, Nor a Darwinist», *Forbes,* 5 Feb., 2009.
2. Michael Ruse, *Darwin and Design: Does Evolution Have a Purpose?* (Harvard: Harvard University Press, 2003), 268 (cursiva añadida).
3. Darwin propuso el mecanismo de la variación y de la selección natural como instrumentos por los que las fuerzas materiales podían imitar los efectos del designio. Como escribe el historiador Neal C. Gillespie: «Darwin esperaba mostrar que "la adaptación ciega y gradual podía imitar el designio de seres vivos con propósito aparente", que a primera vista parece, obviamente, "una función de la mente". *Charles Darwin and the Problem of Creation* (Chicago: University of Chicago Press, 1979), 83-85.
4. Czeslaw Milosz, «The Descreet Charm of Nihilism», *New York Review of Books,* November 19, 1998 (cursiva añadida).
5. Greg Koukl, «Suicide: Views That Self-Destruct», Chap. 7 in *Tactics: A Game Plan for Discussing Your Christian Convictions* (Grand Rapids, MI: Zondervan, 2009.
6. Hay una excepción. El análisis de ídolos nos enseña que toda cosmovisión deifica una parte de la creación y denigra el resto. Por tanto, la cosmovisión que no denigra la razón es la que la deifica, a saber, el racionalismo. Por supuesto, el racionalismo tiene otros problemas (p. ej., no puede explicar de dónde procede la razón), pero no se auto-destruye porque no reduce la razón a algo inferior a ella.
7. El positivismo lógico se denomina también verificacionismo. Craig prosigue: «Su caída significa que los filósofos fueron una vez más libres para abordar problemas filosóficos tradicionales que el verificacionismo había suprimido. Junto a esta resurgencia de interés por las cuestiones filosóficas tradicionales llegó algo completamente inesperado: un renacimiento de la filosofía cristiana». Craig, «God Is Not Dead Yet».
8. Véase la sección sobre marxismo en *Verdad total,* 134-37, y mi capítulo sobre marxismo en *Y ahora cómo viviremos. (How Now Shall We Live?),* chap. 24. Aunque el marxismo ha quedado desacreditado en el ámbito económico, están surgiendo rebrotes neo-marxistas endémicos, especialmente en los campus universitarios. Todo tipo de movimientos de liberación radical aplican categorías de análisis marxistas.
9. «El origen de la santa mentira es la *voluntad de poder*», Friedrich Nietzsche, *La voluntad de Poder* (Edaf, España, 1985). *(The Will to Power),* trans. Walter Kaufmann and R. J. Hollingdale (New York: Random House, 1967), sect. 142.
10. Skinner rechazó la idea misma de «inteligencia consciente» por considerar que «las teorías evolucionistas. . . nunca han demostrado cómo puede surgir una variación *no física* para ser seleccionada por las contingencias *físicas* de supervivencia». «Can Psychology Be a Science of Mind?», *American Psychologist,* November 1990 (cursiva añadida).

11. Paul Ricoeur apodó al triunvirato formado por Marx, Nietzsche y Freud «maestros de la sospecha», y la expresión se hizo pegadiza. Estos pensadores practicaron una «hermenéutica de la sospecha» que consignó enunciados habituales como expresiones de «falsa conciencia». Véase *Freud and Philosophy*, trans. D. Savage (New Haven, CT: Yale University Press, 1970).
12. Alvin Plantinga, *Where the Conflict Really Lies: Science, Religion, and Naturalism* (Oxford: Oxford University Press, 2011), 271.
13. Slingerland, *What Science Offers*, 257.
14. C. S. Lewis, *El peso de la Gloria* (Harper Collins, New York 2016) «Is Theology Poetry?», in (*The Weight of Glory)* (New York: HarperCollins, 1976), 139; and *Case for Christianity*, 32. Véase también Victor Reppert, *C. S. Lewis Dangerous Idea: In Defense of the Argument from Reason* (Downers Grove, Il: InterVarsity, 2003); and Stewart Goetz and Charles Taliaferro, «The Argument from Reason», appendix in *Naturalism* (Grand Rapids, MI: Eerdmans, 2008).
15. Lewis, *Los milagros (Harper Collins, New York, 2006)*, 36; la expresión «observador angélico» pertenece a Charles Taylor, *Hegel* (Cambridge: Cambridge University Press, 1975), 564.
16. John Gray, *Perros de paja: Reflexiones sobre los humanos y otros animals*, (Paidós Ibérica, Barcelona, 2008). (*Straw Dogs: Thoughts on Humans and Other Animals)* (New York: Farrar, Straus, and Giroux, 2003), 26. Asimismo, Edward O. Wilson escribe: «Todo lo que se ha aprendido empíricamente sobre la evolución… sugiere que el cerebro es una máquina ensamblada no para entenderse a sí misma, sino para sobrevivir». *Consiliense: La unidad del conocimiento*, (Galaxia Gutemberg, España, 1999). (*Consilience: The Unity of Knowledge)* (New York: Vintage, 1998), 105. Más recientemente, John Gray ha reconocido finalmente el problema: «Si la mente humana ha evolucionado en obediencia a los imperativos de la supervivencia, ¿qué razón hay para pensar que puede adquirir conocimiento de la realidad, cuando lo único que hace falta para reproducir la especie es que sus errores e ilusiones no sean fatales? Una filosofía puramente naturalista no puede dar cuenta del conocimiento que creemos que poseemos». Gray cita incluso a Arthur Balfour, a quien C. S. Lewis atribuyó la fuente de su propia crítica del naturalismo como contraproducente. La solución que Balfour dio es que el naturalismo es contraproducente: los seres humanos sólo pueden obtener acceso a la verdad porque la mente humana ha sido conformada por una mente divina. Argumentos similares se pueden encontrar en varios filósofos contemporáneos, en particular, Alvin Plantinga. Repetimos, no es necesario aceptar la solución teísta de Balfour para ver la fuerza de su argumento. Un punto de vista rigurosamente naturalista de la mente humana entraña una visión mucho más escéptica del conocimiento humano de lo que se suele reconocer». «The Closed Mind of Richard Dawkins», *New Republic*, October 2, 2014.

17. Francis Crick, *La búsqueda científica del alma,* (Debate, Madrid, 2003). (*The Astonishing Hypothesis: The Scientific Search for the Soul)* (New York: Touchstone, 1994), 262. Esta idea no es nueva. En 1903 el filósofo F. C. S. Schiller escribió que la razón humana no es nada más que «un arma en la lucha por la existencia y un medio para conseguir la adaptación». «The Ethical Basis of Methaphysics», in *Humanism: Philosophical Essays* (London: Macmillan, 1903), 7-8.
18. Baum, *What Is Thought?*, 226. Steven Pinker, *Cómo funciona la mente (How the Mind Works)* (New York: W. W. Norton, 1997), 305. Repetimos que esta idea no es nueva. El filósofo Charles Peirce escribió: «Es probablemente más ventajoso para el animal tener su mente llena de visiones agradables y estimulantes, no importa si no son verdaderas; y así... la selección natural podría ocasionar una tendencia de pensamiento engañosa». «The Fixation of Belief», *Popular Science Monthly* 12 (November 1877).
19. Leon Wieseltier, «The God Genome», *New York Times*, February 19, 2006. Alvin Plantinga escribe que «lo que la evolución garantiza (como máximo) es que nos comportamos de cierta manera; de tal manera que contribuye a la supervivencia... No garantiza en general creencias verdaderas o verosímiles». *Warrant and Proper Function* (New York: Oxford University Press, 1993), 218. El filósofo Roger Trigg escribe: Para la evolución, «no importa si una creencia es verdadera o falsa, en tanto en cuanto sea útil, desde un punto de vista genético». *Philosophy Matters* (Oxford: Blackwell, 2002), 83. Véase también Angus Menuge, *Agents under Fire: Materialismo and the Rationality of Science* (New York: Rowman & Littlefield, 2004).
20. Thomas Nagel, *La última palabra,* (Gedisa,España, 2001). (*The Last Word*) (Oxford: Oxford University Press, 1997), 135-36 (cursiva en el original). Véase también Douglas Groothuis, «Thomas Nagel's 'Last Word' on the Metaphysics and Rationality of Morality», *Philosophia Christi* (series 2), no. 1 (1999).
21. El contexto de los comentarios de Darwin revelan claramente la naturaleza selectiva de su escepticismo. De una carta personal: «De todos modos, ha expresado usted mi convicción profunda, aunque de forma mucho más lúcida y clara que yo lo habría hecho, que el universo no es resultado de la casualidad. Pero entonces siempre surge en mí la horrible duda de si las convicciones de la mente del hombre, que se ha desarrollado a partir de la mente de animales inferiores, tienen algún valor o son fiables. ¿Se fiaría alguien de las convicciones de la mente de un mono, en el caso de que una mente como la suya pudiera albergar convicciones?». C. R. Darwin to William Graham, July 3, 1881. Darwin Correspondence Project, www.darwinproject.ac.uk/letter/entry-13230.

    De la *autobiografía* de Darwin: «Me parece de mucho más peso otra fuente de creencia en la existencia de Dios relacionada con la razón y no con los sentimientos. En este caso parte de la dificultad extrema o más bien de la imposibilidad de concebir este inmenso y maravilloso universo, incluyendo al hombre con su capacidad de reflexionar sobre el pasado y el futuro lejano, como un resultado del ciego azar o de la necesidad. Bajo este punto de vista, me sentía forzado a considerar una Primera Causa, con una mente inteligente en cierto nivel análoga a la del hombre; merecería por ello ser llamado teísta ».

«Esta era la conclusión que dominaba mi mente cuando escribí *El Origen de las especies; desde ese entonces,* muy gradualmente, y con muchas fluctuaciones, se ha ido debilitando. Pero entonces surge la duda: ¿Es posible confiar en la mente del hombre, que, como estoy plenamente convencido, se ha desarrollado a partir de una mente tan inferior como la que poseen los animales más inferiores, cuando extrae conclusiones tan grandiosas como ésta? ¿No podrán ser éstas el resultado de la relación causa y efecto, que aunque a nosotros nos parece necesaria, probablemente sólo depende de la experiencia heredada? Tampoco podemos pasar por alto la probabilidad de que la inculcación constante de una creencia en Dios en la mente de los niños produzca un efecto tan fuerte, y quizás heredado, en sus cerebros no totalmente desarrollados, que les resulte tan difícil librarse de su creencia en Dios, como a un mono de su miedo y aversión instintivos a una serpiente». «Recollections of the Development of My Mind and Character», Darwin Online, http://darwin-online.org.uk/content/frameset?pageseq=116&itemID=CUL-DAR26.1-121&viewtype=side.

22. Stephen Jay Gould, *Desde Darwin: Reflexiones sobre la historia natural,* (Crítica, Barcelona 2010). (*Ever Since Darwin: Reflections in Natural History*) (New York: Norton, 1977), 12-13.
23. Kenan Malik, «In Defense of Human Agency», in *Consciousness, Genetics, and Society* (Stockholm: Ax:son Johnson Foundation, 2002).
24. Citado por Victoria Gill, «Big Bang: Is There Room for God?», *BBC News,* October 19, 2012. C. S. Lewis calificó la evolución de «Gran Mito» y dijo: «El Mito me pide que crea que la razón deriva simplemente de lo imprevisto y lo involuntario de un proceso irracional en una fase de su devenir interminable y asistemático. De este modo el contenido del Mito remueve el único terreno en que apoyarme para creer que podría ser verdadero. Si mi propia mente es producto de lo irracional —si lo que me parecen mis razonamientos más claros no son más que la manera en que una criatura condicionada como yo se ve obligada a sentir— ¿cómo confiaré en mi mente cuando me hable de la Evolución? «The Funeral of a Great Myth» in *Christian Reflections* (Grand Rapids: MI: Eerdmans, 1967), 89. Lewis dice en otros lugares que los que describen el pensamiento humano como «fenómeno evolutivo» siempre tienen que hacer «una excepción tácita» de su pensamiento —al menos, en el momento de hacer la afirmación. *Milagros,* 36.

25. Phillip E. Johnson escribe: «Seguimos viendo a los reduccionistas describir complacientemente la creencia religiosa, ya como meme, ya como producto de un «módulo divino» en el cerebro, sin darse cuenta de que cortan la rama sobre la que están sentados. Si la materia irreflexiva provoca los pensamientos que a los materialistas *no* les gustan, entonces ¿qué causa provoca los que *sí* les gustan?
26. Richard Cohen, «Alternative Interpretations of the History of Science», in *The Validations of Scientific Theories,* ed. Philipp G. Frank (Boston: Beacon. 1956), 227; and Christopher Kaiser, *Creation and the History of Science* (Grand Rapids, MI: Eerdmans, 1991), 10.
27. Así es como Johannes Kepler expresó la idea: El mismo Dios que fundó el mundo con arreglo a normas matemáticas «también ha dotado al hombre con una mente que puede comprender esas normas». ¿Por qué? «Dios quiso que percibiéramos [esas leyes matemáticas] cuando nos creó a su imagen para que pudiésemos participar en sus pensamientos». Citado por Robert Nadeau, *Readings from the New Book of Nature* (Amherst, MA: University of Massachusetts Press, 1981), 28. Véase también *The Soul of Science,* capítulos 3 y 4.
28. Eugene Wigner, «The Unreasonable Effectiveness of Mathematics in the Natural Sciences», in *Mathematics: People, Problems, Results,* vol. 3, ed. Douglas M. Campbell and John C. Higgins (Belmont, CA: Wadsworth International, Brigham Young University, 1984). Véase mi opinión en *The Soul of Science,* 159.
29. Morris Kline, *Mátematicas, la perdida de la certidumbre,* (SigloXXI, Madrid,1985). (*Mathematics: The Loss of Certainty)* (New York: Oxford University Press, 1980), 35.
30. La cita pertenece a Hans-Georg Gadamer, *Verdad y método,* (Sígueme, España 2010). (*Truth and Method)* (New York: Continuum, 1989), 459. Asimismo, Roland Barthes escribe: «Para nosotros, también, el lenguaje es lo que habla, no el autor». «The Death of the Author», in *Image—Music—Text* (New York: Hill and Wang, 1977). Martin Heidegger escribe: «El lenguaje habla. . . El hombre actúa como si fuese moldeador y maestro del lenguaje, pero, de hecho, el lenguaje sigue siendo amo del hombre». *Poetry, Language, Thought* (New York: HarperCollins, 1971), 194, 144. Fue Wittgenstein quien redefinió cuestiones filosóficas como cuestiones de lenguaje, «transformando cuestiones kantianas sobre la razón en cuestiones sobre el lenguaje». Solomon, *Continental Philosophy,* 148.
31. Jean-François Lyotard, *La condición postmoderna,* (Cátedra, España, 2006). (*The Postmodern Condition: A Report on Knowledge,)* trans. Geoff Bennington and Brian Massumi (Minneapolis: University of Minnesota Press, 1984, originalmente publicado en francés en 1979), 36. Lyotard toma prestada la expresión *juegos de lenguaje* de Wittgenstein y aclara: «Lo que él quiere decir con estas palabras es que cada una de las diversas categorías de expresión pueden ser definidas en términos de reglas que especifican sus propiedades

y los usos que se les puede asignar —exactamente de la misma manera en que el juego de ajedrez se define por una serie de normas que determinan las propiedades de cada pieza, es decir, la forma correcta de moverlas» (10).

32. La acusación de que el posmodernismo «queda atrapado en una contradicción performativa» fue hecha por Jürgen Habermas, *El discurso filosofíco de la modernidad,* (Katz, Madrid, 2008). (*Philosophical Discourse of Modernity)* (Cambridge, MA: MIT Press, 1987).
33. Barthes, «La muerte del autor»; y Derrida, citado por Solomon, *Continental Philosophy*, 201.
34. Barthes, «La muerte del autor».
35. Alan Jacobs, «Deconstruction», *Contemporary Literary Theory: A Christian Appraisal*, ed. Clarence Walhout and Leland Riken (Grand Rapids, MI: Eerdmans, 1991), 192.
36. En palabras del profesor de literatura John Ellis, «El compromiso —raza-género-clase— del académico con sus verdades... es tan rígido como cualquier otra cosa». *Literature Lost: Social Agenda and the Corruption of the Humanities* (New Haven, CT: Yale University Press, 1997), 191.
37. Mark C. Taylor, *Disfiguring: Art, Arquitecture, Religion* (Chicago: University of Chicago Press, 1992), 261. Taylor se refiere específicamente a la arquitectura, aunque generaliza a las demás artes: «Debido a que el autor-arquitecto ha sido creado a imagen de Dios, la muerte de Dios implica la desaparición del autor-arquitecto».
38. Lyotard, *Condición postmoderna*, (*Postmodern Condition)*, 81-82; and Eagleton, *Culture and the Death of God*, 192.
39. West, *Introduction to Continental Philosophy*, 40.
40. Jacobs, «Deconstruction», 190.
41. *Chronicle of Higher Education*, June 27, 1997, B13. Citado por Carl P. E. Springer, «The Hermeneutics of Innocence: Literary Criticism from a Christian Perspective», Leadership U, www.leaderu.com/aip/docs/springer.htlm1#ref6.
42. Frank Lentricchia, «Last Will and Testament of an Ex-Literary Critic», *Lingua Franca*, September/October 1996, 64.
43. Bruno Latour, «Why Has Critique Run Out of Steam? From Matters of Fact to Matters of Concern», *Critical Inquiry*, 30 (winter 2004): 237-39. Como comenta Latour: «Una cosa queda clara: a ningún lector le gustaría que *sus* objetos más queridos fueran tratados de esa manera» (cursiva en el original).
44. Karen Swallow Prior, «"Empathetically Correct" Is the New Politically Correct», *Atlantic*, May 23, 2014.
45. Jean-Paul Sartre, «Existentialism and Humanism», in *The Modern Tradition: Backgrounds of Modern Literature*, ed. Richard Ellmann and Charles Fiedelson Jr. (New York: Oxford University Press, 1965), 828.
46. Michel Foucault, «Nietzsche, Genealogy, History», in *The Foucault Reader*, ed. Paul Rabinow (New York, Pantheon, 1984), 81, 94. El filósofo es John

McCumber, *Time and Philosophy: A History of Continental Thought* (Montreal: McGill-Queen's University Press, 2011), 323. Un ejemplo podría ser útil: Judith Butler ilustra la disolución del sujeto y la idea de que el yo es producto de la identidad grupal. Ella argumenta que la persona no tiene identidad esencial de género —en realidad, no hay «sujeto estable» que «tenga» un género—. El género es creado continuamente mediante los actos por los que se expresa: «El género es siempre un hacer... No hay identidad de género detrás de las expresiones de género... la identidad se constituye performativamente por las mismas "expresiones" que supuestamente son su resultado». Además, «el género se entrecruza con modalidades raciales, de clase, étnicas, sexuales y regionales de identidades constituidas discursivamente», *El género en disputa: el feminismo y la subverción de la identidad,* (Paidós Ibérica, Barcelona, 2007). (*Gender Trouble: Feminism and the Subversion of Identity)* (New York: Routledge, 1990), 25, 3.

47. Véase *Verdad total,* 132-33, 138, y 408, n. 17.
48. De la edición de 1984.
49. La primera parte de la cita está tomada de una entrevista con Slavoj Žižek en *The Believer*, July 2004. La segunda parte de la cita es de Slavoj Žižek, *El frágil absoluto ¿Por qué merece la pena luchar por el legado cristiano?* (Editorial Pre-Textos, Valencia, 2002). (*The Fragile Absolute, or Why Is the Christian Legacy Worth Fighting For?)* (London: Verso, 2002), 129.
50. Véase Dennis Hollinger, «The Church as Apologetic: A Sociology of Knowledge Perspective», in *Christian Apologetics in a Postmodern World,* ed. Timothy R. Phillips and Dennis L. Okholm (Downers Grove, Il: InterVarsity, 1995), 183.
51. Francis Schaeffer, *The Mark of the Christian,* 2nd ed. (Downers Grove, Il: InterVarsity, 2006), passim.
52. La baja opinión que tiene el materialismo del mundo material acarrea importantes consecuencias en asuntos como el aborto y la homosexualidad. Véase *Saving Leonardo,* capítulo 3, y «Transgender Politics vs. the Facts of Life», The Pearcey Report, www.pearceyreport.com/archives/2013/07/nancy_pearcey_transgender_politics_vs_facts_of_life.php.
53. Alvin Plantinga, *Warrant and Proper Function* (New York: Oxford University Press, 1993), esp. chap. 5, «Perception».
54. Véase *The Soul of Science,* capítulo 1.

PRINCIPIO #5: Ateos aprovechados

1. Barna Survey Examines Changes in Worldview among Christians over the Past 13 Years», March 6, 2009, www.barna.org/barna-update/21-transformation/252-barna-survey-examines-changes-in-wordlview-among-christians-over-the-past-13-years#.VC1nu_IdWSo. Solo una pregunta en la

encuesta hace referencia a una cuestión genuina de cosmovisión: la creencia en «la existencia de una verdad moral absoluta».

2. Hume, *Investigación (Inquiry)*, 77. Hume opone constantemente la razón (filosofía) a la naturaleza («instinto o impulso natural»); se queja de que la naturaleza nos impide seguir nuestros pensamientos hasta su conclusión lógica. Véase *Tratado sobre la naturaleza humana E-book*, (Editorial FV Editions, 2015). 101.
3. Johnson, *First Step*, 35. Esta sección se apoya en una conferencia mía titulada «Identidad sexual en una época secular», pronunciada el 5 de agosto de 2013, en la Universidad Bautista de Houston, en la serie de conferencias Summer in the City.
4. Alexis de Tocqueville, *La democracia en América, (Akal, España, 2007). (Democracy in America: Historical-Critical Edition of «De la démocratie en Amérique)»*, vol. 3, ed. Eduardo Nolla, trans. James T. Schleifer (Indianapolis: Liberty Fund, 2010), 733.
5. Friedrich Nietzsche, *La voluntad de poder*, sec. 765.
6. Luc Ferry, *Aprender a vivir*, (Taurus, España, 2010). (*A Brief History of Thought: A Philosophical Guide to Living)* (New York: Harper Perennial, 2011), 77 (cursiva en el original).
7. Richard Rorty, «Postmodernist Bourgeois Liberalism», *Journal of Philosophy* 80, no. 10 (October 1983): 583-89. Yo llamo «usurpación» a la «trampa filosófica» en *Verdad total*, 319-21. Francis Schaeffer lo llama «engaño intelectual» en «A Review of A Review», *The Bible Today*, October, 1948, 7-9.
8. Robert Kraynak, profesor de ciencias políticas, nota que el número de usurpadores está aumentando: «Lo extraño de nuestro tiempo es que aumenta la exigencia de respeto a los derechos humanos y la dignidad humana a pesar de estar desapareciendo los fundamentos de tal reivindicación. En especial, la creencia en el hombre como criatura hecha a imagen de Dios. . . está siendo sustituida por un materialismo que socava lo que hay de noble y de especial en el hombre, y por doctrinas relativistas que niegan la moral objetiva requerida para fortalecer la dignidad humana». «Justice without Foundations», *New Atlantis*, www.thenewatlantis.com/publications/justice-without-foundations. Kraynak añade: «Relativistas posmodernos, como Rorty, y darwinistas como Dennett y Pinker tienen compromisos con la justicia social entendida como democracia, derechos humanos, y respeto a la dignidad humana, completamente incoherentes con sus visiones filosóficas y científicas. La evolución darwinista no defiende la democracia, ni los derechos humanos, ni la dignidad intrínseca de la persona —si defiende algún tipo de código moral, este sería el dominio de los fuertes sobre los débiles».
9. A. R. Hall, *The Scientific Revolution, 1500-1800: The Formation of the Modern Scientific Attitude* (Boston: Beacon, 1954), 171-72. Además, la concepción

de leyes en la naturaleza no fue considerada metafórica, mera figura retórica, sino literalmente verdadera. Como explica el historiador John Randall: «Las leyes naturales fueron consideradas leyes o mandatos reales, decretos del Todopoderoso, literalmente obedecidos sin un solo acto de rebelión» John Herman Randall, *The Making of the Modern Mind* (New York: Columbia University Press, 1940), 274. Véase también Stephen F. Mason, *A History of the Sciences*, originalmente publicado con el título *Main Currents of Scientific Thought* (New York: Collier Books, 1962), 173, 182.

10. Mary Midgley, «Does Science Make Belief in God Obsolete? Of Course Not», John Templeton Foundation, www.templeton.org/belief/.
11. Paul Davies, «Physics and the Mind of God: The Templeton Prize Address», *First Things* 55 (August/September 1995): 31-35.
12. Mucha gente cree erróneamente que la ciencia surgió solamente después de que la Ilustración hubiera liberado a Europa de su anterior influencia cristiana —que la ciencia es, por tanto, producto del secularismo—. Pero no es así. El sociólogo de la religión Rodney Stark se atreve a afirmar: «La "Ilustración" fue inicialmente concebida como estratagema propagandística por ateos y humanistas militantes que intentaban atribuirse mérito por el auge de la ciencia». *For the Glory of God: How Monotheism Led to Reformations, Science, Witch-Hunts, and the End of Slavery* (Princeton, NJ: Princeton University Press, 2003), 123.
13. John Gray, *Perros de paja*, (*Straw Dogs*) (Farrar, Straus and Giroux, 2007), xi-xii, xiii, 4, 49. Gray argumenta que todo el liberalismo occidental es, en realidad, parásito del cristianismo. Mantiene, por ejemplo, que la alta estima que tiene el liberalismo de la persona deriva directamente del cristianismo: «El humanismo liberal hereda varias creencias cristianas esenciales, sobre todo, la creencia de que los seres humanos son categóricamente distintos a todos los animales». Ninguna otra religión ha dado pie a la convicción de que los seres humanos portan una dignidad singular. Piénsese de este modo: Si Darwin hubiera presentado su teoría de la evolución en La India, China o Japón, apenas habría causado revuelo. «Si —con centenares de millones de hindúes y budistas— uno nunca ha creído que los seres humanos difieren de todo lo que hay en el mundo natural por tener un alma inmortal, le resultará difícil ponerse nervioso por una teoría que propone cuánto tenemos en común con los animales». La alta estima que tiene Occidente de la dignidad humana y los derechos humanos proviene directamente del cristianismo. «La cosmovisión secular no es más que la asunción cristiana del mundo dejando de lado a Dios», concluye Gray. «El humanismo no es una alternativa a la creencia religiosa, sino una versión degenerada e involuntaria de ella». John Gray, «Exposing the Myth of Secularism», *Australian Financial Review*, January 3, 2003.

    Gray escribe en otro artículo: «La noción de libre albedrío que informa la idea liberal de autonomía personal es de origen bíblico (piénsese en el relato del Génesis). La creencia en que el ejercicio del libre albedrío forma parte del ser humano es un legado de la fe». Así pues, prácticamente, toda variedad de ateísmo actual «es un derivado del cristianismo», Gray, «The Atheist Delusion», *Guardian*, March 14, 2008. Para leer más, acúdase a *Verdad total*, 320.

14. Thomas Nagel, *La mente y el cosmos: Por qué la concepción neo-darwinista materialista de la naturaleza es, casi con certeza, falsa*, (Biblioteca Nueva, España, 2010). *(Mind and Cosmos: Why the Materialist Neo-Darwinian Conception of Nature Is Almost Certainly False)* (Oxford: Oxford University Press, 2012), 48-52.
15. Nagel, *La mente y el cosmos*, 18-19. Nagel escribe que necesitamos una visión alternativa del cosmos que conciba «la mente, el sentido y el valor tan fundamentales como la materia y el espacio-tiempo en cuanto relato de lo que existe» (20). Véase también Thomas Nagel, «The Core of 'Mind and Cosmos'», *New York Times*, August, 18, 2013.
16. Nagel, *La mente y el cosmos*, 128. «Nagel fue inmediatamente señalado y (simbólicamente) apaleado hasta la muerte por todos los líderes punk, matones y mirones del hampa filosófica. Atacar a Darwin es el pecado contra el Espíritu Santo que se enseña a los científicos piadosos a no perdonar jamás». David Gelernter, «The Closing of the Scientific Mind», *Commentary*, January 1, 2014.
17. Thomas Nagel, *La última palabra* (*The Last Word*) (Oxford: Oxford University Press, 1997), 130-31. Nagel propone que el mismo problema de autoridad cósmica «es responsable de mucho cientifismo y reduccionismo de nuestro tiempo».
18. Nagel, *La mente y el cosmos*, 15. Mi objetivo «no es ofrecer una alternativa» sino mostrar por qué es ella necesaria (12). «Lo único que se puede hacer en esta fase de la historia de la ciencia es argumentar para identificar el problema, no ofrecer soluciones» (33). Nagel espera encontrar una explicación que conlleva una especie de teleología (propósito) inmanente en el cosmos material, para evitar la necesidad de un Planificador. Declara su «infundada preferencia intelectual» por una teleología inmanente, o lo que él llama una «teleología naturalista». «Mi preferencia por una explicación natural inmanente es congruente con mi ateísmo» (12, 26, 93). Admite que no confía en que tenga sentido la idea de una «teleología sin intención» (93), y su presentimiento es correcto: no lo tiene.

    Una filosofía que Nagel considera —aunque no abraza— es la idea de una mente que permea el universo desde dentro. Esta concepción recibe el nombre de panpsiquismo. Es la noción neoplatónica de que todo está impregnado con una forma rudimentaria de mente o conciencia. El panpsiquismo está reviviendo hoy, especialmente entre los proponentes del pensamiento y la teología del proceso. Ellos argumentan que la vida y la conciencia no pueden surgir de la mera materia. Por tanto, debe de haber alguna forma de vida y conciencia rudimentaria incluso en los niveles inferiores de la materia. Lea esta descripción de un adepto: «El tipo de panpsiquismo que me parece convincente es el que se desarrolló en un sistema exhaustivo por Alfred North, Whitehead, Henri Bergson, Charles Hartshorne, David Ray Griffin, y muchos otros durante el siglo XX. Está creciendo en popularidad, pero sigue siendo una concepción minoritaria. La idea básica es que todos los componentes del universo tienen al menos algún tipo rudimentario de conciencia o de experiencia, que no son más que distintas palabras para designar la subjetividad o la sensibilidad consciente... Ningún panpsiquista moderno que yo conozca argumenta que una silla o una piedra sean conscientes. Más bien, las moléculas que componen la silla o la piedra tienen, presumiblemente, un tipo de conciencia muy rudimentario». Tam Hunt, «The C Word—Conciousnesss—and Emergence», *Santa Barbara Independent,* January 8, 2011. En el libro recientemente publicado *Consciousness and Its Place in Nature,* el filósofo británico Galen Strawson defiende el panpsiquismo. También ha sido respaldado por el filósofo australiano David Chalmers y el físico de Oxford Roger Penrose.

19. Raymond Tallis, *Aping Mankind: Neuromania, Darwinitis, and the Misrepresentation of Humanity* (Durham: Acumen, 2011), 212-13 (cursiva en el original).
20. Tallis, *Aping Mankind,* 317. En neuro-ética, Tallis cita a Paula Churchland en *neuro-filosofía.* En neuro-economía, véase, por ejemplo, Dan Monk, «Los clientes de Nielson (NLSN) usan la neuro-ciencia para elaborar mejores spots publicitarios», WPCO Cincinnati. Copyright 2013 Scripps Media.
21. Tallis, *Aping Mankind,* 332; 59-71 and chap. 8; and 348.
22. Emily Wax, «Thinking Man's Therapy», *Washington Post,* August 22, 2011.
23. Eagleton, *La cultura y la muerte de Dios. (Culture and the Death of God),* 204.
24. Luc F4rry, *Aprender a vivir* (*A Brief History of Thought; A Philosophical Guide to Living*) (New York: Harper, 2011), 6.
25. Pierre Hadot, *La filosofía como forma de vida,* (Alpha Decay, Barcelona 2009). *(Philosophy as a Way of Life)* (Oxford: Blackwell, 1995), 103, 83.
26. Pierre Hadot, *Plotino o la simplicidad de la Mirada,* (Alpha Decay, Barcelona 2004). (*Plotinus, or the Simplicity of Vision*) (Chicago: University of Chicago Press, 1993, originalmente publicado en francés en 1989), 75-76.
27. Alain de Botton, «Can Tolstoy Save Your Marriage?», *Wall Street Journal,* December 18, 2010; Samuel Muston, «Too Cool for Night School?», *Independent,* January 9, 2014. Para una crítica del libro de Botton, véase Douglas Groothuis, «Religion for Atheists: A Nonbeliever's Guide to the Uses of Religion», *Denver Journal,* 16 (January 24, 2013).
28. André Compte-Sponville, *The Little Book of Atheist Spirituality,* trans. Nancy Huston (New York: Penguin, 2006).
29. «Britain's First Atheist Church», *Huffington Post UK,* July 1, 2013; and «Atheists "Mega-Churches" Take Root across US, World», *Newsmax,* November 10, 2013.
30. Wilfrid Sellars, *Science, Perception, and Reality* (Atascadero, CA: Ridgeview, 1991), 173; y Bertrand Russell, *Religión y ciencia,* (Fondo de cultura

de España, ed Buenos Aires, 1956). *(Science and Religion)* (Oxford: Oxford University Press, 1935), 235.

31. John Gray, «A Point of View: Can Religion Tell Us More Than Science?», *BBC News*, September 16, 2011.
32. Michael Bond, «Atheists Turn to Science during Times of Stress», *New Scientist*, June 7, 2013.
33. W. R. Thompson, «Introduction», in Charles Darwin, *Origin of Species* (New York: Dent, 1956), 12.
34. La evolución, afín a la religión, implica establecer ciertos supuestos metafísicos a priori que, en cierto modo, no se pueden probar empíricamente». Michael Ruse, «Nonliteralist Antievolution», AAAS Symposium: «The New Antievolutionism», February 13, 1993, Boston, www.leaderu.com/orgs/arn/orpages/or151/mr93tran.htm. Cf. Tom Woodward, «Ruse Gives Away the Store», http://simpleapologetics.com/tomwoodward.htlm.
35. La pieza fue compuesta por Gregory Brown. Puede ver una actuación aquí: www.gregorybrown.com/missa-charles-darwin/.
36. Stuart Kauffman, «Beyond Reductionism: Reinventing the Sacred», *Edge*, November 12, 2006. Kauffman sigue diciendo: «Este Dios entraña un sentido de unidad, con toda la vida, y con el planeta —expande nuestra conciencia y parece conducir naturalmente a una ética potencial, global, reforzada, de asombro, admiración, responsabilidad, dentro de los límites acotados de nuestra capacidad, para la vida toda y su hogar, la tierra, y más allá, a medida que exploramos el sistema solar... ¿Usaremos la palabra Dios? Depende de nosotros. Para mí es un "sí" tentativo. Quiero que Dios signifique la vasta e incesante creatividad del único universo que conocemos, el nuestro». Francis Schaeffer advirtió que palabras religiosas indefinidas como «Dios» pueden ser usadas, por sus connotaciones, para manipular emocionalmente a la gente. Véase *Dios está presente* y *Huyendo de la razón*.
37. Opiniones como la de Kauffman se suelen etiquetar de naturalismo religioso. Ejemplos de naturalismo religioso serían los de Jerome A. Stone, *Religious Naturalism Today* (New York : State U. of New York Press, 2008); Chet Raymo, *When God Is Gone, Everything Is Holy: Making of a Religious Naturalist* (Notre Dame, IN: Sorin Books, 2008); Loyal Rue, *Religion Is Not about God* (Piscataway, NJ: Rutgers University Press, 2006).
38. Jeremy Rifkin, *Algeny* (New York: Viking, 1983), 188, 195, 244.
39. C. S. Lewis, *La abolición del hombre* (Harper Collins, New York , 2016). *(The Abolition of Man)* (New York: HarperCollins, 1947), 29.
40. Richard Dawkins, *El río del Edén*, (Debate, Madrid 2002). (*River Out of Eden: A Darwinian View of Life)* (London: Orion, 1995), 155.
41. Sobre el solipsismo, véase el Principio #1 de este libro. El filósofo Stephen Thornton nota que buena parte de la filosofía moderna conduciría al

solipsismo si llegara a su conclusión lógica: «Aunque ningún gran filósofo ha propugnado explícitamente el solipsismo, ello puede ser atribuido a la incongruencia de mucho razonamiento filosófico. Muchos filósofos no han asumido las consecuencias lógicas de sus compromisos y preconcepciones más básicas. Los fundamentos del solipsismo constituyen el «núcleo de la opinión que afirma que los individuos obtienen sus propias ideas filosóficas (pensamiento, voluntad, percepción, etc.) a partir de "sus propios casos", es decir, por abstracción de su "experiencia interna"».

«Esta idea, o variante de la misma, ha sido defendida por muchos, si no la mayoría de filósofos desde que Descartes hiciera de la búsqueda egocéntrica de la verdad objetivo prioritario del estudio crítico de la naturaleza y los límites del conocimiento. En este sentido, el solipsismo se halla implícito en muchas filosofías del conocimiento, y la mente a partir de Descartes, y toda teoría del conocimiento que adopta el enfoque egocéntrico cartesiano como marco básico de referencia, es propiamente solipsista». «Solipsism and the Problem of Other Minds», *The Internet Encyclopedia of Philosophy*, www.iep.utm.edu/solipsis/.

42. Bertrand Russell, «A Free Man's Worship», 1903, en *Misticismo y lógica*, (Edhasa, Barcelona, 2002). (*Mysticism and Logic*) (New York: Routledge, 1986).
43. De un debate entre William B. Provine y Phillip E. Johnson en la Universidad de Stanford, 30 de abril, 1994, titulado «Darwinismo: ¿Ciencia o filosofía naturalista?», www.cjas.org/-leng/provine.txt.
44. Lewis añade que el hambre de la verdad «forzará a uno, no a proponer, sino a *vivir* algo, una especie de prueba ontológica» de la existencia de Dios. Lewis, *El regreso del peregrino*, (Planeta, Barcelona 2006). (*The Pilgrim's Regress: An Allegorical Apology for Christianity, Reason and Romanticism*), (Grand Rapids, MI: Eerdmans, 1981), 204-5 (cursiva añadida).
45. Bradley Wright, «Why Do Christians Leave the Faith? The Fundamental Importance of Apologetics», *Patheos*, November 17, 2011; «Why Do Christians Leave the Faith? The Problem of Responding Badly to Doubt», *Patheos*, December 1, 2011; and «Why Do Christians Leave the Faith? The Relative Unimportance of Non-Christians», *Patheos*, December 8, 2011. Véase también Larry Taunton, «Listening to Young Atheists», *Atlantic*, June 6, 2013.
46. Harper Lee, *Matar a un Ruiseñor*, (Harlequín Ibérica, Madrid, 2015). (*To Kill a Mockingbird*) (New York; Grand Central, 1960), 39.
47. Ravi Zacharias y R. S. B. Sawyer, *De Oriente a Occidente*, (Editorial Vida, 2006). (*Walking from East to West*) (Grand Rapids, MI: Zondervan, 2006), 36.
48. «What I Wish I'd Known before I Went to University», *Beyond Teachable Moments* (blog), June 25, 2014, htpp://beyondtm.

wordpress.com/2014/06/25/what-i-wish-id-known-before-i-went-to-university/?utm_content=bufferb7f07&utm_medium=social&utm_source=twitter.com&utm_campaign=buffer.

TERCERA PARTE: Sobre cómo el pensamiento crítico salva la fe

1. Nancy Pearcey, «How Critical Thinking Saves Faith», *The Pearcey Report*, December 22, 2010. Cuando *Christianity Today* publicó el artículo, los editores cambiaron el título por «How to Respond to Doubt», www.christianitytoday.com/women/2010/december/nancy-pearcey-how-to-respond-to-doubt.html?paging=off.
2. G. K. Chesterton, *Herejes, (Acantilados, España, 2007). (Heretics)* (Radford, VA: Wilder, 2007 [1905]), 115.
3. Para más detalle, junto con las fuentes, para los movimientos artísticos descritos en la siguiente sección, véase *Saving Leonardo,* capítulos 4-9.
4. Estas palabras se han tomado de una descripción de obras de pintores negros por Ad Reinhardt. Walter Smith, «Ad Reinhardt's Oriental Aesthetic», *Smithsonian Studies in American Art* 4, no. 3/4 (summer-autumn 1990). Véase también Jack Flam, «Ad Reinhardt's Black Paintings, the Void, and Chinese Painting», *Brooklyn Rail,* January 16, 2014.
5. Ravi Zacharias, *¿Puede el Hombre Vivir sin Dios? (*Grupo Nelson, Nashville*). (Can Man Live without God?)* (Nashville: Thomas Nelson, 1994), 21.
6. Citado por Richard M. Gamble, *The War for Righteousness: Progressive Christianity, the Great War, and the Rise of the Messianic Nation* (Wilmington, DE: Intercollegiate Studies Institute, 2003), 30.
7. Gustavo Gutiérrez, «Two Theological Perspectives: Liberation Theology and Progressive Theology», *The Emergent Gospel: Theology from the Developing World,* eds. Sergio Torres and Virginia Fabella (London: Geoffrey Chapman, 1978), *Papers from the Ecumenical Dialogue of Third World Theologians,* Dar es Salaam, Tanzania, August 5-12, 1976, 227-55, quote 241.
8. Elisabeth Schüssler Fiorenza, *Bread Not Stone: The Challenge of Feminist Biblical Interpretation* (Boston: Beacon, 1984), 145.
9. Véase William Hasker, «The Problem of Evil in Process Theism and Classical Free Will Theism», *Process Studies* 29, no. 2 (fall-winter 2000).
10. Myron Penner, *The End of Apologetics: Christian Witness in a Postmodern Context* (Grand Rapids, MI: Baker, 2013), 99. Penner ofrece algunas salvedades: el hecho de que el conocimiento humano sea «finito, falible y contingente» no significa que las verdades evangélicas «sean por eso *falsas* o *relativas* de manera absoluta y definitiva» (120, cursiva en el original). Sin embargo, a través del libro, Penner endosa pensadores y conceptos posmodernos de una manera acrítica que hace problemático explicar cómo (según escribe tentativamente), «después de todo, es posible hablar de verdad cristiana» (40).

11. C. S. Lewis, «On Learning in Wartime», en *El peso de la Gloria (The Weight of Glory)*. (New York: Macmillan, 1980), 28.
12. Dallas Willard, «The Redemption of Reason» (discurso, Universidad de Biola, La Mirada, CA, February 28, 1998), www.dwillard.org/articles/art-view.asp?artID=118.
13 Allan Bloom, *The Closing of the American Mind* (New York: Touchstone, 1987), 58.
14. Lecrae, entrevistado por Dustin Stout, «Lecrae on Engaging Culture for Jesus: #R12», ChurchMag, October 24, 2012, http://churchm.ag/r12-lecrae-engaging-culture/.
15. «Interview: Lecrae Talks about Going from "Crazy Crae" to Chistian Rapper», *Complex*, June 8, 2012.
16. Lecrae Moore, «Because Jesus Lives, We Engage Culture», Resurgence Conference, October 9-10, 2012, http://cdn.theresurgence.com/files/R12_Newsprint_web.pdf. Para otros lugares donde Lecrae cita *Verdad total*, véase the Liberty University Convocation, March 22, 2013, www.youtube.com/watch?v=aCVBUA8SMTs; Matt Perman, «Lecrae and the Doctrine of Vocation», *What's Best Next*, October 6, 2013, http://whatsbestnext.com/2013/10/lecrae-doctrine-vocation/.
17. Citado por Emma Green, «Lecrae: "Christians Have Prostituted Art to Give Answers"», *Atlantic*, October 6, 2014.
18. Para leer el contexto de las citas en esta sección, véase *Verdad Total*, 35, 75-76, 83-84.
19. Citado por Andrew Greer, «Lecrae: Defying Gravity», *Today's Christian Music*, September 1, 2012.
20. Citado por Chad Bonham, «A Conversation with Christian Hip-Hop Artist Lecrae», Beliefnet, http://features.beliefnet.com/wholenotes/2012/06/a-conversation-with-christian-hip-hop-artist-lecrae.html#ixzz2IjfeLe91.
21. Lecrae, entrevista, «We Engage Culture for Jesus». Encouragements through the Word, March 4, 2013, http://encouragementsthroughtheword.wordpress.com/2013/03/04/we-engage-culture-for-jesus-an-interview-of-christian-artist-lecrae/.

APÉNDICE

Romanos 1:1-2:16

1Pablo, siervo de Jesucristo, llamado a ser apóstol, apartado para el evangelio de
Dios, 2 que él había prometido antes por sus profetas en las santas Escrituras,
3 acerca de su Hijo, nuestro Señor Jesucristo, que era del linaje de David según
la carne, 4 que fue declarado Hijo de Dios con poder, según el Espíritu de santi-
dad, por la resurrección de entre los muertos, 5 y por quien recibimos la gracia
y el apostolado, para la obediencia a la fe en todas las naciones por amor de su
nombre; 6 entre las cuales estáis también vosotros, llamados a ser de Jesucristo;
7 a todos los que estáis en Roma, amados de Dios, llamados a ser santos: Gracia
y paz a vosotros, de Dios nuestro Padre y del Señor Jesucristo.

8 Primeramente doy gracias a mi Dios mediante Jesucristo con respecto a todos
vosotros, de que vuestra fe se divulga por todo el mundo. 9 Porque testigo me
es Dios, a quien sirvo en mi espíritu en el evangelio de su Hijo, de que sin cesar
hago mención de vosotros siempre en mis oraciones, 10 rogando que de alguna
manera tenga al fin, por la voluntad de Dios, un próspero viaje para ir a vosotros.
11 Porque deseo veros, para comunicaros algún don espiritual, a fin de que seáis
confirmados; 12 esto es, para ser mutuamente confortados por la fe que nos es
común a vosotros y a mí. 13 Pero no quiero, hermanos, que ignoréis que muchas
veces me he propuesto ir a vosotros (pero hasta ahora he sido estorbado), para
tener también entre vosotros algún fruto, como entre los demás gentiles. 14 A
griegos y a no griegos, a sabios y a no sabios soy deudor. 15 Así que, en cuanto
a mí, pronto estoy a anunciaros el evangelio también a vosotros que estáis en
Roma.

16 Porque no me avergüenzo del evangelio, porque es poder de Dios para salva-
ción a todo aquel que cree; al judío primeramente, y también al griego. 17 Porque
en el evangelio la justicia de Dios se revela por fe y para fe, como está escrito: Mas
el justo por la fe vivirá.

18 Porque la ira de Dios se revela desde el cielo contra toda impiedad e injusti-
cia de los hombres que detienen con injusticia la verdad; 19 porque lo que de
Dios se conoce les es manifiesto, pues Dios se lo manifestó. 20 Porque las cosas
invisibles de él, su eterno poder y deidad, se hacen claramente visibles desde la
creación del mundo, siendo entendidas por medio de las cosas hechas, de modo
que no tienen excusa. 21 Pues habiendo conocido a Dios, no le glorificaron como
a Dios, ni le dieron gracias, sino que se envanecieron en sus razonamientos, y su
necio corazón fue entenebrecido. 22 Profesando ser sabios, se hicieron necios, 23
y cambiaron la gloria del Dios incorruptible en semejanza de imagen de hombre
corruptible, de aves, de cuadrúpedos y de reptiles.

24 Por lo cual también Dios los entregó a la inmundicia, en las concupiscencias
de sus corazones, de modo que deshonraron entre sí sus propios cuerpos, 25 ya
que cambiaron la verdad de Dios por la mentira, honrando y dando culto a las
criaturas antes que al Creador, el cual es bendito por los siglos. Amén.
26 Por esto Dios los entregó a pasiones vergonzosas; pues aun sus mujeres cam-
biaron el uso natural por el que es contra naturaleza, 27 y de igual modo también
los hombres, dejando el uso natural de la mujer, se encendieron en su lascivia
unos con otros, cometiendo hechos vergonzosos hombres con hombres, y reci-
biendo en sí mismos la retribución debida a su extravío.
28 Y como ellos no aprobaron tener en cuenta a Dios, Dios los entregó a una
mente reprobada, para hacer cosas que no convienen; 29 estando atestados de
toda injusticia, fornicación, perversidad, avaricia, maldad; llenos de envidia,
homicidios, contiendas, engaños y malignidades; 30 murmuradores, detracto-
res, aborrecedores de Dios, injuriosos, soberbios, altivos, inventores de males,
desobedientes a los padres, 31 necios, desleales, sin afecto natural, implacables,
sin misericordia; 32 quienes habiendo entendido el juicio de Dios, que los que
practican tales cosas son dignos de muerte, no sólo las hacen, sino que también
se complacen con los que las practican.

1 Por lo cual eres inexcusable, oh hombre, quienquiera que seas tú que juzgas;
pues en lo que juzgas a otro, te condenas a ti mismo; porque tú que juzgas haces
lo mismo. 2 Mas sabemos que el juicio de Dios contra los que practican tales
cosas es según verdad. 3 ¿Y piensas esto, oh hombre, tú que juzgas a los que tal
hacen, y haces lo mismo, que tú escaparás del juicio de Dios? 4 ¿O menospre-
cias las riquezas de su benignidad, paciencia y longanimidad, ignorando que su
benignidad te guía al arrepentimiento? 5 Pero por tu dureza y por tu corazón no
arrepentido, atesoras para ti mismo ira para el día de la ira y de la revelación del
justo juicio de Dios,
6 el cual pagará a cada uno conforme a sus obras: 7 vida eterna a los que, perse-
verando en bien hacer, buscan gloria y honra e inmortalidad, 8 pero ira y enojo a
los que son contenciosos y no obedecen a la verdad, sino que obedecen a la injus-
ticia; 9 tribulación y angustia sobre todo ser humano que hace lo malo, el judío
primeramente y también el griego, 10 pero gloria y honra y paz a todo el que hace
lo bueno, al judío primeramente y también al griego; 11 porque no hay acepción
de personas para con Dios.
12 Porque todos los que sin ley han pecado, sin ley también perecerán; y todos
los que bajo la ley han pecado, por la ley serán juzgados; 13 porque no son los
oidores de la ley los justos ante Dios, sino los hacedores de la ley serán justifica-
dos. 14 Porque cuando los gentiles que no tienen ley, hacen por naturaleza lo que
es de la ley, éstos, aunque no tengan ley, son ley para sí mismos, 15 mostrando la
obra de la ley escrita en sus corazones, dando testimonio su conciencia, y acusán-
doles o defendiéndoles sus razonamientos, 16 en el día en que Dios juzgará por
Jesucristo los secretos de los hombres, conforme a mi evangelio.

AGRADECIMIENTOS

A los padres de una universitaria de primer año casi se les saltaban las lágrimas. Su hija, de carácter dulce y afable, se había matriculado en una universidad cristiana. Pero después de un solo semestre, Alejandra (nombre imaginario) estaba a punto de dar la espalda a toda su educación cristiana.

Clase tras clase, los profesores le presentaron las últimas teorías seculares, calificándolas ligeramente, asegurando a los estudiantes que Dios estaba detrás de todo aquello. No obstante, lo que más impresionó a Alejandra fue la visión secular del mundo que comunicaban sus teorías. Aunque ella vivía en casa con sus padres, rápidamente se distanció de ellos. Cuando ellos la invitaron a comentar las teorías que estaba aprendiendo, les hizo saber que ella les consideraba sin cualificación para comentar los temas que los profesores explicaban en clase. A fin de cuentas, *ellos* eran doctores y expertos.

Afortunadamente, esta joven se inscribió en un curso que mi marido Rick y yo estábamos impartiendo. Descubrió que el cristianismo tiene recursos intelectuales para responder a cualquier reto planteado por las teorías seculares. Es más que capaz de mantenerse sólido en el mundo intelectual. Dedico este libro a «Alejandra» y a todos los jóvenes que se esfuerzan, como hice yo un día, por aprender a desafiar los ídolos de nuestro tiempo.

Es un honor agradecer a mis amigos, familiares y colegas que entregaron tiempo y experiencia a la lectura de *El hallazgo de la verdad* en forma manuscrita y ofrecieron incisivas perspectivas del texto: Jonas Erne, Douglas Groothuis, Ron Kubsch, Angus Menuge, J. P. Moreland, David Naugle, Roderich Nolte, Dorothy Randolph, June Randolph, Dieter Pearcey, Michael Piercey, Jenna Wichterman, Albert Wolters.

Además, quiero dar las gracias a mis alumnos que trabajaron en los borradores del libro; un grupo local de Fe razonable, auspiciado por David Tong, cuyos miembros dedicaron varias semanas a sostener animados debates sobre el manuscrito; a los estudiantes de un curso de verano basado en el manuscrito, ofrecido por Schola, grupo casero dirigido por Kathy Hart y Patricia Samuelson; a la Southern Adventist University, donde dirigí un seminario sobre el material contenido en el libro; al Seminario Teológico Bautista de Nueva Orleans, donde di una conferencia de presentación; y a varias iglesias, universidades y seminarios donde fui invitada para ofrecer presentaciones del material. Finalmente, gracias a Paul Shockley, quien me invitó a disertar sobre el material del libro varias veces en los cursos del *College of Biblical Studies*, en Houston, y también organizó un grupo de lectura para comentar el manuscrito. Los comentarios de estas audiencias fueron muy valiosos para configurar el mensaje.

Gracias especialmente a mi marido Rick, cuya experiencia editorial mejoró el manuscrito de muchas maneras.

Quiero expresar mi gratitud a la Universidad Bautista de Houston, y especialmente a su presidente Robert Sloan y su rector John Mark Reynolds, por un puesto de profesora e investigadora residente, que me otorgó el tiempo para escribir *El hallazgo de la verdad.*

Muchas gracias al equipo de David C. Cook, especialmente al editor asociado Tim Peterson, por su apoyo y experiencia en publicar y promocionar el libro.

Fue una bendición trabajar con Steve Laube como agente literario, quien apoyó el proyecto con constancia y entusiasmo inquebrantables.

Finalmente, tengo contraída una deuda de gratitud con mi familia, que participó en animados debates mientras se forjaban las ideas vertidas en *El hallazgo de la verdad.* Ellos me apoyaron con su afecto y sus puntos de vista. Ya les dediqué otros libros; de otro modo lo volvería a hacer.

GUÍA DE ESTUDIO

El propósito de esta guía de estudio es ayudarle a interactuar más profundamente con las ideas vertidas en *El hallazgo de la verdad*. Mientras parafrasea lo que lee y busca sus propias palabras para reforzar las ideas, procesará el material más a fondo. También conectará las ideas que está aprendiendo con el depósito de conocimiento que ya tiene, lo que dará al nuevo material una mayor fuerza impactante.

La clave para sacar el máximo provecho de la guía de estudio no consiste, pues, en declarar sus propios puntos de vista y opiniones. Si lo hace, no hará más que repetir lo que ya sabe en vez de aprender algo nuevo. El pensamiento se estira y se ahonda lidiando con nuevas ideas. La estrategia más eficaz es abordar cada pregunta volviendo al texto. Primero resuma lo que ha aprendido. Después, tómese la libertad de expresar sus propios pensamientos. (Algunas preguntas requieren específicamente sus puntos de vista.)

El objetivo de la apologética es aprender a comunicar sus convicciones cristianas de una manera más clara y persuasiva. De modo que, a medida que avanza en la guía de estudio, no piense únicamente en buscar las «respuestas correctas». Piense en cómo explicaría la idea a alguien que no acepta el cristianismo. Use la guía de estudio como una guía práctica para sostener conversaciones reales que pronto va a tener ocasión de disfrutar.

Preguntas: Escriba párrafos breves para contestar cada cuestión. Aparecen subtítulos para indicar a qué sección debe acudir para responder cada pregunta. Algunas preguntas incluyen partes diversas. Asegúrese de contestar todas sus partes.

Diálogos: Muchas tareas consistirán en componer ejemplos de diálogos. Es el mismo adiestramiento que usan apologistas profesionales como Greg Koukl. En una conversación real no es posible lanzar todo un párrafo sobre alguien; uno tiene que desplegar sus ideas poco a poco, para responder las preguntas y objeciones de las personas. De modo que esfuércese por conseguir que sus diálogos sean lo más realistas posibles para prepararse para sostener conversaciones reales con la gente. Los diálogos no tienen por qué ser largos (como unos cuatro comentarios por cada personaje), pero deben reflejar una conversación verídica.

Cada diálogo debe comenzar con una persona imaginaria que presenta una objeción basada en el tema asignado. Piense en una respuesta que mantenga vivo el debate. Diviértase dando a sus personajes nombres creativos. Los diálogos le ayudarán a cubrir la distancia entre *conocer* algo y saber cómo explicárselo a otros.

En una clase o grupo de debate, los participantes deben llevar dos copias de cada diálogo y leerlas en voz audible, dramatizada, con un compañero. (Dependiendo del tiempo disponible, puede preferir que cada participante escoja solamente un diálogo a presentar, y responder los otros diálogos como preguntas comunes.)

PRIMERA PARTE

«PERDÍ MI FE EN UNA UNIVERSIDAD EVANGÉLICA»

Deme evidencia/ La evidencia de la vida

1. Al filósofo ateo Bertrand Russell le preguntaron en cierta ocasión qué respondería cuando muriese, compareciese delante de Dios y Él le preguntara: «¿Por qué no creíste en Mí?». Russell respondió: «Le diría: "Señor, por falta de evidencia. No tenía evidencia suficiente"». Resuma la evidencia de la naturaleza física que aparece en el texto:

Origen del universo:
Origen de la vida:

¿Le parece esta evidencia persuasiva? ¿Por qué sí o por qué no?

Evidencia de la personalidad

2. ¿Qué significado filosófico tienen los términos *personal* e *impersonal*? El hecho de que los seres humanos sean seres personales ¿no es evidencia clara de Dios? ¿Le parece persuasiva esta evidencia? ¿Por qué sí o por qué no?

Los hijos ateos y su Dios

3. Explique el concepto de gracia común. ¿Qué implica para la apologética?

Tira y afloja

4. ¿Qué es un «pecado epistemológico»? ¿Está usted de acuerdo en que en el fondo de la condición humana hay un pecado epistemológico (p. ej., pecado relacionado con el conocimiento)? ¿Por qué sí o por qué no?

Cómo se esconden los seres humanos

5. «Un profesor ateo me dijo una vez que la Biblia enseña politeísmo porque el primer mandamiento habla de "otros dioses"». Esta proclamación se suele hacer en páginas de internet ateas. Practique explicando lo que realmente significa el primer mandamiento a alguien que afirma que enseña el politeísmo.

6. El texto afirma que los pecados superficiales, fáciles de diagnosticar, suelen ser impulsados por un pecado más escondido de idolatría. Piense en ejemplos de su propia vida. Comente si se siente cómodo al hacerlo.

Dones buenos que son dioses falsos

7. ¿Cómo pueden convertirse en ídolos las cosas buenas? Describa algo bueno que le haya tentado a convertirlo en ídolo. Comente si se siente cómodo al hacerlo.

Los ídolos tienen consecuencias

8. ¿Qué significa la palabra griega *nous*? ¿De qué manera enriquece el significado de versículos bíblicos como: «Dios los entregó a una mente reprobada» (Ro. 1:28); «Transformaos por medio de la renovación de vuestro entendimiento» (Ro. 12:2)? Añada sus propios ejemplos.

9. En debates sobre asuntos morales como la homosexualidad, muchas personas usan hoy la palabra *naturaleza* para referirse a modelos de conducta observados en organismos del mundo natural. ¿Qué significaba antiguamente la palabra *naturaleza,* como en la expresión la «naturaleza humana»? ¿Cómo se expresa este significado tradicional en Romanos 1?

Cinco principios estratégicos

Principio #1: Identificación del ídolo

10. El texto dice que toda religión o cosmovisión no bíblica comienza con un ídolo. Debe encontrar una causa eterna, increada,

dentro del orden creado. Explique por qué y ponga algunos ejemplos. ¿Puede pensar en algunas excepciones a este principio?

Principio #2: Identificación del reduccionismo de los ídolos

11. Defina el reduccionismo. ¿De qué manera intenta el reduccionismo embutir todo el universo en una caja? Ponga un ejemplo.

12. ¿Cómo afecta el reduccionismo a la concepción que uno tiene de la naturaleza humana? En su respuesta, explique este principio: «Toda idea de humanidad es creada a imagen de *algún* dios». Use el materialismo como ejemplo.

Principio #3: Póngalo a prueba: ¿Contradice lo que sabemos del mundo?

13. «Podemos estar seguros de que toda cosmovisión basada en ídolos *fallará*». Será incapaz de dar cuenta de lo que es cognoscible por la revelación general. Explique por qué. Ilústrelo usando el materialismo como ejemplo.

14. Explique cómo toda cosmovisión basada en ídolos conduce a la gente a una disonancia cognitiva, a una tensión entre lo que su cosmovisión les dice y lo que saben por la revelación general.

15. Explique de qué manera el reduccionismo es una estrategia de supresión. ¿Cómo se esgrime para suprimir la evidencia de Dios que manifiesta la revelación general?

Principio #4: Ponga a prueba el ídolo: ¿Se contradice a sí mismo?

16. Defina la absurdidad autorreferencial. Ponga un ejemplo de cómo funciona el argumento.

17. Explique por qué las cosmovisiones basadas en ídolos se refutan a sí mismas. El texto afirma que los adeptos a cosmovisiones reduccionistas «tienen que tomar prestado del cristianismo su alta estima de la razón para dar cuenta de su propio punto de vista». Explique lo que esto significa.

Principio #5: Reemplace el ídolo: promocione el cristianismo

18. ¡Qué imagen tan peculiar refleja la gente atrapada en la disonancia cognitiva tratando de aferrarse a verdades que desmontan sus propias cosmovisiones! —verdades que solamente la cosmovisión bíblica sostiene lógicamente—. Desentrañe esta frase. Explique por qué los pensadores seculares intentan aferrarse a verdades que sólo son sostenidas lógicamente por el cristianismo.

Mentes liberadas

19. Diálogo: Cuando *El hallazgo de la verdad* estaba en forma manuscrita, impartí una clase usándolo como texto. Un estudiante, padre de preadolescentes exclamó: «Su libro me ha convencido de que me desentiendo de mis hijos cuando me hacen preguntas acerca del cristianismo. He hecho un compromiso de que a partir de ahora, les voy a escuchar y responder a sus preguntas seriamente».

Pero otra alumna, una joven de El Salvador, rechazó la idea misma de la apologética. En su opinión, el uso de la razón para defender el cristianismo es una cuestión de «orgullo» y de «la carne». «Los cristianos deben depender del Espíritu Santo», dijo ella, citando a Pablo: «¿No ha enloquecido Dios la sabiduría del mundo?» y «me propuse no saber entre vosotros cosa alguna sino a Jesucristo, y a éste crucificado» (1 Co. 1:20; 2:2).

Escriba un diálogo como si estuviera conversando con la joven de El Salvador. ¿Cómo persuadiría a esa mujer de que es legítimo para los cristianos defender sus convicciones?

SEGUNDA PARTE

PRINCIPIO # 1

....

EL CREPÚSCULO DE LOS DIOSES

El abandono que hace vulnerables a los adolescentes

1. Resuma la investigación sociológica sobre los jóvenes que manifiestan tener dudas o preguntas. ¿Conoce a alguien con dudas que se esfuerza por encontrar respuestas?

Principio #1: Identificación del ídolo

2. ¿Por qué se suele malentender la palabra bíblica *corazón*? ¿Cuál es su verdadero significado?

3. «El ateísmo no es una creencia. Es sólo falta de fe en un Dios o dioses». Puesto que esta es una postura común de los ateos actuales, debe saber cómo responder. Basándose en el texto, ¿qué podría argumentar?

4. ¿Qué dos ventajas ofrece el uso del término bíblico *ídolos* para las cosmovisiones secular y religiosa? (la segunda figura bajo el siguiente subtítulo.)

Religión sin Dios

5. Mientras lee el resto de este capítulo, dibuje un diagrama como el que aquí se presenta. A la izquierda, explique los rasgos que la mayor parte de la gente asocia con la religión. A la derecha, explique por qué ese rasgo no forma parte necesaria de la definición de religión.

Definiciones comunes de religión	¿Por qué esa definición no es adecuada?

6. ¿Por qué se definen como religiones ateas el budismo, el taoísmo y el confucianismo?

Religión sin moral

7. Ponga ejemplos de religiones amorales e incluso inmorales.

En busca de lo divino

8. ¿Qué es lo que caracteriza a todas las religiones así como a todas las filosofías seculares? ¿Se le ocurre alguna excepción?

Los filósofos y sus dioses

9. Mientras lee el resto de este capítulo, dibuje un diagrama como el que aquí se presenta. A la izquierda, escriba el nombre de cada ismo comentado. A la derecha, identifique su ídolo. Retroceda y comience con la sección titulada «En busca de lo divino».

Filosofía	¿Cuál es su ídolo?

10. ¿Qué significa la palabra griega *arjé*? ¿Está usted de acuerdo en que las primeras filosofías griegas se cataloguen como ídolos según la definición de Romanos 1? Razónelo.

La iglesia de la física: El ídolo de la materia

11. Diálogo: Una vez mantuve una conversación por Facebook con un joven hincha de Richard Dawkins que se indignó porque le dije que el secularismo se parecía a la religión. Para ese joven la religión representaba la fe ciega mientras que la ciencia tenía de su parte la razón y los datos. Imagínese conversando con un joven como ese. Escriba un diálogo en el que usted nivela el campo de juego mostrando que todos los sistemas de creencias comparten la misma estructura básica.

12. Explique los pasos lógicos que conducen del materialismo al determinismo económico marxista.

Hume se reúne con los Klingons (raza de humanoides del universo Star Trek): ídolo de los sentidos

13. Como Data en *Star Trek,* los ateos suelen alegar que el cristianismo es «irracional» simplemente porque acepta la existencia de un ámbito más allá del mundo empírico. Basándose en el texto, ¿cómo podría usted deshacerse de esa acusación?

En Matrix

14. Diálogo: Explique a un empirista que su filosofía implica creencia en una divinidad.

Sensacional Bacon, sospechoso Descartes

15. Un filósofo asegura que las epistemologías de la Ilustración postulan «la perspectiva personal» como única senda hacia la certidumbre. Erigieron el yo como «locus (centro de control) y árbitro del conocimiento». Explique qué significa esto y cuál fue el resultado final.

¿Señales o callejones sin salida?

16. Filósofos como Karl Popper y John Herman Randall enfatizaron el «carácter religioso» de las epistemologías de la Ilustración. Explique qué quisieron decir.

La cárcel mental de Kant: El ídolo de la mente

17. ¿En qué consistió la revolución copernicana de Kant? ¿Cuál fue su sustituto de Dios? Defina el solipsismo, y explique por qué las filosofías que comienzan en la mente humana acaban en el solipsismo.

El artista como Dios: El ídolo de la imaginación

18. Describa la evidencia que prueba que para los románticos la imaginación fue su sustituto de Dios, y el arte, su religión sustitutiva.

Cura para filósofos ciegos

19. Lea «Los ciegos y el elefante», por John Godfrey Saxe, en las páginas siguientes. ¿Cómo ilustra el origen de los ídolos?

«Los ciegos y el elefante»

Seis eran los hombres de Indostán,
tan dispuestos a aprender,
que al Elefante fueron a ver
(Aunque todos eran ciegos),
Pensando que mediante la observación
su mente podrían satisfacer.

El *primero* se acercó al elefante,
Y cayéndose sobre su ancho y robusto costado,
en seguida comenzó a gritar:
«¡Santo Dios! ¡El elefante
es muy parecido a una PARED!».

El *segundo,* palpando el colmillo,
exclamó: «¡Caramba! ¿Qué es esto
tan redondo, liso y afilado?
Para mí está muy claro,
¡esta maravilla de elefante
es muy parecido a una LANZA!».

El *tercero* se acercó al animal,
y tomando entre sus manos
la retorcida trompa,
valientemente exclamó:
«Ya veo», dijo él, «¡el elefante
es muy parecido a una SERPIENTE!».

El *cuarto* extendió ansiosamente la mano
y lo palpó alrededor de la rodilla:
«Evidentemente, a lo que más se parece esta bestia
está muy claro», dijo él,
«Es lo suficientemente claro que el elefante
¡es muy parecido a un ÁRBOL!».

El *quinto*, quien por casualidad tocó la oreja,
Dijo: «Incluso el hombre más ciego
es capaz de decir a lo que más se parece esto;
Niegue la realidad el que pueda,
Esta maravilla de elefante
¡es muy parecido a un ABANICO!».

El sexto tan pronto comenzó
a tantear el animal,
agarró la oscilante cola
que frente a él se encontraba,
«Ya veo», dijo él, «¡el elefante
es muy parecido a una CUERDA!».

Y así estos hombres de Indostán
discutieron largo y tendido,
cada uno aferrado a su propia opinión
por demás firme e inflexible,
aunque cada uno en parte tenía razón,
¡y al mismo tiempo todos estaban equivocados!

El gozo del pensamiento crítico

20. ¿Cómo afirma el cristianismo lo que es bueno y verdadero en estas filosofías?

Materialismo:

Racionalismo:

Empirismo:

Romanticismo:

Lo bueno, lo verdadero y lo pagano

21. «Pablo hizo la increíble afirmación de que el cristianismo proporciona la interpretación contextual para que los griegos entendieran *su propia* cultura». Explique qué significa esto. Escoja un ejemplo de nuestro tiempo y explique cómo se puede aplicar el mismo principio.

PRINCIPIO # 2

....

CÓMO VENCE NIETZSCHE

Principio #2: Identificación del reduccionismo de los ídolos

1. El texto argumenta que las cosmovisiones basadas en ídolos son siempre deshumanizadoras. Explique por qué. En su respuesta, incluya una explicación de esta frase: «*Toda idea de humanidad es creada a imagen de algún dios*».

Deshumanice a su vecino

2. El reduccionismo no es sólo un concepto filosófico. Piense en maneras en que su propia tendencia a vivir para ídolos le ha conducido a manipular a otros para cubrir sus propias necesidades y objetivos. Comente si se siente cómodo haciendo eso.

La ciencia del engaño

3. Lea la nota 4 para conocer otro estudio similar al publicado en Scientific American. ¿Cómo respaldan estos hallazgos Romanos 1? Lea la nota 5. ¿Cómo afirman implícitamente estos estudios la realidad del libre albedrío?

La psicología de la supresión

4. Explique el funcionamiento del reduccionismo como estrategia de supresión. ¿Por qué suprime la gente todo lo que no cabe en la caja de su cosmovisión?

5. ¿Por qué una cosmovisión basada en ídolos siempre produce dualismo o dicotomía en el pensamiento de la gente?

6. El texto afirma que identificaremos el impacto deshumanizador de dos cosmovisiones (materialismo y posmodernismo), de dos religiones y de dos teorías políticas. Mientras lee el capítulo, dibuje un diagrama como el que aquí se presenta. En la línea superior

horizontal, escriba el nombre de la cosmovisión o religión comentada. Debajo de la línea responda dos preguntas: ¿Cuál es su ídolo? ¿Cuál es su forma de reduccionismo?

NOMBRE						
ÍDOLO						
REDUCCIONISMO						

Crick: «Nada más que un montón de neuronas»

7. Defina el materialismo eliminativo. ¿Qué razonamiento usa para llegar a sus conclusiones? ¿Cómo se refuta a sí mismo?

«Profunda irracionalidad»

8. Galen Strawson escribe que el materialismo eliminativo demuestra que «la capacidad de la mente humana para dejarse apresar por la teoría, por la fe, es verdaderamente ilimitada». Revela «la profunda irracionalidad de la mente humana». Desentrañe lo que significa. Comente la respuesta que brinda Thomas Reid. ¿Qué opina usted del punto de vista de Reid?

La venganza de los románticos

9. Diálogo: ¿Qué quiso decir Schopenhauer cuando dijo que «el materialismo es la filosofía del sujeto que olvida tenerse en cuenta a sí mismo»? Algunos apologistas cristianos han adaptado este argumento para sostener la cosmovisión bíblica. Intente usar el argumento en un diálogo imaginario con un materialista.

El Alma Superior de Emerson

10. Defina el neoplatonismo. ¿Por qué puede considerarse una creencia basada en ídolos? Lea la nota 26 y explique lo Pablo quiso decir con la expresión la «plenitud» de la divinidad. ¿De qué modo toma el término de los primeros gnósticos y lo reclama para el cristianismo?

La Gran Cadena del Ser en los tiempos de Shakespeare: Note que fue cristianizada para que se identificara el Uno con el Dios bíblico, y las entidades espirituales con los ángeles. El neoplatonismo cristiano se fue ampliamente aceptado en la Edad Media y el Renacimiento.

Gran Cadena del Ser

Dios
Ángeles
Cielo
Seres humanos
Animales
Plantas
Fuego
Piedras

La deidad evolutiva de Hegel

11. Explique cómo alteró Hegel la Gran Cadena del Ser. ¿Por qué dijo Nietzsche que sin Hegel no habría habido Darwin?

12. Defina el historicismo. ¿Cómo se menoscaba a sí mismo el historicismo? ¿De qué manera se exceptuó tácitamente a sí mismo? ¿Cómo creó esto un nuevo problema?

Triunvirato de raza, clase y género

13. Explique el eslabón lógico que une a Hegel con el posmodernismo. ¿Cuál es el ídolo del posmodernismo?

Raíces de la corrección política

14. Diálogo: Converse con un posmodernista para ver en qué cosas concuerdan y en qué cosas discrepan. Argumente que el posmodernismo es reduccionista, que reduce los individuos a productos de la sociedad, la raza, la clase, el género, etc.

La caída del posmodernismo

15. Diálogo: Basándose en el texto, explique a un cristiano posmoderno las razones para no aceptar una interpretación posmoderna del cristianismo.

El panteísmo frente a usted

16. Diálogo: Muchos que abrazan el panteísmo sostienen que este enfoque da más sentido a la vida porque así vemos que formamos parte de una totalidad interrelacionada. En una conversación con un amigo de la nueva era, explíquele por qué el panteísmo es reduccionista y deshumanizador, y por qué no ofrece a la gente la dignidad y el sentido que su amigo está buscando.

El islam frente a la dignidad humana

17. Diálogo: Practique explicando a un musulmán en qué concuerdan el cristianismo y el islam y en qué difieren y por qué esa diferencia es crucial.

De ídolos seculares a campos de exterminio / De libertadores a déspotas

18. Describa los ídolos seculares que inspiraron al nazismo y al comunismo, y sus consecuencias políticas. En su opinión, ¿cuáles son los ídolos políticos actuales?

Más de lo soñado en su filosofía

19. ¿Qué significado bíblico suele asociarse más con la expresión «sometido a vergüenza»? ¿Cómo cambia esto el enfoque de Romanos 1:16?

20. Vuelva a este diagrama en la página 113.

La filosofía occidental se divide en dos 'troncos'

ROMANTICISMO
La caja de la mente

ILUSTRACIÓN
La caja de las cosas

(A) Repase los Principios #1 y #2. Dibuje un diagrama como el que aquí se presenta. Bajo ILUSTRACIÓN anote todos los ismos comentados que pertenecen a la categoría de la Ilustración (tradición analítica). Bajo ROMANTICISMO anote todos los ismos comentados que pertenecen a la categoría romántica (tradición continental). Mientras lee el resto del libro, discierna a qué tradición pertenece cada ismo y anótelo.

ROMANTICISMO (tradición continental)

ILUSTRACIÓN (tradición analítica)

Si domina estas dos categorías básicas, descubrirá que es mucho más fácil descifrar la diversidad de cosmovisiones occidentales modernas. Las cosmovisiones no son una dispersión de ideas desconectadas que se memorizan, se asimilan y se hacen pasar por una rejilla. Forman tradiciones permanentes que avanzan por la misma senda, en la misma dirección básica, siguiendo el mismo mapa —ora el mapa de la Ilustración, ora el mapa romántico—. También se pueden concebir como dos líneas genealógicas relacionadas por semejanzas familiares. Para desentrañar una cosmovisión en particular, el primer paso es identificar el linaje familiar al que pertenece y los temas comunes que comparte.

(B) ¿Qué temas comunes son esos? Para empezar, he aquí un fragmento del texto: «La tradición analítica se remonta a la Ilustración y tiende a enfatizar la ciencia, la razón y los datos sensibles. La tradición continental se remonta al movimiento romántico y trata de defender la mente, el sentido y la moral».

Dibuje otro diagrama. Mientras repasa los Principios #1 y #2, busque temas comunes o semejanzas familiares en cada una de las dos tradiciones y anótelos en:

Temas relacionados en la tradición continental

Temas relacionados en la tradición analítica

PRINCIPIO # 3

....

Saltos seculares de fe

1. La nota 2 afirma que el argumento del mal presenta un fallo lógico. Explique por qué.

La gravedad de los datos

2. El texto afirma que si aplicamos la prueba práctica, «podemos estar seguros de que todas las cosmovisiones basadas en ídolos son falsas». Explique por qué. Use el artículo de la CNN como ejemplo.

Yo, robot — Nosotros, máquinas

3. ¿Deben debatir los cristianos a favor del libre albedrío? Algunos calvinistas no están seguros. Lea la nota 6. ¿Qué piensa usted? Explique la diferencia entre la predestinación y el determinismo.

Principio #3: **Ponga a prueba el ídolo: ¿Contradice lo que conocemos del mundo?**

4. ¿Por qué es el libre albedrío una cuestión permanente en la filosofía? ¿Qué capacidades específicamente humanas dependen del libre albedrío? ¿Puede pensar en algunas capacidades adicionales que dependan del libre albedrío más allá de las mencionadas en el texto?

Por qué los secularistas no pueden vivir con el secularismo

5. ¿Qué cinco frases prueban que una cosmovisión ha chocado contra una realidad que no puede explicar? ¿Qué utilidad tiene esto para probar la falsedad de tal cosmovisión?

Secularistas tibios e indecisos / Pérdida de la verdad total

6. ¿Por qué toda cosmovisión basada en ídolos conduce a una dicotomía o dualismo mental? ¿De qué manera el dualismo es un indicio que evidencia que está siendo suprimida la revelación general?

Un salto de duda

7. Hemos llegado lo suficientemente lejos como para detectar patrones importantes. Mientras lee el resto de este capítulo, dibuje un diagrama como el que aquí se presenta. Vuelva a la sección titulada «Por qué los secularistas no pueden vivir con el secularismo» y «Secularistas tibios e indecisos», para incluir a Strawson y Slingerland en su diagrama.

A. Mencione el nombre de cada pensador comentado en el texto.

B. Mencione el ismo que abraza cada pensador.

C. Mencione las frases que usan y que son cruciales para la revelación general —las ideas que brotan ineludible e irresistiblemente no importa qué cosmovisión sostengan—. Le facilitaré la primera: Galen Strawson afirma que él «no puede vivir realmente según su propia filosofía». La frase clave es que los seres humanos «no pueden convivir con ella». Se supone que una cosmovisión es una guía para vivir en el mundo. Cuando la gente no puede vivir conforme a su cosmovisión, ello significa que ha chocado contra el duro borde de una realidad que no encaja en el sistema de pensamiento que profesa.

D. Mencione las frases que él usa para poner de manifiesto que la evidencia de la revelación general está siendo suprimida. Por ejemplo, Marvin Minsky dice; «Nos vemos prácticamente forzados a mantener esa creencia, *aunque sepamos que es falsa*». Está suprimiendo una verdad que se ve «forzado a mantener» reduciéndola a la categoría de verdad necesaria —colocándola en la planta superior.

Nombre	ismo	Indicios de revelación general (frases)	Indicios de supresión (frases)

Cuando haya acabado de rellenar el diagrama, responda a esta pregunta: ¿Por qué los pensadores seculares suprimen la evidencia de la revelación general?

Ateísmo frente civilización

8. Smilansky reconoce que su cosmovisión determinista es socialmente destructiva. Explique por qué el determinismo acarrea

consecuencias socialmente perniciosas. ¿Cómo propone Smilansky sortear esas consecuencias negativas? ¿Qué piensa usted acerca de su propuesta?

La «intolerable» cosmovisión de Dawkins

9. ¿Cómo indica Dawkins que se ha topado contra el duro borde de una realidad que no encaja en su cosmovisión? ¿Por qué son las consecuencias de su cosmovisión «intolerables»?

El dilema de Einstein

10. ¿Qué indica la expresión «como si»? ¿Por qué la propuso Kant? Lea la nota 24 y explique por qué la obra científica de Einstein depende incluso del libre albedrío.

El misticismo secular

11. ¿Por qué declaró Francis Schaeffer que toda cosmovisión que encierra un dualismo epistemológico conduce en última instancia al «misticismo»? Explique de qué manera los ejemplos del texto apoyan la declaración de Schaeffer.

Psicópatas darwinistas

12. El texto dice: «Podemos imaginar que las cosmovisiones se ubican en una continuidad de distintos niveles: Cuanto más consecuentemente la gente elabora la lógica de su cosmovisión, más reduccionista será el resultado, más ancha la brecha y mayor el salto hacia el misticismo irracional». ¿Cómo ejemplifica Edward Slingerland esta brecha cada vez mayor?

13. ¿De qué manera las palabras griegas que significan «fútil» y «necio» arrojan nueva luz para aplicar Romanos 1:21 a las cosmovisiones seculares actuales?

Profesor del MIT: Mis hijos son máquinas

14. La cosmovisión de Brooks contradice tan abruptamente su propia experiencia que él asegura que «mantiene dos sistemas de creencias

incompatibles». El texto califica esto de «tragedia de la época posmoderna». ¿Por qué es una tragedia?

Chesterton: El cristianismo es «demasiado bueno para ser cierto»

15. ¿De qué manera la concepción bíblica de la humanidad conduce a una cosmovisión unificada, lógicamente coherente? Explique por qué Chesterton afirma que los secularistas rechazan el cristianismo no porque les parezca mala teoría, sino «demasiado bueno para ser cierto».

Alejamiento del mapa del posmodernismo

16. Diálogo: Imagínese que conversa con un posmodernista. Basándose en el texto, ¿cómo podría argumentar contra su anti-realismo?

No me imponga sus datos

17. ¿Cómo aplica selectivamente el posmodernismo una mayoría de gente? ¿Cómo ello conduce a un dualismo o dicotomía en la manera de pensar y actuar de la gente? (Si ha leído *Verdad total*, ¿cómo representa esta dicotomía la división dato/valor?)

La confesión de un profesor de Harvard

18. El texto cita a dos filósofos (Parfit y Harries) que admiten abiertamente sostener creencias inconsecuentes. Resuma lo que dicen. Después defienda que el cristianismo ofrece una visión unificada de la verdad. Recuerde que, como reza la introducción, debe de usar las respuestas de la guía de estudio para practicar apologética con personas reales.

19. Explique la motivación religiosa que impulsaron a Francis Crick y James Watson en su búsqueda de teorías reduccionistas.

El secularismo es demasiado reducido para los secularistas

20. Diálogo: El texto dice: «Deberíamos empezar mostrando solidaridad con sus anhelos más profundos de sentido y propósito, y después, probar

que, según la cosmovisión bíblica, esos anhelos no son puras ilusiones o ficciones útiles». Escriba una conversación que ejemplifique qué aspecto ofrecería esto.

PRINCIPIO # 4

....

Por qué cometen suicidio las cosmovisiones

1. Explique la ingeniería inversa. ¿Cómo la usan los biólogos? ¿Cómo proporciona evidencia de designio?

2. ¿De qué manera el pensamiento de Michael Ruse es un ejemplo de disonancia cognitiva?

No es cirugía cerebral. . . bueno, sí lo es

3. Explique de qué modo la idea freudiana de que la religión nace de deseos insatisfechos puede esgrimirse contra su propia teoría.

Pruebas de la verdad

4. Explique la absurdidad autorreferencial. Explique *por qué* las cosmovisiones basadas en ídolos cometen suicidio.

Principio #4: **Ponga a prueba el ídolo: ¿Se contradice a sí mismo?**

5. Defina el positivismo lógico. ¿Cómo quedó desprestigiado? ¿Oye todavía hoy expresar puntos de vista emotivistas? Ponga un ejemplo.

6. Mientras lee este capítulo, dibuje un diagrama como el que aquí se presenta. Mencione los ismos de cada escuela de pensamiento que comete suicidio. Describa su forma de reduccionismo. Explique por qué se refuta a sí mismo. Comience con el positivismo lógico.

Nombre el ismo	Describa su reduccionismo	¿Cómo se refuta a sí mismo?

Dar en el blanco

7. Diálogo: Escoja una de las teorías comentadas en esta sección. Cree un diálogo realista con alguien que sostenga esa teoría. Ayude a la persona a ver cómo la teoría se refuta a sí misma.

Desenmascaramiento de los demoledores

8. ¿Cómo intentan las cosmovisiones reduccionistas evitar suicidarse? ¿Cómo crea otro problema esa «solución»?

9. El texto asegura que «todas las cosmovisiones tienen que acudir a préstamos de la epistemología cristiana... Tienen que funcionar *como si* el cristianismo fuera verdadero, aunque lo rechazan». Resuma el fundamento de la epistemología bíblica y explique por qué otras cosmovisiones tienen que copiar de ella.

C. S. Lewis desenmascara el materialismo

10. Diálogo: Imagínese una conversación con un materialista. Ayúdele a ver que su punto de vista comete suicidio y es, por tanto, insostenible.

La evolución no puede sobrevivir

11. Diálogo: Imagínese una conversación con un partidario ferviente de la epistemología evolutiva. Elabore un diálogo realista en el que explica cómo ésta socava la base de la racionalidad —y por tanto se menoscaba a sí misma.

El escepticismo selectivo de Darwin

12. El pasaje de Darwin acerca de su «horrible duda» se suele malinterpretar en el sentido de que él mismo se dio cuenta que su teoría se suicidaba. Explique por qué Darwin aplicó su duda selectivamente. Después explique por qué el darwinismo se refuta a sí mismo y a la totalidad de la empresa científica.

Por qué la ciencia es un «milagro»

13. Diálogo: Está conversando con una persona laica que insiste en que el cristianismo siempre ha obstaculizado la ciencia y el progreso. Explique por qué el cristianismo proporcionó la base filosófica para el auge de la ciencia moderna. Después explique por qué, incluso hoy, todo el que quiere ir en pos de la ciencia tiene que adoptar una epistemología derivada de la cosmovisión cristiana —al menos en la práctica.

Cárcel posmoderna

14. Diálogo: Razone de una manera cortés y respetuosa con su profesor universitario de literatura, que resulta ser posmodernista, para mostrarle que la teoría comete suicidio. En su explicación, incluya el concepto de «contradicción performativa, pragmática o realizativa».

Barthes arrestado

15. Explique qué significa el de-construccionismo, la lógica que lo sustenta, y cómo es que encierra una fatal contradicción interna. ¿Cómo intentan los de-construccionistas evitar esa contradicción? ¿Funciona?

Posmodernismo y terror

16. ¿Por qué muchos posmodernistas se opusieron tenazmente a las meta-narrativas? ¿Qué solución propusieron? ¿Qué problema presenta tal solución? ¿Por qué conduce el posmodernismo a una complicidad con el mal y la injusticia?

La tiranía de la diversidad

17. Explique por qué el posmodernismo se volvió imperialista y coercitivo. Describa algunos ejemplos que usted se ha encontrado.

La pérdida del yo

18. Explique la diferencia en la visión del yo entre un modernista y un posmodernista. ¿Cómo se refuta a sí misma la concepción posmoderna?

La Trinidad para los posmodernistas

19. Practique explicando de qué manera el concepto cristiano de la Trinidad ofrece mejores respuestas que el modernismo o el posmodernismo al equilibrio entre el individuo y la comunidad.

Escape del reduccionismo

20. Diálogo: Escoja un ejemplo de esta sección e imagínese una conversación en la que puede defender positivamente que el cristianismo ofrece mejores respuestas que cualquier cosmovisión rival.

PRINCIPIO # 5

....

Ateos aprovechados

Principio #5: Reemplace el ídolo: Defienda el cristianismo

1. Diálogo: Imagínese una conversación con alguien que sostiene el relativismo o el escepticismo moral u otra postura que a usted se le pueda ocurrir. Cree un diálogo realista en el que usted muestra a tales personas que su conducta contradice su propia cosmovisión, y que en la práctica, «se aprovechan» de la cosmovisión bíblica.

La confesión de Richard Rorty

2. ¿Por qué Richard Rorty dice de sí mismo que es un ateo «usurpador»? ¿Está usted de acuerdo en que el cristianismo es el único fundamento de los derechos universales? ¿Por qué sí o por qué no? (Lea la nota 8 para un contexto más amplio.)

3. Mientras lee el capítulo, haga una lista de las verdades que los ateos aprovechados usurpan del cristianismo. (Vuelva al principio del capítulo e incluya cualquier ejemplo que encuentre hasta aquí.) Cuando acabe, tome una de esas verdades como ejemplo y defienda persuasivamente que únicamente el cristianismo le proporciona base filosófica adecuada.

4. Diálogo: El texto reza: «Los ateos suelen acusar al cristianismo de severo y negativo. Pero, en realidad, ofrece una visión mucho más positiva de la persona que cualquier religión o cosmovisión rival. Es tan atractivo que los adeptos de otras cosmovisiones usurpan, se aprovechan, de las partes que más les gustan. Bebiendo del texto, ¿cómo puede hacer una defensa positiva del cristianismo?

¿Qué hace posible la ciencia?

5. Diálogo: Escriba un diálogo defendiendo que (en palabras de Paul Davies) «la ciencia sólo puede materializarse si el científico adopta una visión del mundo esencialmente teológica».

Un ateo censura el humanismo

6. Diálogo: imagínese que sostiene una conversación con un «humanista» según define el término John Gray. Elabore una defensa persuasiva de que su alto concepto de la dignidad humana deriva del cristianismo y se aprovecha de él. (Lea la nota 13 para obtener más detalles de Gray.)

Nagel: Darwin «casi con certeza, falso»

7. Explique las razones que ofrece Thomas Nagel para argumentar que «la concepción neo-darwinista y materialista de la naturaleza es, casi con certeza, falsa».

8. ¿Qué razones da Nagel para rechazar el teísmo? Explique por qué es un usurpador.

Los problemas de un «ateo orgulloso»

9. Raymond Tallis afirma que «la teoría evolucionista no explica cosas trascendentales acerca de nuestra existencia». De hecho, menciona varias cosas relevantes sin explicación. Escoja dos cosas y en sus propias palabras desarrolle por qué «no son explicadas por la teoría evolutiva».

10. Escoja un ejemplo de «reduccionismo neuro-evolutivo» (en arte, literatura, teoría del derecho, filosofía, economía, política, teología o cualquier otro campo), investíguelo y escriba una descripción de sus proclamas. ¿Cómo puede criticarlas?

11. ¿Por qué Tallis rechaza la neuro-teología aplicada al cristianismo? ¿Cree usted que es válida su objeción?

Quiero la filosofía antigua

12. El texto presenta varios ejemplos de ateos que tratan de piratear los beneficios espirituales y emocionales de la religión. Escoja uno, investíguelo más a fondo, y describa cómo intenta conseguir que las ideas seculares cubran aspiraciones espirituales.

Una misa por Charles Darwin

13. Defina el cientifismo. Explique por qué va más allá de lo que la ciencia puede establecer.

14. ¿De qué manera funciona a veces la evolución como una religión? Escuche un fragmento de la «misa por Charles Darwin». Se trata del Kyrie eleison («Señor, ten piedad») cuya letra se ha sustituido con textos de Charles Darwin: www.gregorybrown.com/missa-charles-darwin/.

Religión evolutiva

15. ¿Qué definición da Stuart Kauffman de «Dios» y por qué retiene esta palabra?

16. Resuma la concepción espiritualista de la evolución de Jeremy Rifkin. ¿De qué manera las ideas religiosas de la evolución suponen un indicio de la revelación general?

Pérdida de fe, hallazgo de Dios / Bertrand Russell

17. Confeccione dos listas, en columnas paralelas. Basándose en mi historia personal, mencione las consecuencias del abandono del cristianismo. En la de la izquierda, resuma la enseñanza cristiana. En la de la derecha, resuma la perspectiva secular resultante cuando se abandona el cristianismo.

Piense en las consecuencias adicionales de abandonar el cristianismo, aparte de las mencionadas en el texto, y añádalas en su lista.

18. Diálogo: Imagínese una conversación con alguien como yo cuando era adolescente, dispuesta a abandonar el cristianismo. Escoja algunas de las consecuencias relatadas en el texto y parafraséelas en sus propias palabras. Ayude amablemente a esta persona a reconocer que las consecuencias del abandono del cristianismo son de gran alcance, y anímela a pensarlo bien —pues nadie lo hizo conmigo.

¿Cuál es su respuesta?

19. El texto reza: «Cuando la gente plantea preguntas acerca del cristianismo, a menudo la mejor respuesta no es cortar con ella, sino justo lo contrario». Explique por qué, después escoja un ejemplo e ilustre el aspecto que podría ofrecer este enfoque.

Lección de *Matar un ruiseñor*

20. El texto afirma que el deseo de conocer la cosmovisión de las personas debe estar motivado por el amor a ellas. Algunos lectores de *El hallazgo de la verdad* me han confesado que antes no habían relacionado la apologética con el amor. Practique explicándole a otra persona por qué están los dos relacionados.

TERCERA PARTE

....

Sobre cómo el pensamiento crítico salva la fe

1. Chesterton escribió que las ideas son realmente *más* peligrosas para la persona que no las ha estudiado —que una nueva idea «se subirá a la cabeza como el vino se sube a la cabeza de un abstemio»—. ¿Está de acuerdo? ¿Por qué sí o por qué no?

Integrados en la iglesia, pero no preparados

2. Resuma en sus propias palabras los cinco principios estratégicos comentados en *El hallazgo de la verdad.*

Principio #1

Principio #2

Principio #3

Principio #4

Principio #5

Secularismo sigiloso

3. Escoja un movimiento en arte o literatura, investíguelo y comente con más detalle la cosmovisión que lo motiva. (Puede recurrir a *Saving Leonardo* en su investigación.)

¿Qué mueve su teología?

4. Dibuje un diagrama como el que aquí se presenta. En la parte izquierda, mencione los nombres de las escuelas de teología comentadas en el texto y resuma los principios básicos de cada una. En la parte derecha, escriba la filosofía por la que fue influida. ¿Conoce algunos otros ejemplos de teologías que hayan sido influidas por escuelas de filosofía? Si es así, explíquelo.

Escuela de teología	¿Qué filosofía contribuyó a configurarla?

5. Escoja una forma de teología liberal, investíguela, y comente más a fondo la filosofía que la motiva.

Critique y cree

6. El texto reza: «Los cristianos suelen tener el hábito de definirse a sí mismos por la postura contraria que adoptan. Pero para oponerse a lo errado es más efectivo ofrecer algo mejor». Escoja un ejemplo del texto, o uno que se le ocurra, y sugiera principios que actúen de fuerza redentora en esa esfera de la vida.

Un libro completo para una verdad total

7. Todos los sistemas de pensamiento son estructuralmente iguales: comienzan con ciertos supuestos fundamentales que impregnan todo lo demás. ¿Cómo ayuda esa estructura común a dar sentido a la proclamación bíblica de que *toda* verdad —no sólo la verdad espiritual— comienza con Dios?

Chiflado Crae: ¿Cómo liberarnos?

8. ¿Reconoce usted la escisión sagrado/secular en su propio pensamiento?

9. ¿Dónde surgió la división sagrado/secular?

10. ¿Qué es lo que más aprecia de la sección sobre Lecrae?

EJEMPLO DE TEST

Total de puntos posibles: 100
Nombre: ______________________________

Escriba párrafos breves para responder las siguientes preguntas.

1. ¿Cuál es el principio #1? **(Puntos 15)**

Declare primeramente cuál es el principio. Después explíquelo con más detalle. Asegúrese que su respuesta cubre estas cuestiones:

- ¿Qué es un ídolo, según Romanos 1?
- Proponga al menos un versículo de Romanos 1 que respalde su definición de ídolo.
- Proponga al menos 3 ejemplos de cosmovisiones y sus ídolos.
- Use el poema de los ciegos y el elefante para ilustrar qué es un ídolo.
- Escriba cualquier cosa que crea importante para aplicar el Principio #1. (Aquí tiene la oportunidad de mostrar todo lo que sabe aparte de lo que cubren las preguntas.)

2. ¿Cuál es el principio #2? **(Puntos 20)**

Declare primeramente cuál es el principio. Después explíquelo con más detalle. Asegúrese que su respuesta cubre estas cuestiones:

- ¿Qué significa el término reduccionismo?
- ¿Por qué las cosmovisiones basadas en ídolos conducen al reduccionismo?
- Proponga un pasaje de Romanos 1 que explique por qué los ídolos conducen a una concepción inferior de la humanidad y menos humana.
- ¿Cómo explica el proceso de reduccionismo por qué los ídolos conducen a tratar mal a la gente (compruebe la larga lista de conductas destructivas al final de Romanos 1)?

- Ponga al menos 3 ejemplos de reduccionismo. En cada caso, explique qué es el ídolo, y de qué manera conduce al reduccionismo.
- Escriba cualquier cosa que considere importante para aplicar el Principio #2.

3. ¿Cuál es el principio #3? (Puntos 35)

Declare primeramente cuál es el principio. Después explíquelo con más detalle. Asegúrese que su respuesta cubre estas cuestiones:

- ¿Qué es la revelación general?
- ¿Cómo se puede usar la revelación general para poner a prueba las cosmovisiones?
- ¿Por qué las cosmovisiones basadas en ídolos aciertan normalmente en algunas cosas?
- ¿Por qué siempre fallan en algunas cosas? (Recurra al concepto de reduccionismo en su respuesta.)
- ¿Qué hacen con las cosas que no pueden explicar?
- ¿Cómo conducen al dualismo —a sostener dos puntos de vista inconsecuentes y contradictorios?
- ¿Qué idea de Romanos 1 explica la motivación para crear un dualismo?
- Ponga al menos 3 ejemplos de pensadores cuyas filosofías conducen al dualismo.
- Escriba cualquier cosa que considere importante para aplicar el Principio #3.

4. ¿Cuál es el principio #4? (Puntos 20)

Declare primeramente cuál es el principio. Después explíquelo con más detalle. Asegúrese que su respuesta cubre estas cuestiones:

- ¿Qué significa que una cosmovisión se refuta a sí misma, (es autorreferencialmente absurda, y comete suicidio)?
- ¿Por qué se refutan a sí mismas las cosmovisiones basadas en ídolos?

- Ponga al menos 3 ejemplos de cosmovisiones que se refutan a sí mismas. En cada caso, explique por qué.
- ¿Cómo intenta la gente evitar el problema de las cosmovisiones que se refutan a sí mismas? ¿Por qué no funciona esa estrategia?
- Escriba cualquier cosa que considere importante para aplicar el Principio #4.

5. ¿Cuál es el principio #5? (Puntos 10)

Declare primeramente cuál es el principio. Después explíquelo con más detalle. Asegúrese que su respuesta cubre estas cuestiones:

- ¿Por qué muchos no cristianos echan mano y se aprovechan del cristianismo?
- Ponga al menos 3 ejemplos de usurpación.
- ¿De qué manera la usurpación sugiere un punto de partida estratégico para para defender el cristianismo?
- Una manera de subrayar los atractivos rasgos del cristianismo es señalar dónde los han hurtado los secularistas. Otra manera es preguntarse lo que uno pierde cuando se abandona la fe. Escoja al menos 2 elementos de la cosmovisión cristiana y explique las consecuencias que acarrea el renunciar a ella.
- Escriba cualquier cosa que considere importante para aplicar el Principio #5.

ÍNDICE

SOBRE LA AUTORA

NANCY PEARCEY es autora de *Verdad total: Libera el cristianismo de su cautiverio cultural* (obra galardonada en 2005 con la medalla de oro ECPA), y de *How Now Shall We Live?* (premiada con la medalla de oro ECPA 2000), de la que es coautora con Harold Fickett y Chuck Colson.

Ex agnóstica, Pearcey estudió bajo la dirección de Francis Schaeffer en L'Abri. Obtuvo un máster en estudios bíblicos por el Covenant Theological Seminary y prosiguió estudios de posgrado de historia de la filosofía en el Institute for Christian Studies de Toronto.

Encomiada como «destacada intelectual protestante evangélica estadounidense» (*The Economist*), Pearcey es profesora e investigadora residente en la Universidad Bautista de Houston. Es miembro del Discovery Institute y editora general del *Pearcey Report*. Como editora fundadora de *Break Point*, también colaboró en una columna mensual con Chuck Colson en *Christianity Today*.

Pearcey ha contribuido en varios libros y escrito más de cien artículos. Ha pronunciado conferencias en el Congreso de EEUU y la Casa Blanca; en universidades como Princeton, Stanford y Dartmouth; ha disertado ante actores en Hollywood y artistas en Nueva York y sido entrevistada por la NPR y la C-SPAN. También ha escrito libros como *The Soul of Science* y *Saving Leonardo*.